관계, 어떻게 할까?

성경과 심리로 보는 관계 이야기

성경과 심리로 보는 관계 이야기

관계,
어떻게 할까?

박기영 지음

추천사

현대 사회에서는 관계의 중요성이 그 어느 때보다도 강조되고 있다. 지금은 인간관계의 본질을 깊이 이해하고, 이를 형성하고 유지하는 방법에 대한 성찰이 절실히 요구되는 시대이다. 박기영 교수님의 저서 『관계, 어떻게 할까』는 이러한 요구를 충족시키며, 관계의 영성과 심리, 자신과의 관계, 그리고 타인과의 관계에 대한 통합적인 시각을 제시하는 귀중한 책이다.

이 책을 처음 접했을 때, 단순한 이론서가 아닌 관계에 대한 심층적이고 실제적인 통찰을 담고 있다는 점에서 깊은 감명을 받았다. 저자는 성경적 원리를 바탕으로 관계의 영성을 탐구하며, 독자들이 하나님의 시선으로 관계를 바라볼 수 있도록 안내한다. 특히, 1장에서 다룬 '예수의 관계 마인드'와 '용서'를 통한 관계 회복의 중요성은 단순한 이론을 넘어 삶의 변화를 이끄는 핵심 메시지로 다가온다.

2장은 관계 심리에 초점을 맞추어 행복과 관계의 연관성을 설득력 있게 설명한다. 감정, 언어, 소통 유형 등 실질적이고 구체적인 주제를 다룸으로써 독자들은 자신을 되돌아보고 관계를 새롭게 정립할 수 있는 귀중한 기회를 얻게 된다. 특히 이 장은 관계의 깊이를 확장하고 소통의 지혜를 키우는 데 실질적인 도움을 주는 지침서로 손색이 없다.

3장과 4장에서는 독자가 자신과 타인과의 관계를 더욱 깊이 이해하고 조화롭게 회복할 수 있는 방향을 제시한다. '나는 누구인가'라는 질문을 통해 하나님의 창조물로서 자신의 정체성을 재발견하고 열등감을 극복할 수 있는 현실적이고도 구체적인 방안을 제시한다. 아울러 '사랑의 5가지 언어'와 '갈등을 기회로' 삼는 법은 타인과의 관계를 개선하고 발전시키는 데 귀중한 통찰을 제공한다.

나는 목회자이자 교육자로서 이 책이 독자들에게 단순한 이론서가 아닌, 실제적인 삶의 변화를 가져다 줄 수 있는 책이라고 확신한다. 『관계, 어떻게 할까』는 교회와 사회, 나아가 모든 관계에서 성경적 통찰을 실천할 수 있도록 돕는 귀한 도구로, 독자들이 관계를 통해 삶의 기쁨과 평안을 되찾도록 안내할 것이다.

마지막으로, 이 책이 그리스도인뿐만 아니라 관계에서 어려움을 겪고 있는 모든 이들에게 귀중한 지혜와 실질적인 도움을 전해 주기를 기대한다. 관계의 어려움과 갈등으로 고통받는 이들이 이 책을 통해 삶의 새로운 방향을 발견하고, 건강하고 행복한 관계를 만들어 가는 데 큰 영감을 얻기를 진심으로 바란다.

김상식 | 성결대학교 총장

목차

추천사   4
서문   8

1장 관계의 영성

  1. 관계의 영성(마 5:9, 롬 12:18)   12
  2. 믿음과 관계의 균형(마 5:9, 롬 5:1)   22
  3. 예수의 관계 마인드(마 11:28)   32
  4. 관계가 깨어지는 이유(잠 18:21)   42
  5. 상처받은 관계 회복하기(창 33:1-12)   52
  6. 용서, 관계 회복의 열쇠(마 18:18-19)   62
  7. 관계에서 오는 평안(창 3:9)   72

2장 관계의 심리

  1. 관계, 행복의 출발점(롬 12:18)   84
  2. 3가지 중요한 관계(마 5:9)   94
  3. 감정, 관계의 원동력(잠 15:18)   105
  4. 언어, 관계를 잇는 다리(잠 25:11)   115
  5. 소통 유형과 관계(잠 15:1)   125
  6. 관계의 깊이와 넓이(롬 12:15)   135
  7. 관계의 지혜(히 12:14)   145

3장 자신과의 관계

1. 나는 누구인가?(고후 5:17) — 156
2. 하나님의 걸작품(창 1:31) — 165
3. 생각의 씨앗(롬 8:5-6) — 175
4. 마음 다스리기(잠 16:32) — 185
5. 마음의 쓴 뿌리(히 12:15-16) — 196
6. 열등감 극복하기(출 4:10-17) — 207
7. 말한 대로 된다(잠 18:21) — 218

4장 타인과의 관계

1. 관계를 만드는 존중(삼상 2:30) — 230
2. 사랑의 5가지 언어(고전 13장) — 240
3. 다툼 속에서 길을 찾다(약 4:1-3) — 251
4. 갈등을 기회로(행 15:36-41) — 262
5. 행복한 부부의 원리(창 2:24-25) — 272
6. 좋은 부모의 역할(눅 23:28) — 283
7. 효도하는 자녀되기(출 20:12) — 293

서문

사람은 홀로 살아갈 수 없다. 이는 관계 속에 살아가는 존재이기 때문이다. 우리는 태어나는 순간 부모와 관계를 맺고 그 경험 속에서 자신만의 관계 패턴을 만들어 간다. 만일 부모와의 관계가 순탄하지 못한다면 우리는 분리와 불안을 경험하고 대인관계에 어려움을 겪거나 삶의 문제로 힘겨워하게 된다. 하지만 좋은 만남을 경험하게 되면 우리는 그 가운데서 정서적 안정감을 느끼며 친밀한 대인관계를 형성하게 된다. 이와 같은 사실은 행복이 환경이 아니라 관계에 달려 있다는 것을 보여 준다.

필자가 인간의 마음을 살펴보면서 느낀 것은 행복에 있어서 관계가 차지하는 비중이 아주 크다는 사실이다. 아무리 많은 돈과 명예를 가졌다 하더라도 다른 이들과 좋은 관계를 맺지 못한다면 진정으로 행복하다고 말하기 어렵다. 반대로 가진 것이 많지 않더라도 서로 믿고 사랑하는 사람들과 좋은 관계를 맺고 있다면 그 안에서 충분히 행복할 수 있다. 그리스도인들 역시 이 문제에서 자유롭지 않다. 신앙생활을 한다고 하면서도 목회자나 교인들과 갈등을 겪기도 한다. 이런 갈등은 개인뿐만 아니라 교회 공동체 전체에 고통을 주기도 한다. 때로는 대인관계 문제로 하나님의 영광이 가려지기도 한다. 교회에서는 믿음이 좋은 사람으로 보이지만 가정이나 직장에서는 건강한 관계를 맺지 못하는 경우를 보면서, 필자는 그리스도인들이 세상 속에서 어떤 관계를 맺으며 살아야 할지 고민하게 되었다.

    성경을 읽으며 깨달은 것은 하나님께서 우리와의 관계를 매우 중요하게 여기신다는 사실이다. 하나님은 태초에 성부, 성자, 성령의 세 인격으로 서로 깊은 관계를 맺으셨고, 인간을 창조하신 뒤에도 우리와 관계 맺기를 원하셨다. 그러나 인간이 죄를 지으면서 이 관계가 단절되었고, 하나님은 예수님을 통해 이 관계를 다시 회복하셨다. 예수님은 우리가 하나님과의 관계를 회복하도록 하셨을 뿐 아니라, 사람들과도 평화롭고 좋은 관계를 맺도록 가르치셨다. 나는 목회자로서 이와 같은 깨달음을 설교에 담아 전하려고 노력해 왔다. 하나님과의 관계뿐만 아니라 사람들과의 관계가 얼마나 중요한지, 어떻게 하면 건강한 관계를 맺을 수 있는지를 말이다. 관계는 단순히 심리적인 문제나 기술이 아니라, 신앙의 중요한 부분이라고 생각한다. 본서는 그리스도인들이 자기 자신 및 이웃과 더불어 좋은 관계를 맺으며 살아갈 수 있도록 돕기 위해 쓰여졌다. 부족한 글이지만, 독자 여러분께 조금이나마 도움이 되기를 소망한다.

2025년 2월 3일
박기영

1장

관계의 영성

chapter 1.	관계의 영성
chapter 2.	믿음과 관계의 균형
chapter 3.	예수의 관계 마인드
chapter 4.	관계가 깨지는 이유
chapter 5.	상처받은 관계 회복하기
chapter 6.	용서, 관계 회복의 열쇠
chapter 7.	관계에서 오는 평안

1장 관계의 영성

1. 관계의 영성(마 5:9, 롬 12:18)

레너드 스윗은 그의 저서 "관계의 영성"[1]에서 이렇게 강조했다. "진정한 영성이란 하나님과 좋은 관계를 맺고, 동시에 대인관계를 잘하는 것이다." 관계의 영성이 있는 그리스도인은 하나님과의 관계는 물론이고, 사람들과의 관계 맺기도 잘해야 한다는 점을 강조한 것이다. 이는 하나님의 영광을 위해서도 필요한 것이고, 자신의 정신건강뿐 아니라 한 영혼을 구원하는 측면에서도 매우 중요한 일이 아닐 수 없다.

내가 어느 군인교회에서 사역할 때의 일이다. 새로 부임한 의무대장이 독실한 불교 신자라는 이야기를 들었다. 그는 새로운 부대에 부임할 때마다 가장 먼저 법당을 찾아가서 부처님께 신고해 왔고, 이전

---

[1]. 레너드 스윗, 『관계의 영성』, 양혜원 역 (서울: 한국기독학생회출판부, 2011).

부대에서는 불교회 총무로도 활동했다고 자신을 소개했다. 하지만 어느 날부터 내 마음에 그분을 전도해야겠다는 생각이 들었다. 그래서 나는 그분이 근무하고 있는 의무대를 자주 방문하며 자연스럽게 관계를 쌓기 시작했다. 의무대를 찾을 때면 빈손으로 가지 않고 설교 테이프나 전도 서적을 챙겨 가기도 했고, 부대원들과 의무대 환자들을 위해 기도하며 위문 활동도 꾸준히 이어 갔다. 마침 의무대장이 중령 진급을 앞둔 시기였기에, 그의 진급을 위해 매번 기도해 주며 진심으로 응원했다. 그 과정에서 자연스럽게 예배에 초청하게 되었는데, 그 의무대장이 나에게 이렇게 대답했다. "목사님, 지금 교회에 가면 사람들이 진급 때문에 나가는 것처럼 오해할 수 있을 겁니다. 그러니, 진급 발표가 난 후부터 교회에 나가겠습니다." 나는 그분의 말을 수용했고, 이러한 일이 있고 나서 얼마 후에 그는 중령으로 진급한 뒤부터 약속대로 교회에 나오기 시작했다. 그 후 그는 세례를 받았고, 나중에는 집사로까지 섬기게 되었다. 이 이야기는 관계의 중요성을 보여 주는 생생한 사례다. 좋은 관계가 하나님과의 관계로 이어지는 길이 될 수 있음을 경험한 사례였다.

마태복음 5장 9절에서 말씀하시기를, "화평하게 하는 자는 복이 있나니 그들이 하나님의 아들이라 일컬음을 받을 것임이요"라고 했고, 로마서 12장 18절에서는 "할 수 있거든 너희로서는 모든 사람과 더불어 화목하라"고 했다. 이러한 성경 말씀이 의미하는 바는 진정한 영성은 하나님과의 관계를 넘어 이웃과의 관계로 확장되어야 함을 말하고 있다.

대인관계가 중요한 이유

그리스도인에게 있어서 대인관계가 하나님과의 관계만큼 중요한 이유는, 우리의 신앙이 개인적 영역을 넘어 삶의 모든 관계 속에서 드러나야 하기 때문이다. 성경은 하나님과의 관계를 가장 중요한 신앙의 기초로 강조하고 있지만, 동시에 그 관계가 어떻게 우리의 이웃 사랑과 연결되어야 하는지를 강조하고 있다. 이를 구체적으로 살펴보면 다음과 같다.

첫째, 하나님의 사랑은 이웃과의 관계를 통해 실천되기 때문이다. 예수님께서 주신 가장 큰 계명은 하나님 사랑과 이웃 사랑이다(마 22:37-39). 이 두 계명은 서로 깊이 연결되어 있다. 우리가 하나님을 사랑한다면 그의 형상대로 지음 받은 이웃을 사랑하는 것은 당연하기 때문이다. 이는 우리의 신앙이 단순한 고백이 아니라 실제 삶에서 드러나야 한다는 것을 의미한다.

둘째, 모든 인간은 하나님의 형상(Imago Dei)으로 창조되었기 때문에, 존중받아야 한다. 상대방을 존중하는 마음으로 대하는 것은 곧 그를 지으신 하나님을 존중한다는 신앙적 의미를 갖는다. 즉, 모든 사람은 하나님의 형상을 따라서 지음 받았기 때문에 신앙 안에서는 국적, 계층, 인종, 성별의 차이를 넘어서 사랑의 마음으로 대할 것을 요구한다(갈 3:28).

셋째, 공동체를 이루는 것은 기독교 신앙의 본질이기 때문이다. 초대교회는 공동체적인 삶을 통해 복음의 능력이 나타났다(행 2:42-47). 교회는 그리스도의 몸이며, 우리는 그 몸의 지체들이다(고전 12:27). 그러므로 대인관계는 교회 공동체를 세우는 본질적인 요소이므로 그리스도인은 연약한 자를 돌보고, 서로 짐을 나누는 대인관계 안에서 신앙의 진정한 아름다움이 드러난다(갈 6:2).

넷째, 그리스도인은 화목하게 하는 직분을 받았기 때문이다(고후 5:18). 우리는 하나님의 관계 회복뿐 아니라, 사람들 간에 화평케 하는 자가 되어야 한다. 이는 단순히 갈등을 피하는 차원이 아니라, 복음을 통해 용서를 실천하는 삶을 의미한다. 예수님이 십자가에서 용서를 베푸셨듯이(눅 23:34), 우리도 신앙의 모델이 되시는 예수 그리스도의 성품과 삶을 본받아야 한다.

다섯째, 성령의 열매는 관계 속에서 맺어지기 때문이다. 갈라디아서 5장 22-23절에 나오는 성령의 열매인 사랑, 기쁨, 화평, 오래 참음, 자비, 양선, 충성, 온유, 절제는 대인관계 속에서 드러난다. 특히, 사랑과 화평, 오래 참음은 단독적인 행위가 아니라, 다른 사람과의 관계 속에서만 실천될 수 있다.

여섯째, 영혼 구원을 위해서 대인관계를 잘해야 한다. 하나님의 사랑과 복음은 대인관계를 통해서 전달된다. 그리스도인의 삶은 복음을 실질적으로 보여 주는 도구가 되기 때문에(마 5:16), 그리스도인은 영혼 구원을 위해서 좋은 관계를 가져야 한다.

하나님과의 관계 방식

구원이 무엇일까? 구원이란 죄로 인해 하나님과 단절되었던 관계가 회복되는 것이다. 하나님은 우리와의 관계를 회복하시기 위해 예수 그리스도를 이 땅에 보내셨다. 그런데 사람들이 하나님과 관계를 맺는 방식에는 여러 유형이 있다. 이를 네 가지로 나누어 살펴볼 수 있다.

첫째, 평소에 하나님과 좋은 관계를 유지하는 사람이다. 이들은 하나님과 친밀한 관계를 맺고, 이를 지속적으로 유지하려고 노력한다. 좋은 관계란, 안 보면 보고 싶고, 만나면 헤어지기 싫은 상태를 말한다. 이들은 주일이 기다려지고, 일상에서도 말씀을 묵상하며 기도하는 삶을 산다. 하나님의 뜻을 구하며 살아가기에 그들의 삶에는 기쁨과 평안이 넘친다.

둘째, 필요할 때만 하나님을 찾는 사람이다. 이들은 하나님과 관계를 맺고는 있지만, 평소에는 하나님을 의식하지 않고 세상 중심적으로 살아간다. 그러다가 힘들거나 아쉬운 상황이 닥치면 비로소 하나님을 찾는다. 이들은 하나님을 믿기는 하지만, 삶에서 그 믿음이 드러나지 않는 경우가 많다. 이러한 태도는 하나님과의 관계가 자기중심적이며, 온전한 신앙인의 모습에서 멀어져 있음을 보여 준다.

셋째, 하나님과 전혀 관계를 맺지 않는 사람이다. 이들은 하나님의 존재에 대해 무관심하거나, 필요 없다고 생각하는 사람들이다. 하나님께 의지하기보다는 자신의 힘과 노력으로 세상을 살아가려고 한다. 이들은 영적으로 무감각한 상태에 머물러 있다고 볼 수 있다.

넷째, 하나님과 적대적 관계를 맺고 사는 사람이다. 이 유형은 하나님을 부인하는 데서 멈추지 않고, 적극적으로 하나님의 일을 방해하거나 교회를 핍박한다. 하나님께 대적하는 것을 자신들의 사명으로 여기는 사람들이다.

하나님과의 관계를 유지하며 사는 것이 중요하지만, 여기에서 한 가지 기억해야 할 것이 있다. 그것은 하나님과의 관계는 좋아 보이는데, 대인관계에서 문제를 겪는 그리스도인들이 있다는 사실이다. 교회에서는 잉꼬부부처럼 보이지만, 실제로는 이혼 직전의 갈등을 겪는 부부들이 있다. 교회에서는 신앙생활을 잘하는 것처럼 보이지만, 직장에서는 따돌림을 당하는 성도들도 있다. 이들은 대인관계의 어려움 때문에 고통받으면서도, 때로 이렇게 생각한다. "나는 주님과 교회를 위해 이렇게 충성하는데, 하나님은 왜 나에게 이런 시련을 주시는 걸까?", "내가 헌신하고 있으니 하나님께서 대인관계의 문제는 알아서 해결해 주시겠지." 하지만 이러한 태도는 건강한 그리스도인의 모습이 아니다.

성경은 대인관계를 무시하거나 등한시하는 태도를 경고한다. 성경은 하나님 사랑과 이웃 사랑을 분리하지 않는다. 마태복음 22장 37-39절에서 예수님은 가장 큰 계명으로 이렇게 말씀하셨다.

"네 마음을 다하고 목숨을 다하고 뜻을 다하여 주 너의 하나님을 사랑하라", "네 이웃을 네 자신 같이 사랑하라"

이 두 계명은 결코 분리될 수 없다. 즉, 하나님을 진정으로 사랑하는 사람은 자연스럽게 이웃을 사랑하게 된다. 요한일서 4장 20절에서도 "누구든지 하나님을 사랑하노라 하고 그 형제를 미워하면 이는 거짓말 하는 자니, 보는 바 그 형제를 사랑하지 아니하는 자가 보지 못하는 바 하나님을 사랑할 수 없느니라"라고 말한다.

이처럼 하나님과의 관계와 대인관계는 동전의 양면과도 같다. 하나님과의 관계가 깊어지면, 대인관계에서도 그 사랑이 흘러넘친다. 또한 대인관계를 통해, 하나님과의 관계가 더욱 풍성해질 수 있다. 우리의 신앙은 하나님과의 관계 안에서 시작되지만, 그 관계는 이웃 사랑으로 이어져야 한다. 하나님께서 원하시는 온전한 신앙은 수직적 관계와 수평적 관계의 조화 속에서 이루어진다.

사람들과의 관계 방식

하나님과의 관계 유형이 네 가지로 나뉘는 것처럼, 사람들과 관계를 맺는 방식도 다음과 같이 네 가지로 나누어 볼 수 있다.

첫째, 자신이 좋아하는 사람들하고만 관계를 맺으려는 사람이다.

이 유형의 사람들은 자신의 마음에 드는 사람이나 공통의 관심사를 가진 사람들과만 관계를 맺으려 한다. 반대로 불편한 사람과는 거리를 두거나 관계를 쉽게 끊어버리기도 한다. 이러한 태도는 대인관계의 폭을 제한하고, 관계의 깊이를 얕게 만든다.

둘째, 조건적으로 대인관계를 맺는 사람이다. 이들은 관계를 맺을 때 이익이나 목적을 기준으로 삼는다. 상대방이 자신의 필요를 충족시켜 줄 때만 관계를 유지하며, 그렇지 않으면 관계를 소홀히 한다. 이러한 태도는 인간관계를 조건적으로 하기 때문에 진정성을 느낄 수 없다.

셋째, 조건 없이 관계를 맺는 사람이다. 이 유형의 사람들은 관계의 가치를 조건 없이 받아들인다. 그저 사람 자체를 좋아하며, 열린 마음으로 타인을 대한다. 이들에게는 관계 자체가 기쁨과 행복의 원천이다. 이러한 태도를 가진 사람들은 관계를 통해서 만족과 행복을 추구한다.

넷째, 미워하는 사람과도 관계를 맺으려는 사람이다. 이들은 가장 성숙한 관계 유형의 사람이라고 할 수 있다. 이들은 관계가 어긋나거나 단절될 때 가능하면 관계를 회복하기 위해 노력하는 정신적으로나 영적으로 건강한 사람들이다. 대부분의 사람은 상처를 받으면 복수심을 품기 쉽다. 그러나 영적으로 성숙한 사람은 원수를 용서하며, 상처를 뛰어넘어 관계를 회복하려고 노력한다.

이러한 관계를 맺었던 대표적인 사람은 요셉이다. 그는 형들의 미움과 배신으로 애굽의 노예로 팔려 갔다. 어린 나이에 형들에게서 받은 배신의 상처는 이루 말할 수 없었을 것이다. 일반적인 사람이라면 "앞으로 내가 꿈을 이룬다면 절대 형들을 용서하지 않을 거야"라며 복수의 칼을 갈았을 것이다. 그러나 요셉은 그렇게 하지 않았다. 그가 그의 꿈대로 애굽의 총리가 되었을 때 형들에게 복수할 수 있는 기회가 찾아왔다. 그러나 요셉은 애굽의 총리가 된 자신 앞에서 과거에 자신들이 했던 죄를 생각하며, 두려워 떨고 있는 형들을 용서했다. 그는 그런 형들을 향해서 "두려워하지 마소서 내가 하나님을 대신하리이까 당신들은 나를 해하려 하였으나 하나님은 그것을 선으로 바꾸사 오늘과 같이 많은 백성의 생명을 구원하게 하시려 하셨나이다"(창 50:19-20)라고 말했다. 요셉은 복수 대신 용서를 택했고, 깨어진 관계를 회복함으로써 하나님의 영광을 드러냈다. 요셉의 삶은 용서와 관계 회복의 영성이 무엇인지를 우리에게 보여 준다.

영적으로 성숙한 사람은 관계의 어려움 속에서도 용서와 화해를 선택하며, 자신이 좋아하는 사람과만 지내는 태도에서 벗어나려고 한다. 그리고 상처와 아픔 속에서도 용서와 사랑으로 관계를 회복하려는 용기를 갖고 있다. 이들은 "너희 원수를 사랑하며, 너희를 박해하는 자를 위하여 기도하라"(마 5:44)고 하신 예수님의 말씀대로 사는 사람이다.

관계의 영성

하나님과의 관계는 모든 그리스도인 삶의 출발점이지만, 이는 대인관계를 통해서 구체화된다. 다시 말해, 진정한 영성은 하나님과의 관계뿐 아니라 사람들과의 관계에서도 드러나야 한다. 하나님과의 관계는 좋지만, 대인관계가 원활하지 못한 그리스도인도 있다. 이는 하나님 사랑과 이웃 사랑이 분리될 수 없다는 성경의 가르침과 배치된다. 독실한 불교 신자를 꾸준한 관심과 사랑으로 섬긴 끝에 집사로 세운 이야기는 좋은 관계가 복음으로 이어질 수 있음을 보여 준다. 이는 관계를 통해 하나님의 사랑이 어떻게 전달되는지를 잘 보여 주는 사례다.

특히 마태복음 5장 9절에서 "화평하게 하는 자는 복이 있나니 그들이 하나님의 아들이라 일컬음을 받을 것임이요"라고 말씀하셨고, 로마서 12장 18절에서는 "할 수 있거든 너희로서는 모든 사람과 더불어 화목하라"라고 가르치셨다. 이러한 말씀은 화평과 화목의 중요성을 강조하며, 대인관계 속에서 진정한 영성이 드러나야 함을 보여 준다. 또한, 십계명에서도 대인관계(6계명에서 10계명)의 분량이 하나님과의 관계(1계명에서 4계명)의 분량보다 많다는 사실은, 하나님께서 대인관계를 얼마나 중요하게 여기시는지를 나타낸다. 이러한 점은 우리의 신앙이 단순히 하나님과의 관계에만 머무르지 않고, 이웃과의 관계로 확장되어야 함을 분명히 보여 주는 것이다.

그러므로 진정한 영성은 용서와 사랑으로 관계를 회복하는 것이다. 하나님과의 관계가 깊어질수록 대인관계에서도 그 사랑이 흘러넘치도록 노력하는 자가 진정으로 관계의 영성을 가진 자라고 할 수 있다.

2. 믿음과 관계의 균형(마 5:9, 롬 5:1)

기독교는 믿음의 종교인가, 관계의 종교인가? 이 질문은 단순히 신앙의 본질을 묻는 데 그치지 않고, 우리의 믿음이 실제 삶에서 어떻게 드러나야 하는지를 고민하게 만든다. 믿음과 관계는 서로 분리된 개념이 아니다. 레너드 스윗이 그의 책 『관계의 영성』[2]에서 말했듯이, 기독교의 목적은 단순히 사람들에게 하나님에 대한 믿음을 갖게 하는 것이 아니라, 그 믿음을 통해 하나님과 관계를 맺도록 이끄는 데 있다. 다시 말해, 믿음은 관계로 이어지며, 관계는 믿음의 진정성을 증명하는 장이 된다. 그렇다면 하나님과의 관계는 온전하지만 사람들과의 관계가 원만하지 못한 경우, 이런 그리스도인을 성숙한 신앙인으로 볼 수 있을까? 우리 주변에서는 종종 이런 말을 듣는다. "아무개는 믿음이 좋다고 하는데, 직장에서 동료들과 관계가 원만하지 못하더라." 이 말은 신앙의 진정성과 대인관계가 별개로 분리될 수 없다는 기대를 반영한다. 심지어 불신자들도 그리스도인이라면 대인관계에서 모범을 보여야 한다고 생각한다. 이는 성경적 가치와 삶의 실천 사이에 균형이 필요하다는 점을 시사한다.

군인교회에서 사역하던 시절, 나는 신앙적으로는 매우 열심인 한 집사님을 만났다. 그는 목회자의 말에 절대적으로 순종했고, 예배 전

---

2. 레너드 스윗, 『관계의 영성』, 윤종석 역 (서울: IVP, 2019).

에 나와 찬양을 인도하며, 대표기도도 열정적으로 했다. 사무실 책상에 성경책을 두고 틈틈이 읽는 모습은 동료들에게도 신앙의 본을 보이는 듯했다. 그러나 문제는 그의 대인관계에서 드러났다. 그 집사님은 함께 근무하는 장병들을 대할 때 무례했고, 동료 간부들과의 업무 협조도 매끄럽지 못했다. 그의 태도는 주변 사람들에게 상처를 주었고, 결국 신뢰를 잃게 되었다. 하나님과의 관계에 열정을 쏟으면서도 사람들과의 관계에서 실패했던 그의 모습은 우리가 흔히 마주할 수 있는 신앙과 삶의 괴리를 잘 보여 준다. 신앙생활은 단순히 예배와 기도, 성경 읽기와 같은 개인적인 종교 활동에 그치지 않는다. 하나님과의 관계에서 받은 사랑과 은혜는 우리의 삶 속에서 타인과의 관계로 자연스럽게 흘러가야 한다.

기독교는 믿음의 종교이면서 관계의 종교다. 하나님과의 관계는 대인관계를 통해 증명되고, 대인관계는 하나님과의 관계를 통해 깊어진다. 성숙한 신앙은 이 두 관계가 조화를 이루는 데 있다. 믿음은 단순히 하나님께 드리는 고백이 아니라, 이웃을 향한 사랑과 섬김으로 실천될 때 비로소 온전해진다.

관계를 만드신 하나님

성경의 첫 장인 창세기 1장은 "태초에 하나님이 천지를 창조하시니라"

라는 말씀으로 시작된다. 이는 단순히 우주의 기원만을 보여 주는 것이 아니라, 관계의 기원을 가르쳐 준다. 태초부터 성부, 성자, 성령의 삼위일체 하나님은 서로 교통하며 완전한 사랑과 관계 안에 계셨다. 이러한 삼위일체 하나님의 관계는 창조의 모든 과정 속에서 드러났다. 닷새 동안 하나님은 자연과 세상을 말씀으로 창조하시고 그것과 관계를 맺으셨다(창 1:9-25). 여섯째 날에는 하나님의 형상대로 사람을 창조하시며 인간과 특별한 관계를 맺으셨다(창 1:26). 그러나 하나님은 아담이 혼자 사는 것을 좋지 않게 여기셨기 때문에, 하와를 창조하셔서 인간이 다른 사람과도 관계를 맺으며 살도록 하셨다(창 2:18).

이처럼 창조의 원리는 인간이 하나님과 관계를 맺고, 대인관계와 자연과의 관계 속에서 살아가는 존재임을 보여 준다. 그러나 죄가 들어옴으로써 이 모든 관계가 단절되고 왜곡되었다.

관계를 단절시킨 죄

하나님과의 관계는 아담과 하와의 불순종으로 단절되었다. 하나님이 금하신 선악과를 먹음으로써, 아담과 하와는 자신들의 죄를 인식하게 되었고 수치심을 느끼며 하나님을 피했다(창 3:8-10). 더 나아가 아담은 자신의 잘못을 하와에게 떠넘기며 부부 관계에도 금이 갔다(창 3:12). 죄의 결과로, 하나님과 인간의 관계는 단절되었고, 아담과 하와는 서로를 탓하며 갈등과 불신으로 어긋나기 시작했다. 이런 단절은 인간이 관계를 통해 누릴 수 있는 평안과 기쁨을 잃게 만들었고, 소외감, 불안, 외로움과 같은 부정적인 감정을 가져오게 했다. 죄로 인해 하나님과의 관계가 단절된 아담은 수치심, 두려움, 불안이라는 감정을 처음으로 경험하게 되었다. 아담과 하와는 자신들의 잘못을 인정하지 않고 서로 탓하기 시작하며 죄책감과 외로움에 휩싸이게 되었다.

오늘날 현대인들 역시 관계의 단절에서 비롯된 소외감과 불안을 느낀다. 이런 감정을 해소하기 위해 게임, 알코올, 마약, 쇼핑과 같은 세속적인 방법에 의존하지만, 이들은 일시적인 위안만 줄 뿐 근본적인 문제를 해결하지 못한다. 인간은 하나님과, 그리고 다른 사람들과의 건강한 관계를 통해서만 진정한 평안을 얻을 수 있는 존재이기 때문이다.

믿음: 관계 회복의 열쇠

그렇다면 하나님과의 관계, 그리고 대인관계를 회복하기 위해 가장 중요한 요소는 무엇일까요? 그것은 바로 신뢰, 곧 믿음이다.

믿음은 단순히 어떤 사실을 인정하는 것을 넘어, 열린 마음으로 대상을 받아들이고 그 존재와 능력을 의심하지 않는 것이다. 믿음은 또한 그 대상과 친밀한 관계를 맺겠다는 의지의 표현이다. 따라서 "나는 그 사람을 믿지만, 관계를 맺고 싶지는 않아"라는 말은 모순이다. 하나님을 믿는다는 것은, 곧 하나님과 지속적인 관계를 맺으며 살아가겠다는 결단이다. 마찬가지로, 누군가를 믿는다는 것은 그 사람과 친밀한 관계를 맺고자 하는 의지의 표현이다. 믿음과 신뢰는 관계의 본질이자 회복을 위해 중요한 요인이라고 할 수 있다.

하나님의 본성과 인간관계

삼위일체 하나님은 관계적 존재로서 그 안에 완전한 믿음과 신뢰가 있다. 이 관계는 창조와 구속, 모든 사역의 기반이 되었으며, 인간에게도 동일한 관계적 본성을 심어 주셨다. 인간은 믿음과 사랑으로 건강한 관계를 맺으며 살아갈 때 그 안에서 풍성한 삶을 누릴 수 있다. 이처럼 믿음과 관계는 서로 분리될 수 없는 것이다. 믿음은 관계를 시작하고 지속시키는 핵심 요소이며, 관계는 믿음이 실천되는 장이다. 하나님은 인간이 믿음과 사랑을 바탕으로 관계를 맺으며 살아가도록 창조하셨다. 따라서 우리는 하나님과의 관계뿐 아니라, 사람들과의 관계 속에서도 믿음과 신뢰를 최우선으로 여겨야 한다.

그런가 하면, 인간관계는 한 생명이 이 세상에 탄생하면서 부모와 자녀라는 최초의 관계로 시작된다. 그러나 부모-자녀 관계는 그 이전에 남편과 아내라는 부부 관계에서 비롯된다. 부부 관계는 신뢰와 사랑을 바탕으로 맺어질 때 진정한 의미를 가진다. 만약 부부 관계가 단순히 육체적 쾌락을 추구한 결과로 이루어졌다면, 이 관계는 신뢰와 사랑에 기초한 관계라고 보기 어렵다. 반대로, 서로를 신뢰하고 사랑하는 관계에서 맺어진 부부는 안정된 가정을 이루고, 이 관계에서 태어난 자녀는 부모와 안정적인 애착 관계를 형성할 가능성이 높다. 그러나 신뢰와 사랑이 결여된 관계에서 태어난 자녀는 불안정한 애착 관계를 경험할 가능성이 높아진다. 이는 자녀의 심리적, 정서적 발달에 부정적인 영향을 미칠 수 있으며, 더 나아가 자신의 대인관계 패턴에도 영향을 준다.

믿음을 통한 관계 형성

우리는 삶 속에서 끊임없이 새로운 사람들을 만난다. 처음 만나게 된 사람과 지속적으로 관계를 맺을지 여부를 고민하게 되며, 그 판단에는 여러 요인이 작용한다. 첫인상이 좋으면 자연스레 친밀감을 느끼고 관계를 이어 가고자 하는 마음이 생긴다. 반대로 첫인상이 부정적이라면 그 사람과 관계를 맺으려는 의욕이 줄어들거나 아예 단절되기도 한다. 첫인상뿐 아니라 타인으로부터 들은 이야기도 관계 형성에 영향을 미친다. 긍정적인 이미지는 열린 마음을 갖게 하고, 상대방에 대한 신뢰와 호감을 쌓는 출발점이 된다. 이러한 신뢰는 꾸준한 대화와 행동을 통해 강화되며, 시간이 지나면서 관계는 더 깊어지고 돈독해질 수 있다. 그러나 모든 관계가 긍정적으로 발전하는 것은 아니다. 서로 간의 신뢰를 해치는 말이나 행동은 관계에 균열을 가져온다. 신뢰를 기반으로 어렵게 형성된 관계가 하루아침에 무너질 수도 있고, 점차 멀어지기도 한다. 하지만 관계가 위기에 처했을 때, 두 사람이 어떤 선택을 하느냐에 따라 그 관계의 향방은 크게 달라질 수 있다.

관계가 위기에 처했을 때, 그 관계가 더 깊어질지 완전히 단절될지는 서로 간의 신뢰 수준과 회복을 위한 노력에 따라 결정된다. 신뢰가 쉽게 무너진다면 관계는 깨질 가능성이 높아진다. 그러나 관계 회복에 대한 의지와 사랑이 있다면, 신뢰를 되찾고 더 강한 관계로 발전하는 경우도 많다. 반면, 상대방의 사소한 실수나 결점에도 관계를 단번에 끊어버리는 경우가 있다. 이러한 반응은 단순한 실수나 오해 때문이 아니라, 종종 개인의 미해결된 관계 트라우마에서 비롯된다. 과거의 상처가 현재의 관계를 왜곡하여, 작은 문제에도 극단적인 결정을 내리게 만드는 것이다. 이럴 때 필요한 것은 상대방을 탓하거나 관계를 단절하기 보다는, 자신의 내면을 돌아보면서, 자신의 감정을 솔직히 마주하고 과거의 경험을 이해함으로써, 현재의 관계를 더 건강하게 만들어 갈 수 있다.

관계 형성에서 가장 중요한 요소는 신뢰다. 신뢰는 관계의 기반을 형성하고, 그것을 유지하는 원동력이 된다. 그러나 신뢰만으로는 충분하지 않다. 신뢰가 깨어진 순간에도 관계를 지켜내는 것은 사랑이다. 사랑은 상대방의 부족함을 이해하고, 실수를 용서하며, 관계를 지속시키기 위해 노력하게 만든다. 모든 관계는 완벽할 수 없으며, 때로는 갈등과 오해가 생길 수 있다. 이때 중요한 것은 갈등 속에서도 상대방을 이해하면서, 관계를 회복하기 위한 의지를 가지는 것이다. 신뢰는 관계의 문을 열게 하고, 사랑은 그 문을 닫히지 않도록 붙잡아 주는 힘이다.

관계를 통한 신뢰 형성

한 아이가 세상에 태어날 때, 부모는 그 아이가 처음으로 관계를 맺는 대상이다. 심리학자 에릭 에릭슨은 그의 심리 사회적 발달 8단계 이론에서 첫 번째 단계를 신뢰 대 불신의 단계로 명명했다. 이 단계에서 아이는 초기 양육자인 부모, 특히 어머니와의 상호작용을 통해 세상과 타인에 대한 신뢰 또는 불신을 배우게 된다. 영아는 스스로 생존할 수 없는 연약한 존재다. 대소변을 처리할 수도 없고, 배고픔을 스스로 해결할 수도 없으며, 몸이 아프다는 것을 언어로 표현하지도 못한다. 그렇기 때문에 이 시기의 아이는 전적으로 양육자에게 의존하며, 자신의 욕구를 울음과 같은 본능적이고 감각적인 방식으로 표현한다.

양육자가 이러한 아이의 신호를 어떻게 받아들이고 반응하느냐에 따라 아이가 부모를 신뢰할 수도 있고, 불신할 수도 있다. 예를 들어, 아이가 배고픔 때문에 울었을 때, 양육자가 즉각적으로 반응하여 아이의 필요를 충족해 준다면, 아이는 양육자를 신뢰하게 된다. 반대로, 아이의 울음이 반복적으로 무시되거나, 양육자가 아이의 요구를 이해하지 못해 적절히 대처하지 못한다면, 아이는 양육자를 불신하게 된다. 이런 부정저 경험은 양육자를 '믿을 수 없는 존재'로 인식하게 하고, 더 나아가 타인에 대한 불신으로 이어질 가능성이 높아진다.

영아와 양육자 사이에서 형성되는 최초의 신뢰는 단순히 개인적인 감정에 그치지 않고, 아이가 성장하며 맺게 될 모든 대인관계의 기초가 된다. 양육자와의 관계에서 신뢰를 충분히 경험한 아이는 안정된 애착을 형성하며, 이러한 안정감은 이후 대인관계에서도 긍정적으로 작용한다. 반면, 양육자로부터 충분한 관심과 돌봄을 받지 못한 아이는 불안정한 애착 관계를 형성하게 된다. 이러한 불안정 애착은 성인이 된 후에도 지속되며, 타인과 관계를 맺는 데 어려움을 겪게 할 수 있다. 예컨대, 타인에 대한 불필요한 경계심이나 과도한 의존, 또는 관계 맺기를 회피하려는 태도는 영아기의 신뢰 형성이 원만하지 않았을 때 나타나는 흔한 패턴이다.

신뢰와 하나님과의 관계

신뢰의 형성은 단순히 대인관계에 국한되지 않는다. 이는 보이지 않는 하나님과의 관계에도 깊은 영향을 미친다. 예를 들어, 눈에 보이는 부모를 신뢰하며 성장한 아이는 하나님 아버지라는 개념에 대해 자연스럽게 친밀감을 느끼고, 하나님을 신뢰할 가능성이 높다. 반대로 부모를 불신하며 성장한 아이는 하나님을 신뢰하기 어려워할 수 있다. 이러한 관계는 신앙적인 측면에서 매우 중요하다. 신앙은 보이지 않는 존재에 대한 믿음과 신뢰를 전제로 한다. 만약 아이가 성장 과정에서 신뢰를 형성하는 데 실패했다면, 하나님과의 관계에서도 불신과 거리감을 느낄 가능성이 커진다. 더 나아가 신앙의 뿌리가 흔들리는 결과를 초래할 수 있다.

관계는 신뢰를 통해 형성되고, 신뢰는 관계를 통해 자란다. 영아와 양육자라는 최초의 관계는 단순히 삶의 시작점이 아니라, 평생 동안 영향을 미치는 관계의 토대다. 이 관계에서 형성된 신뢰는 타인과의 관계뿐만 아니라 하나님과의 영적 관계에도 영향을 미친다. 그러므로 신뢰를 바탕으로 한 양육은 단순한 양육을 넘어, 한 인간의 전인격적인 성장과 신앙 형성에 지대한 영향을 미치는 중요한 과정이라고 할 수 있다.

3. 예수의 관계 마인드(마 11:28)

인간은 독불장군처럼 혼자서 살아갈 수 없는 존재다. 인간은 본질적으로 사회적 존재로서, 다른 사람들과의 네트워킹이 삶의 중요한 부분을 차지한다. 어떤 사람들은 관계를 잘 맺으며 살아가고, 어떤 사람들은 그렇지 못하다. 흔히 이런 차이를 성격의 차이로 설명하곤 한다. 물론 관계 맺는 능력에는 성격 외에도 다양한 요인이 작용한다. 하지만 기독교적 관점에서 볼 때, 이 능력은 단순히 성격이나 환경만의 문제가 아니라 영성과 깊은 관련이 있다고 할 수 있다.

왜냐하면 최초로 인간에게 관계를 맺어 주신 분은 하나님이시며, 하나님의 형상대로 창조된 인간은 본질적으로 관계적 존재이기 때문이다. 하나님의 형상은 단순히 외형이나 능력을 의미하는 것이 아니라, 하나님과의 교제와 다른 사람들과의 관계성을 반영한다. 더 나아가 예수님께서 이 땅에 오신 이유 자체가 죄로 인해 단절된 인간과 하나님의 관계를 회복시키기 위함이었다. 그렇기에 하나님의 백성인 우리 역시 예수님을 본받아 화평케 하는 자의 삶을 사는 것이 하나님의 뜻임을 알 수 있다.

화평케 하는 자의 특징

영성이 있는 그리스도인, 즉 관계의 영성을 가진 사람들은 화평케 하는 사명을 잘 감당하는 사람들이며, 그들에게는 몇 가지 특징이 나타난다.

첫째, 관계를 일보다 중요하게 여긴다. 이들은 성과나 결과만을 추구하기보다는 관계를 해치지 않고 문제를 해결하려는 태도를 보인다.

둘째, 상대의 허물을 덮으려는 사랑의 마음이 있다. 이들은 사랑으로 허물을 덮으라는 성경의 가르침(벧전 4:8)을 실천하려고 노력한다. 상대의 실수를 집요하게 지적하거나 정죄하기보다는, 그 허물을 너그럽게 품으며 관계를 지키는 데 초점을 맞춘다.

셋째, 감정을 절제한다. 화를 낼 수 있는 상황에서도 쉽게 분노를 드러내지 않고, 감정을 절제하려고 노력한다. 그들의 중심에는 평화를 사랑하고 추구하는 마음이 자리 잡고 있다. 이처럼 화평을 이루기 위해 노력하는 그리스도인을 관계의 영성이 있는 사람이라 부를 수 있다.

하지만 안타깝게도 예수를 믿는다고 하면서도, 신앙이 없는 사람들보다 관계 맺기에 소홀하거나 관계를 맺는 데 서툰 그리스도인들이 있다. 하나님과의 관계는 나름 괜찮다고 여기면서도, 직장이나 공동체에서 관계를 원만히 유지하지 못하는 경우가 있다. 그렇다면 우리가 건강한 관계를 맺으려면 어떻게 해야 할까? 우리 신앙 성장의 모델이 되신 예수님께서 보여 주신 관계 맺기의 방식을 살펴보며, 그분을 닮아가야 한다. 예수님은 갈등이 생기는 자리에서 화평을 이루셨고, 상처 입은 자들에게는 치유와 회복을 선물하셨다. 심지어 자신을 십자가에 못 박는 자들을 위해서도 용서를 구하셨다. 관계 맺는 태도는 단순히 인간적인 기술이나 요령의 문제가 아니다. 그것은 우리의 영성의 깊이를 보여 주는 중요한 지표이기도 하다. 관계의 모범되신 예수님은 다음과 같은 마음으로 관계를 맺으셨다.

열린 마음

예수님은 이 세상의 모든 사람을 향해 열린 마음으로 대하셨다. 잘난 사람이든 못난 사람이든, 건강한 사람이든 병든 사람이든, 남녀노소와 빈부귀천을 가리지 않으셨다. 심지어 죄를 지은 자들에게도 열린 마음으로 다가가셨다. 예수님은 마태복음 11장 28절에서 "수고하고 무거운 짐 진 자들아 다 내게로 오라 내가 너희를 쉬게 하리라"고 하셨다. 이 말씀을 통해 예수님이 모든 사람을 향해 열린 마음을 가지셨음을 알 수 있다. 열린 마음이란 어떤 사람이라도 긍정적인 시각과 개방적인 태도로 대하는 것이다. 반대로 닫힌 마음은 타인을 의심하거나 경계하여 마음의 문을 쉽게 열지 못하는 태도를 의미한다.

한번은 내가 상담 전공 대학원생들을 대상으로 대인관계 집단상담을 진행한 적이 있었다. 참가자들은 매 회기마다 자신의 대인관계에서 해결되지 않은 과제를 이야기하고, 집단원들과 상호작용하며 피드백을 주고받는 시간을 가졌다. 모든 집단원이 활발히 참여하는 가운데, 유독 한 사람은 방관자처럼 집단의 흐름에 적극적으로 참여하지 않았다. 마지막 날이 되어 그 집단원의 차례가 왔다. 그는 자신의 대인관계에 대해 이렇게 고백했다.

"저는 대인관계에서 상대방에게 10% 정도만 마음의 문을 엽니다. 왜냐하면 제 속마음을 많이 드러내면 사람들이 저를 어떻게 생각할지 걱정되기 때문입니다."

상대방에게 마음의 문을 10%만 열어두면, 상대도 10%만큼만 마음을 열 가능성이 크다. 이처럼 닫힌 마음으로 살아간다는 것은 자신을 보호하려는 본능적 선택일 수 있다. 하지만 그 결과로 오는 고립과 외로움은 또 다른 고통을 낳는다. 잠언 17장 19절은 이렇게 경고한다.

"자기 문을 높이는 자는 파괴를 구하는 자라."

닫힌 마음은 사람들에게 상처받을 기회를 줄일 수는 있어도, 다른 사람과의 교제를 단절시키며 삶의 풍요로움을 빼앗아 간다. 외로움과 소외감은 마음의 문을 닫고 사는 대가로 치르게 되는 고통이다.

그러므로, 좋은 대인관계를 위해 가장 필요한 것은 예수님처럼 열린 마음을 갖는 것이다. 예수님은 당신에게 호의적인 사람들만이 아니라, 자신을 비판하고 배척하는 사람들에게도 다가가셨다. 가룟 유다가 자신을 배신할 것을 아셨음에도 그를 사랑하셨고, 십자가에 달리시면서도 자신을 못 박는 자들을 용서하셨다. 열린 마음은 완벽한 사람이 아니라, 타인을 있는 그대로 받아들이는 자세에서 시작된다. 나와 가치관이 다르고, 나에게 호의적이지 않은 사람일지라도 그들에게 마음을 열고 다가가는 것이야말로 예수님을 닮아 가는 길이다.

적극적인 마음

대인관계를 잘하는 사람들의 공통점은 적극적으로 말을 걸고 다가가는 태도를 가진다는 것이다. 반면, 대인관계가 원만하지 못한 사람일수록 소극적이며, 상대가 먼저 다가와 주기를 기다리는 경향이 있다. 하지만 예수님의 삶과 사역을 보면, 관계를 맺는 데 있어 소극적인 태도가 아닌 매우 적극적인 자세를 취하셨음을 알 수 있다.

어느 날 예수님은 해변에서 그물을 깁고 있던 베드로에게 다가가셔서 이렇게 말씀하셨다. "나를 따르라"(마 4:19). 이 장면을 현대적으로 상상해 보면, 예수님의 행동은 다소 당황스러울 수 있다. 요즘 세상에 낯선 사람에게 갑작스럽게 이렇게 말한다면 이상하게 쳐다 볼 것이다. 그러나 예수님은 제자를 삼기 위해 주저하지 않고 먼저 다가가셨다. 비슷한 사례로, 예수님께서 사마리아의 수가성 우물가로 가신 이야기를 들 수 있다. 당시 유대인들은 사마리아 지역을 지나기를 꺼려했다. 하지만 예수님은 의도적으로 그곳을 찾아가셨다. 한 여인과의 만남을 위해서 말이다. 그리고 그 여인에게 먼저 이렇게 말씀하셨다. "물을 좀 달라"(요 4:7). 이처럼, 예수님은 단순히 기다리지 않으셨다. 관계를 맺기 위해 먼저 찾아가셨고, 먼저 말을 걸어 대화를 시작하셨다. 이 밖에도 예수님은 나다나엘에게도 먼저 말을 걸며 다가가셨다(요 1:47). 또한, 예수님은 삭개오에게도 먼저 말을 거셨다. 삭개오는 키가 작아 사람들 틈에서 예수님을 볼 수 없었기에 뽕나무에 올라가 있었다. 예수님은 그를 보시고 "삭개오야 속히 내려오라 내가 오늘 네 집에 유하여야 하겠다"(눅 19:5)고 하셨다. 이 말씀은 삭개오로 하여금 마음의 문을 열게 했고 그의 삶에 놀라운 변화가 일어나는 계기가 되었다.

만약 예수님께서 소극적이었다면 어떻게 되었을까? 12명의 제자를 삼는 일은 훨씬 더 어려웠을 것이다. 수가성 우물가의 여인은 구원의 기회를 놓쳤을지도 모른다. 삭개오 역시 예수님을 만나지 못하고 죄 가운데 머물렀을 것이다. 예수님의 사역과 관계의 성공은 먼저 다가가고, 먼저 말을 거는 적극적인 태도에서 시작되었다. 그러므로 우리의 일상에서도 누군가와의 관계를 시작하거나, 대인관계를 회복하기 위해서는 예수님처럼 먼저 다가가는 용기가 필요하다.

넓은 마음

마음이 넓은 사람은 다양한 사람들을 수용할 수 있는 능력이 있다. 어떤 사람은 자신의 성격이나 가치관과 다르면 그 사람을 받아들이지 못하고, 심지어 거부하기도 한다. 그러나 예수님처럼 마음이 넓은 사람은 죄를 지은 사람도 긍휼히 여기며 수용하는 모습을 보인다.

예수님의 넓은 마음은 간음하다 현장에서 잡힌 여인을 향한 태도를 통해 알 수 있다. 당시 많은 사람들이 그녀를 돌로 쳐 죽이자고 주장했으나, 예수님은 "죄 없는 자가 먼저 돌로 치라"(요 8:7)고 말씀하시며 그 여인을 보호하셨다. 여기서 우리는 죄는 미워할 수 있지만, 죄를 지은 사람을 향한 연민과 용서의 마음이 예수님의 마음속에 있었음을 볼 수 있다. 예수님은 그 여인이 더 큰 상처를 받지 않기를 바라셨다. 또한, 베드로가 예수님께 "주여 형제가 내게 죄를 범하면 몇 번이나 용서하여 주리이까 일곱 번까지 하오리이까"(마 18:21-22)라고 물었을 때, 예수님은 "일곱 번뿐 아니라 일곱 번을 일흔 번까지라도 할지니라"(마 18:22)라고 하셨다. 이 말씀은 우리의 마음이 얼마나 넓고 유연해야 하는지를 보여 준다. 예수님은 단지 사람들의 잘못을 용서하는 것을 넘어서, 우리의 마음이 상처를 입었을 때도 그 마음을 계속해서 넓혀야 한다는 교훈을 주셨다. 또한 예수님은 십자가에서 자기를 조롱하는 사람들을 향해 넓은 마음을 가지셨다. 우리가 그 상황이라면 '나중에 복수하겠다'거나 '저들을 벌해야 겠다'고 생각할 수도 있지만, 예수님은

"자기들이 하는 것을 알지 못함이니이다"(눅 23:34)라고 기도하셨다. 이 장면은 예수님이 얼마나 넓은 마음을 가지셨는지 보여 주는 좋은 사례이다.

넓은 마음은 단순히 관용과 용서를 넘어서, 유연함을 포함한다. 프레드릭 베크만의 소설 『오베라는 남자』[3]는 까다롭고 고집 센 남자 오베가 이웃 파르바네 가족을 만난 후 변화하는 과정을 그린다. 오베는 원칙을 철저히 지키는 사람으로, 자신이 정한 규칙을 벗어난 사람들을 용납하지 않는다. 예를 들어, 그는 늦잠 자는 사람을 이해하지 못하고, 매일 아침 정해진 시간에 일어나 커피를 내리며, 동네의 불법 주정차 차량을 찾아내어 지적한다. 이웃 사람들에게 호의를 베풀기보다는 지적하고 비난하는 그는 이런 태도 때문에 이웃 중 누구도 그를 좋아하지 않는다. 오베처럼 고집스럽고 융통성이 없는 사람은 관계를 맺기 어렵다. 사람들이 오베와 같은 사람보다 예수님처럼 유연하고 넓은 마음을 가진 사람과 관계를 맺고 싶어 하는 이유도 그 때문이다. 예수님은 자신의 원칙을 고수하면서도 다른 사람을 포용하고, 그들의 부족함을 용납하며 관계를 유지하셨다. 예수님의 넓은 마음은 예수님이 보여 주신 유연성을 통해 관계의 문을 여는 열쇠가 되었다.

---

3. 프레드릭 베크만, 『오베라는 남자』, 최민우 역 (서울: 다산책방, 2015).

섬기는 마음

영국 속담에 "하루 동안 행복하려면 이발을 하라. 일주일 동안 행복하려거든 여행을 하라. 한 달 동안 행복하려거든 집을 사라. 일 년 동안 행복하려거든 결혼을 하라. 일평생 행복하려거든 이웃을 섬기라"는 말이 있다. 이 속담은 우리의 삶에서 행복을 찾는 여러 방법을 제시한다. 하지만 그중에서 "이웃을 섬기라"는 말은 단순히 일시적인 행복을 넘어, 지속적이고 깊은 행복을 얻을 수 있는 중요한 길임을 강조하고 있다. 타인을 섬기고자 하는 결심을 하면, 그 결정은 우리가 만나는 사람들과 좋은 관계를 맺는 데 큰 영향을 끼친다.

예수님은 "인자가 온 것은 섬김을 받으려 함이 아니라 도리어 섬기려 하고 자기 목숨을 많은 사람의 대속물로 주려 함이니라"(마 20:28)라고 말씀하셨다. 예수님의 섬김은 단순히 물리적인 일을 하는 것을 넘어, 영혼을 살리고, 사람들의 마음을 어루만지는 깊은 의미를 지니고 있었다. 예수님은 만왕의 왕이셨음에도 불구하고, 제자들의 발을 씻어 주시며 섬기셨다. 이는 단순히 예수님의 겸손을 보여 주는 사건이 아니라, 우리가 어떻게 살아야 하는지에 대한 중요한 교훈을 전달하는 것이었다. 예수님은 자신을 낮추어 다른 사람들의 필요를 돌보시며, 진정한 섬김이란 자기 자신을 초월하여 다른 사람을 생각하는 마음에서 비롯됨을 보여 주셨다. 예수님의 섬김은 겸손과 사랑의 본보기였으며, 우리에게 가르쳐 주신 가장 중요한 교훈 중 하나였다.

이와 같은 섬김의 정신은 우리의 일상생활에서도 나타날 수 있다. 얼마 전, 나는 처음 방문한 카센터에서 헤드라이트 교체를 요청했다. 그런데 그곳 사장님은 부품이 오기까지 기다리는 동안, 차의 엔진을 청소하고, 타이어 공기압을 조정하며, 차 내부를 청소해 주셨다. 전혀 요구하지 않았던 서비스였지만, 그의 친절 덕분에 나는 깊은 인상을 받았다. 그 사장님의 태도에서 섬김을 느꼈고, 예수님의 마음을 떠올렸다. 예수님도 왕의 자리에서 스스로 낮아지셔서, 우리의 가장 큰 문제인 죄와 죽음의 문제를 해결하셨다.

예수님은 열린 마음, 적극적인 마음, 넓은 마음, 그리고 섬기는 마음이라는 네 가지 마음으로 관계를 맺으셨다. 이 네 가지 마음은 단순한 이론이 아니라, 예수님의 삶 속에서 구체적으로 실천된 원칙이었다. 예수님처럼 섬김의 마음을 품고 사람들에게 다가갈 때, 관계의 벽은 허물어지고, 더 깊은 화평과 사랑의 관계가 형성된다. 우리가 이러한 예수님의 마음을 본받아 섬김의 자세로 살아갈 때, 다양한 사람들과 더불어 화평케 하는 자로 살아갈 수 있다. 이는 단지 인간적 관계의 회복을 넘어, 하나님의 사랑과 은혜를 세상에 전하는 통로가 되는 것이다.

4. 관계가 깨어지는 이유 (잠 18:21)

대부분의 사람들은 주변 사람들과 좋은 관계를 맺으며 살기를 원한다. 그러나 모든 사람과 좋은 관계를 유지하며 살아가는 것은 결코 쉬운 일이 아니다. 내가 아무리 최선을 다하더라도, 상대방이 나를 오해하거나 받아들이지 않으면 관계를 지속하기가 어렵기 때문이다. 좋은 관계를 맺는 것도 중요하지만, 이미 형성된 관계를 잘 유지하는 것은 더욱 중요한 과제이다. 그런데 우리는 종종 오랜 시간과 정성을 들여 쌓아온 관계가 하루아침에 깨어지는 모습을 목격하곤 한다. 관계를 꾸준히 유지하는 일이 결코 쉽지 않은 이유이다.

생땍쥐페리의 어린 왕자에 나오는 한 구절이 이 점을 잘 설명해 준다.

"세상에서 가장 어려운 일이 뭔지 아니?"

"글쎄요, 돈 버는 일? 밥 먹는 일?"

"사실 세상에서 가장 어려운 일은 사람이 사람의 마음을 얻는 일이다. 각각의 얼굴만큼 다양한 각양각색의 마음에는 매 순간 수만 가지 생각이 떠오르는데, 그 바람 같은 마음을 머물게 한다는 건 정말 어려운 거란다."

좋은 관계를 형성하는 것도 쉽지 않지만, 이미 맺어진 관계를 훼손하지 않고 지속시키는 일은 더욱 어렵고 중요하다. 10년, 20년, 때로는 30년 넘게 이어져 온 관계도 어느 순간 깨어지는 경우가 있다. 예를 들어, 접촉과 관심의 감소, 투자와 보상의 불균형, 가치관이나 성격의 차이 등이 관계에 균열을 가져올 수 있다. 관계가 깨어지는 또 다른 이유는 다음과 같다.

나와 다름을 수용하지 못할 때

검은 머리가 파 뿌리가 될 때까지 함께 살겠다고 하나님과 하객들 앞에서 서약한 부부가 1년도 되지 않아 헤어지는 경우를 종종 본다. 우리나라 부부 이혼 사유 1위가 '성격 차이'라고 한다. 얼핏 맞는 말처럼 보이지만, 그 내면을 깊이 들여다보면 꼭 그렇지만은 않다. 정말로 성격이 달라서 헤어지는 걸까? 아니면, 나와 다른 그 성격을 내가 받아들이지 못하기 때문에 헤어지는 걸까?

사실, 배우자의 성격은 결혼 전이나 결혼 후나 크게 다르지 않다. 결혼 전에는 나와 다른 점이 오히려 매력으로 느껴져서 기꺼이 받아들였던 것이, 결혼 후에는 같은 모습조차 더 이상 수용하지 못하게 된다. 그러므로 '성격 차이'로 이혼한다는 것은 결국 "나와 다른 모습을 더 이상 받아들일 수 없다"고 말하는 것과 다르지 않다.

30년 이상 서로 다른 환경, 교육, 문화적 배경 속에서 살아온 두 사람이 부부가 되어 함께 살아갈 때 갈등이 생기는 것은 어쩌면 당연한 일이다. 예를 들어, 우리 부부만 보아도 닮은 점은 처음 만났을 때의 외모 정도였고, 그 외에는 모든 것이 달랐다. 성격, 말투, 운전 습관, 좋아하는 음식, 옷 입는 방식, 돈을 쓰는 태도, 심지어 잠자는 패턴까지 다르지 않은 것이 없었다. 그러나 이러한 차이에도 불구하고 지난 40년간 비교적 행복하게 잘 살아왔다. 그 비결이 무엇일까? 가장 근본적인 이유는 하나님의 은혜이다. 하지만 그뿐만 아니라, 서로 사랑하며 허물을 덮어 주고, 나와 다른 점을 이해하며 존중하고 수용하려는 마음도 큰 역할을 했다고 생각한다. 우리는 하나님 앞에 기도할 때, "내 모습 이대로 받아달라"고 간구한다. 나의 단점과 부족함마저도 하나님께서 사랑으로 받아 주시기를 기대한다. 그런데 정작 배우자나 자녀가 나와 다른 점을 보일 때는 그것을 있는 그대로 받아들이지 못하고 통제하려 든다. 이것이야말로 우리 안의 모순이 아닐까? 상대방의 다름을 수용하기 위해서는 나 자신이 상대를 통제하고자 하는 욕구를 내려놓아야 한다. 상대방의 존재와 욕구를 존중하며, 그를 있는 그대로 받아들일 때 관계는 더욱 견고해질 수 있다. 이처럼 배우자나 지인들을 있는 그대로 받아들이는 유연하고 넉넉한 마음이 건강한 관계의 핵심이다. 즉, 나와 다르다는 것 때문에 상대방을 통제하려고 하기보다는 있는 그대로 존중하고 수용할 때 관계가 유지될 수 있다.

부정적인 소통 방식과 말투

얼마 전, 케이블 TV에서 한 가수 가족의 이야기가 방영됐다. 엄마도 가수였고, 딸도 가수였던 이 가족은 쿠바로 여행을 갔다가 쿠바인 사위를 맞이했다. 이후 딸과 사위는 신혼살림을 시작했고, 친정 엄마는 바로 아래층에 살며 딸 내외의 일상을 지켜보았다. 딸이 집을 나간 뒤에 방 정리가 되어 있지 않은 것을 본 엄마는 청소를 해 주곤 했다. 하지만 딸은 그런 엄마의 행동이 너무 불편했다. 딸은 엄마 집으로 내려가 "제발 우리 방식대로 살게 그냥 놔두세요!"라고 투정을 부렸다. 엄마는 "네가 방을 그렇게 어질러 놓고 나가니까 내가 치우는 거 아니니?"라며 섭섭함을 표현했다. 그러던 어느 날, 딸이 엄마 집에 들렀다가 나가는 길에 엄마는 딸의 뒤통수에 대고 이렇게 말했다. "가다가 넘어져 버려라." 엄마는 딸의 말이 서운한 나머지, 충동적으로 딸에게 상처가 될 만한 말을 내뱉어 버렸다. 이런 비난의 말 때문에 딸은 엄마와 사이좋게 지내고 싶어도, 관계가 점점 소원해졌다.

나폴레옹은 "평화를 원한다면 상대를 자극하는 말부터 고쳐야 한다"고 말했다. 성경에서도 "죽고 사는 것이 혀의 힘에 달렸나니, 혀를 쓰기 좋아하는 자는 혀의 열매를 먹으리라"(잠 18:21)고 했다. 즉, 이 말씀은 우리가 어떤 말의 씨앗을 뿌리느냐에 따라 그 열매를 거두게 된다는 의미이다. 부정적인 말을 반복하면 부정적인 결과를 맺게 되고, 축복의 말을 자주 사용하면 축복의 열매를 거두게 된다. 물론 말의 내용도 중요하다. 하지만 더 중요한 것은 말투이다. 같은 내용이라도 말투에 따라 상대방이 느끼는 감정은 완전히 달라진다. 예를 들어, 오랜만에 누군가를 만났다고 상상해 보라. 그 사람이 당신을 쳐다보지도 않은 채 다른 일을 하며 냉소적인 말투로 "오랜만이네?"라고 말한다면, 기분이 어떨까? "내가 온 것이 별로 반갑지 않은가 보다"라고 느끼게 된다. 반면, 그 사람이 당신의 손을 잡으며 미소 띤 얼굴로 "정말 오랜만이야! 보고 싶었어!"라고 따뜻하게 말한다면 어떨까? 그 진심이 마음 깊이 전달될 것이다. 이처럼 같은 내용의 말도 말투에 따라 관계에 미치는 영향은 매우 크다.

말투와 관련된 책들은 다음과 같다. 『모든 관계는 말투에서 시작된다』[4], 『말투를 바꿨더니 아이가 공부에 집중합니다』[5], 『50의 품격은 말투로 완성된다』[6], 『인생의 변화는 말투에서 시작된다』[7] 등이다. 이 책들이 강조하는 것은, 말투가 관계를 친밀하게 만들기도 하고, 반대로 훼손하기도 한다는 것이다. 긍정적인 내용을 말할지라도, 그 말을 전달하는 말투가 비꼬는 식이라면 관계는 개선되기 어렵다. 그러므로 긍정적인 말을 선택할 뿐 아니라, 그 말을 따뜻한 말투로 전달하는 것이 중요하다. 말투가 상대방에게 위로와 힘을 줄 수도, 반대로 상처를 남길 수도 있다

---

[4]. 김범준, 『모든 관계는 말투에서 시작된다』 (서울: 위즈덤하우스, 2017).
[5]. 정재영, 이서진 공저 『말투를 바꿨더니 아이가 공부에 집중합니다』 (서울: 알에이치코리아, 2021).
[6]. 김범준, 『50의 품격은 말투로 완성된다』 (서울: 유영, 2020).
[7]. 황시투안, 『인생의 변화는 말투에서 시작된다』 (서울: 미디어숲, 2022).

는 사실을 기억하며, 우리의 말과 말투를 돌아보는 지혜를 가져야 한다.

관계를 파괴하는 탐욕

사람이 욕심이 많아지면 상대방을 배려하기보다 자신의 이익과 입장만을 고집하게 된다. 이런 태도는 상대방에게 불공정하다는 느낌을 주고, 결국 관계를 점점 소원하게 만든다. 탐욕스러운 마음은 자신이 더 많은 것을 차지하기 위해 상대를 속이거나 희생시키기도 한다. 결국 탐욕은 죄를 낳고, 죄는 서로의 관계를 무너뜨리는 결과를 초래한다.

성경에서 그 대표적인 예가 바로 야곱과 에서의 갈등이다. 창세기 27장에는 이삭이 나이가 많아 눈이 어두워졌을 때의 이야기가 나온다. 이삭은 맏아들 에서를 불러 이렇게 말한다. "내가 즐기는 별미를 만들어 내게로 가져와서 먹게 하여 내가 죽기 전에 내 마음껏 네게 축복하게 하라"(창 27:4). 이 대화를 엿들은 리브가는 야곱을 불러 은밀히 계획을 세운다. "내 아들아, 내 말을 따라 내가 네게 명하는 대로 하라"(창 27:8). 리브가는 야곱에게 별미를 만들어 주며, 에서인 척 가장해 아버지 이삭에게 가서 장자의 축복을 받으라고 지시한다. 이에 야곱은 "형은 털이 많고 나는 매끈매끈하니, 아버지께 들키면 저주를 받지 않겠냐"며 망설였지만, 리브가는 저주를 자신이 감수하겠다고 단언하며 설득한다. 결국 야곱은 어머니의 말을 따르고, 아버지를 속이는 일에 가담한다. 이 사건에서 야곱의 마음속에는 이미 장자의 축복을 받고자 하는 욕심이 자리 잡고 있었음을 알 수 있다. 그러나 더 근본적인 문제는 리브가의 편애였다. 부모의 편애는 자녀에게 깊은 상처를 주고 형제자매 사이의 관계를 깨어지게 만드는 주된 원인이다. 리브가의 편애와 야곱의 욕심이 결합되어, 이삭을 속이고 장자의 축복을 빼앗는 일이 벌어진 것이다.

야곱이 아버지를 속여 장자의 축복을 받은 사실을 모른 채, 사냥에서 돌아온 에서는 이삭에게 별미를 내어드리며 말한다. "아버지여 일어나서 아들이 사냥한 고기를 잡수시고 마음껏 내게 축복하소서"(창 27:31). 그러나 이삭은 이미 야곱을 축복한 후였다. 그는 깜짝 놀라며 말한다. "네 아우가 와서 속여 네 복을 빼앗았도다"(창 27:35). 이 말을 들은 에서는 큰 소리로 울며 애원한다. "내 아버지여, 내게 축복하소서! 내게도 그리하소서!"(창 27:34). 그러나 축복은 이미 야곱에게 돌아갔고, 에서는 절망과 분노에 휩싸인다. 결국 그는 야곱을 죽이겠다고 결심하고, 이를 눈치챈 리브가는 야곱을 삼촌 라반의 집으로 피신시킨다. 이로 인해 형제 간의 관계는 약 20년 이상 단절된다.

이 사건은 리브가의 편애와 야곱의 욕심이 어떻게 형제 간의 갈등과 단절을 초래했는지 보여 준다. 지나친 욕심은 종종 수단과 방법을 가리지 않게 만들고, 결국 가정이나 공동체를 무너뜨린다. 욕심은 자연스러운 감정일 수 있지만, 그것이 지나쳐 상대방을 이용하거나 희생시키는 방향으로 흘러간다면 결국 모두에게 해를 끼치는 결과를 낳는다. 공동체가 건강하게 유지되기 위해서는 탐욕을 내려놓고, 상대방을 배려하며 공정하고 정직한 태도를 가지는 것이 무엇보다 중요하다. 우리의 삶에서 관계를 지키는 지혜는 자기 욕심을 절제하는 데서 시작된다.

"그러므로 땅에 있는 지체를 죽이라 곧 음란과 부정과 사욕과 악한 정욕과 탐심이니 탐심은 우상 숭배니라"(골 3:5).

우리는 이 말씀을 기억하며, 욕심을 내려놓고 하나님의 뜻을 따를 때, 관계의 회복과 평화로운 공동체를 이룰 수 있다.

관계를 파괴하는 사단

하나님은 단절된 관계를 회복하시는 분이다. 반면, 사단은 온갖 방법으로 좋은 관계를 훼손하고, 이간질을 통해 분열을 일으키는 존재이다. 우리는 창세기에서 사단의 그러한 교묘한 전략을 발견할 수 있다. 하나님은 흙으로 아담을 창조하심으로 인간과 최초의 관계를 맺으셨다. 그 후, 아담이 혼자 있는 것을 좋지 않게 보신 하나님은 그의 갈비뼈로 하와를 만들어 주셨다. 이는 하나님께서 아담과 하와를 부부로서 사랑과 조화를 이루며 살도록 의도하셨음을 보여 준다. 하나님은 그들이 에덴동산에서 행복하게 살기를 원하셨다. 그러나 이 아름다운 관계를 깨뜨리려는 존재가 있었으니, 바로 사단이다.

어느 날, 뱀의 형상을 한 사단이 하와에게 접근한다. 창세기 3장 1절에서 뱀은 하와에게 묻는다. "하나님이 참으로 너희에게 동산 모든 나무의 열매를 먹지 말라 하시더냐?" 사단은 하와와의 대화를 통해 하나님의 말씀에 대해 의심을 심어 주기 시작한다. 이어서 이렇게 말한다. "너희가 결코 죽지 아니하리라. 하나님이 그것을 먹지 말라고 하신 이유는, 너희가 그것을 먹으면 눈이 밝아져 하나님과 같이 되어 선악을 알 줄을 하나님이 아심이니라"(창 3:4-5). 이 말은 하와의 마음에 하나님의 선하심과 진리에 대한 의심을 불러일으켰다. 결국, 하와는 사단의 거짓말과 유혹에 넘어가 선악을 알게 하는 나무의 열매를 따 먹었다. 그뿐만 아니라, 남편 아담에게도 그 열매를 건넸다. 하나님의 말씀에 불순종한 그 순간, 아담과 하와는 하나님과의 관계에서 단절을 경험하게 되었다. 또한 그들은 수치심에 하나님을 피해 숨었고, 결국 에덴동산에서 쫓겨나는 신세가 되었다.

사단은 지금도 교묘한 방식으로 인간의 관계를 파괴하려 한다. 그는 거짓말, 의심, 오해, 그리고 분열을 통해 하나님의 뜻 안에서 맺어진 관계를 훼손하고자 한다. 사단의 전략은 단순히 인간관계를 무너뜨리는 데 그치지 않는다. 우리의 신앙과 하나님과의 관계를 단절시키고, 영적으로 파괴하려는 것이 그의 궁극적인 목표이다. 그러므로 우리는 사단의 유혹에 넘어가지 않기 위해 늘 깨어 있어야 한다. 에베소서 6장 11절은 "마귀의 간계를 능히 대적하기 위하여 하나님의 전신갑주를 입으라"고 말했다. 하나님은 자녀들이 하나님의 말씀을 붙잡고 영적으로 깨어서 사단의 거짓과 유혹을 분별해야 한다고 하셨다.

관계는 나와 다른 사람의 마음을 이해하고 수용하는 과정에서 형성된다. 그러나 이러한 차이를 받아들이지 못할 때 관계에 균열이 생기기 쉽다. 성격 차이, 부정적인 소통 방식, 그리고 탐욕스러운 마음은 관계를 어렵게 만드는 주요 요인으로 작용한다. 특히, 사단은 거짓과 의심의 씨앗을 심어 관계를 단절시키려는 계략을 사용한다. 이는 창세기에서 아담과 하와의 이야기를 통해 잘 드러난다. 사단은 거짓된 유혹으로 하나님과의 관계를 깨뜨렸듯이, 오늘날에도 사람들 간의 관계를 파괴하려 한다. 따라서 건강한 관계를 유지하기 위해서는 몇 가지 중요한 노력이 필요하다.

첫째, 서로의 다름을 존중하고, 차이를 있는 그대로 받아들여야 한다.

둘째, 부정적인 말투와 표현을 지양하고, 상호 존중과 사랑이 담긴 언어를 사용해야 한다.

셋째, 자신의 욕심을 절제하며 관계 안에서 탐욕이 자리 잡지 않도록 주의해야 한다. 또한 영적으로 깨어 근신하며, 관계를 파괴하려는 사단의 계략을 분별하는 것이 중요하다.

이러한 분별력을 갖춘다면 거짓된 유혹에 넘어가지 않고, 사랑과 신뢰를 바탕으로 한 건강한 관계를 이어갈 수 있을 것이다.

5. 상처받은 관계 회복하기(창 33:1-12)

하버드대학교의 위간 박사는 가정과 사회생활 등 다양한 분야에서 실패를 경험한 사람들을 대상으로 연구를 진행했다. 그 결과, 이들이 실패한 이유가 전문지식 부족 때문인 경우는 겨우 15%에 불과했다. 나머지 85%는 인간관계 문제로 인해 실패했다는 사실이 밝혀졌다. 비슷한 연구를 진행한 미국 카네기 재단도 같은 결론에 도달했다. 이들은 5년 동안 사회적으로 성공한 1만 명을 대상으로 성공 요인을 조사한 결과, 성공의 85%가 인간관계를 잘 맺은 데에서 비롯되었다는 응답을 얻었다. 그런데, 인간관계는 다양하고 복잡한 요인들이 얽히면서 관계가 틀어지거나 회복되기도 한다.

본문에 등장하는 야곱과 에서의 이야기는 이러한 관계의 복잡성을 잘 보여 준다. 쌍둥이 형제로 태어난 두 사람은 처음에는 친밀한 관계를 유지했지만, 한 사건을 계기로 관계가 완전히 깨지고 말았다. 그러나 오랜 세월이 흐른 뒤, 하나님의 은혜와 야곱의 노력으로 그들은 마침내 화해에 이르게 되었다. 이 이야기를 통해, 우리 역시 관계 회복의 지혜를 배울 수 있다. 특히 야곱이 형 에서와 화해하기 위해 어떤 노력을 기울였는지 깊이 살펴보면, 우리 삶 속 관계의 문제를 풀어 나가는 하나님의 지혜를 발견할 수 있다.

관계가 깨어진 이유

야곱과 에서는 쌍둥이 형제로 태어나 가장 친밀하게 지내야 할 사이였다. 그러나 야곱은 장자의 축복을 받고자 하는 욕망에 사로잡혀 있었다. 어머니 리브가는 이러한 야곱의 욕망을 부추겼다. 기회는 형 에서가 사냥을 하러 나간 사이에 찾아왔다. 리브가의 도움을 받은 야곱은 자신이 에서인 것처럼 가장해 나이 든 아버지 이삭을 속이고 장자의 축복을 받았다. 이는 분명히 야곱의 잘못이었다. 축복을 받고자 하는 열정은 훌륭할 수 있지만, 그것을 얻기 위해 거짓을 행하는 것은 결코 정당화될 수 없었다. 선한 목적은 선한 방법으로 이루어져야 하지만, 야곱의 행동은 비겁하고 옳지 않았다.

그러나, 형 에서도 책임에서 완전히 자유롭지는 않았다. 그는 자신의 장자권을 소홀히 여기고, 단지 팥죽 한 그릇에 그것을 야곱에게 넘겨주었다. 결국, 사냥한 고기를 들고 아버지 이삭에게 축복을 요청했지만, 이미 야곱에게 축복을 빼앗긴 상황에서 이삭은 더 이상 해 줄 수 있는 축복이 없다고 답했다. 에서는 절망하며 여러 차례 아버지에게 간청했으나, 거절당할 수밖에 없었다. 이 모든 사건은 에서에게 깊은 분노를 남겼다. 그는 자신이 받아야 할 축복을 동생에게 빼앗겼다고 생각하며 야곱을 죽이고 싶을 정도로 화를 냈다. 상황이 이렇게 되자, 어머니 리브가는 야곱을 삼촌 라반의 집으로 피신시켰고, 이로 인해 두 형제의 관계는 완전히 단절되었다.

우리도 세상을 살다 보면 여러 가지 이유로 좋았던 관계가 깨어지는 일을 겪기도 한다. 돈 문제를 비롯하여 사소한 오해와 실수, 이간질하는 사람의 영향, 혹은 시기와 질투가 그 원인이 되기도 한다. 하지만 어떤 식으로든 관계가 깨어지는 것은 하나님의 뜻이 아니다. 하나님의 뜻은 깨어진 관계를 회복하는 데 있다. 불편하고 상처 난 관계를 화평하게 만드는 것은 하나님께서 기뻐하시는 일이며, 또한 그리스도인의 사명이기도 하다. 그리고 깨어진 관계를 회복하는 것은 단순히 나의 노력만으로 되는 것이 아니라 하나님의 은혜로 이루어지는 것이다. 야곱과 에서의 단절된 관계가 회복되기까지 관계 회복을 위한 야곱의 진심 어린 노력과 더불어 하나님의 은혜가 있었기에 가능했던 것이다. 야곱이 어떻게 에서와 관계가 회복되었는지 살펴보면서 관계 회복의 지혜를 배울 수 있다.

화해할 의지

마태복음 5장 24절은 이렇게 말한다.

> "네 형제에게 원망들을 만한 일이 있는 것이 생각나거든 예물을 제단 앞에 두고 먼저 가서 형제와 화목하고 그 후에 와서 예물을 드리라."

이 말씀은 하나님이 기뻐하시는 신앙인의 모습은 단지 예배를 드리는 행위도 중요하지만, 삶 속에서 형제간에 화목한 관계를 유지하며 사는 것도 중요하다는 것을 보여 준다. 오늘날 일부 그리스도인은 관계의 중요성을 잘 알고 있지만, 그 중요성을 행동으로 실천하지 못하는 사람도 있다. 단절된 관계를 회복하는 것은 단순히 생각이나 바람만으로 이루어지지 않는다. 이를 적극적으로 실천하려는 의지가 반드시 필요하다.

야곱이 에서와 화해하는 첫 단계는 야곱의 의지였다. 야곱이 삼촌 라반의 집에서 성공을 거둔 어느 날, 하나님께서 야곱에게 명령하셨다. 창세기 31장 3절에 "여호와께서 야곱에게 이르시되 네 조상의 땅 네 족속에게로 돌아가라 내가 너와 함께 있으리라"고 하신 말씀은 단순히 물리적 귀환을 의미하지 않았다. 이 말씀은 20년 전 깨어졌던 형 에서와의 관계를 회복하라는 하나님의 뜻이 담긴 명령이었다. 당시 야곱은 삼촌 라반의 집에서 머슴살이로 시작해 큰 성공을 거두었다. 그는 결혼해 많은 자녀를 두었고, 경제적으로도 부유해졌다. 겉으로 보기에 야곱은 모든 것을 가진 사람처럼 보였지만, 그에게는 여전히 해결해야 할 중요한 과제가 남아 있었다. 그것은 야곱이 에서와 화해하는 것이었다.

하나님의 명령은 야곱에게 쉽지 않은 도전이었을 것이다. 그는 여전히 20년 전 형의 분노와 죽음의 위협을 피해 도망쳤던 기억을 생생히 간직하고 있었다. 그러나 야곱은 하나님의 말씀에 순종하며 에서와 화해하기로 결단했다. 사실, 야곱은 욕심이 많아서 형의 장자권을 속여 빼앗는 비열한 행동을 했던 사람이었다. 그러나 삼촌 라반의 집에서의 오랜 세월 동안 그는 인격적으로, 신앙적으로 성장했다. 그 결과 그는 하나님의 명령을 받아들이고, 관계 회복을 위한 첫걸음을 내딛을 수 있었다. 이처럼 관계 회복의 시작은 결단이 있어야 한다. 상대방과 깨어진 관계를 회복하겠다는 의지와 행동이 뒷받침될 때, 하나님의 은혜와 역사가 그 과정을 통해 나타날 수 있다. 야곱이 보여 준 결단과 순종은 오늘날 우리에게도 깊은 교훈을 준다. 관계 회복은 하나님이 기뻐하시는 일이며, 우리가 반드시 감당해야 할 사명이다.

중재자의 활용

관계 회복을 위한 가장 바람직한 방법은 당사자들이 직접 나서서 문제를 해결하는 것이지만, 그게 어렵다면 중재자가 필요하다. 야곱은 이러한 중재 역할을 위해 자신의 종들을 먼저 형 에서에게 보냈다. 관계를 회복하기 위해 중요한 것은 먼저 다가가는 용기다. 하지만, 내민 손을 잡아 주는 상대방의 포용도 중요하다. 그런데 안타깝게도 많은 사람들이 이런 과정을 자연스럽게 받아들이지 못한다. 자신의 잘못을 인정하고 사과해야 함에도 불구하고, "미안하다"는 말 한마디를 하지 못해 갈등이 지속되거나 더욱 악화되기도 한다. 이러한 문제는 부부 관계에서도 자주 나타난다. 사소한 다툼이 생겼을 때 "미안하다"는 말 한마디면 해결될 일이, 그 말을 하지 못해 관계가 더 심각해지는 경우가 많다. 그러므로 관계 회복을 위해서는 용기가 필요하다. 만약 직접 해결할 용기가 부족하거나 상황이 여의치 않다면, 누군가의 도움을 통해서라도 화해의 다리를 놓아야 한다. 야곱 역시 형 에서를 직접 만나기에는 두려움이 있었던 것으로 보인다. 그래서 그는 종들을 먼저 보내어 자신의 화해 의사를 전달했다.

창세기 32장 4-5절에 따르면, 야곱은 종들에게 이렇게 말하도록 지시했다.

> "너희는 내 주 에서에게 이같이 말하라. 주의 종 야곱이 이같이 말하기를, 내가 라반과 함께 거류하며 지금까지 머물러 있었사오며, 내게 소와 나귀와 양떼와 노비가 있으므로 사람을 보내어 내 주께 알리고 내 주께 은혜를 받기를 원하나이다."

야곱은 이 메시지에서 자신을 '종'이라 낮추며, 형 에서를 '주'라고 높였다. 이를 통해 그는 진정성과 겸손을 담아 화해의 뜻을 전달했다. 야곱의 이 행동은 중재자를 통해 관계 회복을 시도한 지혜로운 선택이었다. 이런 방식은 하나님의 관계 회복의 원리와도 닮았다. 하나님은 인간과 직접 소통하기 어려운 상황에서 예수님을 이 땅에 보내셨다. 성육신하신 예수님은 하나님과 인간 사이의 단절된 관계를 화목하게 만드셨다. 이는 모든 그리스도인이 관계 회복의 중재자 역할을 감당해야 함을 보여 준다.

그리스도인은 하나님과 인간 사이뿐 아니라, 인간과 인간 사이에서 화평을 이루는 중보자의 사명을 가진다. 우리가 관계를 회복하기 위해 노력할 때, 그 안에는 하나님의 뜻과 방법이 담겨 있다. 야곱의 이야기는 중재자 역할의 중요성을 깨닫게 한다. 우리는 야곱처럼 진정성을 가지고, 필요하다면 중재자를 통해서라도 관계 회복을 이루기 위해 노력해야 한다.

예물을 준비

창세기 32장 6절에서 야곱의 종들은 형 에서를 만나고 돌아와 보고했다. "사자들이 야곱에게 돌아와 이르되 우리가 주인의 형 에서에게 이른 즉 그가 사백 명을 거느리고 주인을 만나려고 오더이다"라는 소식이었다. 이 말을 들은 야곱은 두려움에 사로잡혔다. 성경은 그가 "심히 두렵고 답답하여"(창 32:7) 동행자들과 가축들을 두 떼로 나누며, 한 떼가 공격받더라도 나머지는 피할 수 있게 대비했다고 기록하고 있다. 이 장면은 에서가 여전히 분노를 품고 있는 듯한 긴장감을 보여 준다. 그러나 야곱은 두려움에만 머물지 않았다. 그는 또 다른 지혜로운 조치를 취했다. 야곱은 관계 회복을 위한 진심 어린 행동으로 형 에서를 위해 예물을 준비했다. 창세기 32장 20절에는 "예물로 형의 감정을 푼 후에 대면하면 형이 혹시 나를 받아 주리라"는 야곱의 전략이 담겨 있다. 이는 단순히 두려움에서 비롯된 행동이 아니라, 형의 마음을 풀기 위한 진정성 어린 노력의 일환이었다.

    야곱이 준비한 예물은 상상을 초월하는 규모였다. 창세기 32장 13절 이하를 보면 그가 준비한 선물 목록이 나온다. "형 에서를 위하여 예물을 택하니 암염소가 이백이요. 수염소가 이십이요. 암양이 이백이요. 수양이 이십이요. 젖 나는 약대 삼십과 그 새끼요 암소가 사십이요. 황소가 열이요. 암나귀가 이십이요. 그 새끼 나귀가 열이라"고 했다. 야곱은 에서를 위해 총 550마리의 가축을 준비했다. 이는 단순한 선물이 아니라, 자신의 진심을 표현하기 위한 매우 특별한 제스처였다. 비교를 하자면, 1998년 정주영 현대그룹 회장이 남북화해를 위해 북한에 보낸 소가 501마리였던 것을 떠올릴 수 있다. 당시 정주영 회장이 한 국가를 위해 보낸 소보다도 더 많은 가축을 야곱은 한 개인, 형 에서를 위해 보냈다. 이 예물을 준비하는 야곱의 모습은 그의 인격적 변화를 보여 준다. 물질에 대한 욕심이 많던 야곱이 자신의 소유를 기꺼이 내어 주며 관계 회복을 위해 투자한 것은 그의 내면이 크게 성장했음을 의미한다. 돈보다 더 중요한 것이 관계라는 사실을 깨달은 야곱의 변화는 감동적이다.

    관계 회복에는 말로 하는 사과도 중요하지만, 진정성이 담긴 행동이 뒤따라야 한다. 야곱이 형 에서를 위해 준비한 예물처럼, 때로는 선물이나 진심 어린 편지, 혹은 함께하는 식사 한 끼가 관계 회복의 다리를 놓을 수 있다. 중요한 것은 그 행동을 통해 우리의 진심과 변화를 보여 주는 것이다.

하나님께 기도

야곱은 형 에서와 화해하기 위해 할 수 있는 모든 인간적 노력을 다했다. 먼저 종들을 보내 화해의 메시지를 전했고, 혹시 모를 공격에 대비해 가족과 가축을 두 떼로 나누어 방어선을 구축했다. 그리고 형의 마음을 움직이기 위해 550마리에 달하는 엄청난 가축을 선물로 준비했다. 인간적으로 동원할 수 있는 모든 방법을 사용한 것이다. 하지만 야곱은 자신의 힘만으로는 관계 회복이 완전하게 이루어질 수 없다는 사실을 알았다.

그래서 야곱은 얍복강 가에 홀로 남아 밤새도록 간절히 하나님께 기도하며 부르짖었다. 그의 기도의 핵심은 형 에서의 마음이 열리고, 깨어진 관계가 회복되기를 간구하는 것이었다. 기도 끝에 야곱은 하나님의 응답을 확신하며 얍복강을 건너 형을 만나러 갔다. 그런데 놀라운 일이 일어났다. 20년 전 자신을 죽이려 했던 형 에서의 마음이 완전히 변화되어 있었다. 창세기 33장 4절은 이렇게 기록한다. "에서가 달려와서 그를 맞이하여 안고 목을 어긋맞추어 그와 입맞추고 서로 우니라"라고 말이다. 형과 동생이 눈물로 화해하는 이 장면은, 인간적인 노력과 하나님의 은혜가 결합된 결과였다. 야곱은 형의 환대를 받고 감격한 나머지 창세기 33장 10절에서 이렇게 고백한다.

"내가 형님의 얼굴을 뵈온즉 하나님의 얼굴을 본 것 같사오며 형님도 나를 기뻐하심이니이다."

이 말은 어찌 보면 아부성 발언으로 들릴 수도 있지만, 야곱의 진심이 담긴 표현이었다. 에서는 야곱의 그러한 진심에 감동이 되었고, 동생을 향한 과거의 분노는 사라지게 되면서 야곱과 에서는 화해하게 된 것이다. 그렇게 되기까지 야곱의 지혜와 노력도 있었지만, 결국 관계 회복을 위한 간절한 기도가 하나님께 응답되었다고 볼 수 있다.

야곱과 에서의 관계 회복은 우리에게 중요한 교훈을 준다. 관계 회복은 단순히 시간이 흐른다고 저절로 이루어지지 않는다. 또한 회피하거나 미루는 태도로는 결코 문제를 해결할 수 없다. 야곱이 보여 준 것처럼, 관계 회복을 위해서는 진심 어린 노력과 함께 하나님의 도움을 구하는 기도가 필요하다. 우리 삶에서도 회복하기 어려워 보이는 관계가 있을 수 있다. 그러나 야곱의 간절한 노력과 하나님의 은혜를 기억한다면, 우리도 관계 회복을 위해 용기를 낼 수 있다. 중요한 것은 진정성 있는 행동과 하나님의 도우심에 의지하는 것이다. 깨어진 관계를 회복하려는 결단은 단순히 나를 위한 것이 아니라, 하나님의 뜻을 이루는 길이기도 하다.

지금 내가 회복해야 할 관계는 무엇인가? 하나님께서 주시는 지혜와 용기로 한 걸음을 내딛는다면, 깨어진 관계가 회복되고 화평의 역사가 이루어질 것이다. 우리의 삶 속에서 하나님의 은혜가 관계 속에 흘러넘치기를 간절히 바란다.

6. 용서, 관계 회복의 열쇠(마 18:18-19)

성탄절 하면 떠오르는 이미지는 무엇인가? 어떤 이는 흥겨운 캐롤송을, 어떤 이는 선물 가득한 산타클로스를, 또 다른 이는 반짝이는 성탄트리를 떠올릴 것이다. 혹은, 성탄절을 청소년들이 탈선하기 쉬운 때로 인식하는 사람도 있을지 모른다. 그러나 이러한 이미지들은 성탄절, 즉 크리스마스의 본래 의미와는 거리가 멀다. '크리스마스(Christmas)'라는 단어는 '그리스도'를 뜻하는 Christ와 '예배'를 뜻하는 mass가 결합된 것이다.

따라서 크리스마스는 그리스도의 탄생을 기념하며 예배를 드리는 날을 의미한다. 그렇다면, 예수님께서 이 땅에 오신 이유는 무엇일까? 그것은 죄로 인해 하나님과 단절된 인간의 관계를 회복하시기 위함이었다. 예수님의 탄생은 우리의 죄를 사하시고 하나님과의 화목을 이루기 위한 첫걸음이었다. 이러한 관계 회복의 본질은 바로 용서에 있다. 즉, 하나님은 우리의 죄를 용서하시기 위해 예수님을 이 세상에 보내셨으며, 그러한 용서에는 인간을 향한 하나님의 사랑이 전제되어 있다.

그렇다면, 용서란 무엇일까? 용서는 단순히 상대방의 잘못을 덮어주는 것이 아니다. 그것은 내가 마음을 열고, 하나님께서 나를 용서하신 사랑을 흘려보내는 행위이다. 진정한 용서는 하나님과의 화목에서 비롯되며, 이를 통해 깨어진 관계가 새롭게 회복될 수 있다. 따라서 우리는 성탄절을 예수님이 이 세상에 오셔서 이루신 용서의 사랑을 묵상하며, 관계를 회복하는 기회로 삼아야 할 것이다.

진정한 용서란?

설교자 H.W. 비처는 "용서할 수 있으나 잊을 수는 없다고 하는 말은, 용서하지 않겠다고 하는 말과 같다"고 말했다. 진정한 용서는 단순히 상대를 이해하려고 노력하거나 잘못을 눈감아주는 정도에서 끝나지 않는다. 그것은 상대방의 과오를 완전히 내려놓고, 그 일에 대해 다시는 언급하지 않는 결단이다. 이는 하나님께서 우리의 죄를 용서하시고 더 이상 그것을 기억하지 않으신다는 성경적 원리에 근거한다(히 8:12). 우리가 누군가를 진정으로 용서했다고 하면서도, 시간이 흐른 뒤 다시 그 잘못을 끄집어내 상대를 비난한다면, 사실상 온전한 용서가 이루어졌다고 할 수 없다.

또한 진정한 용서는 단지 감정을 다스리는 것을 넘어선 행위다. 그것은 상처를 준 상대를 향해 더 이상 그 잘못을 문제 삼지 않겠다고 결단하는 의지의 표현이다. 용서는 관계의 회복과 치유를 위한 첫걸음이며, 용서가 이루어질 때 비로소 깨어진 신뢰와 관계가 다시 새로워질 수 있다. 물론 인간적으로 용서는 쉬운 일이 아니다. 그러나 진정한 용서는 우리의 힘이 아니라, 하나님께서 주시는 은혜를 통해 가능하다. 우리가 용서를 실천해야 할 이유는 무엇일까?

용서의 은혜를 받았기 때문

마태복음 18장 23절 이하에는 예수님께서 말씀하신 1만 달란트 빚진 자의 비유가 나온다. 이 비유는 용서의 은혜와 그에 따른 책임을 강조하는 내용이다. 당시 헤롯 대왕이 로마로부터 받은 연봉이 약 800달란트였다고 하니, 1만 달란트는 헤롯왕의 12년치 연봉에 해당하는 천문학적인 액수다. 일반 서민의 관점에서 보면 평생 벌어도 갚기 어려운, 상상조차 할 수 없는 큰 빚이다. 이 엄청난 빚을 진 채무자는 채권자 앞에서 무릎을 꿇고 간청했다. 채권자는 그를 긍휼히 여겨 모든 빚을 탕감해 주었다. 이는 채무자의 삶을 완전히 새롭게 바꿀 수 있는 평생 잊을 수 없는 은혜였다. 그런데, 이 채무자가 탕감받은 직후, 자신에게 100데나리온을 빌린 친구를 만났다. 100데나리온은 하루 품삯 기준으로 약 100일간의 노동에 해당하는 금액으로, 1만 달란트에 비하면 상대적으로 아주 작은 액수다. 하지만 이 채무자는 친구의 멱살을 잡고, 빚을 갚지 않는다고 법정에 고소했다. 이러한 행동이 채권자의 귀에 들어가자 그는 크게 분노하며, 이미 탕감했던 1만 달란트를 다시 갚으라고 명령했다.

이 비유가 우리에게 주는 메시지는 무엇일까? 우리는 하나님께로부터 1만 달란트에 해당하는 큰 은혜, 곧 모든 죄를 용서받았다. 그러나 정작 우리 자신은 다른 사람의 작은 잘못조차 쉽게 용서하지 못할 때가 많다. 마치 작은 빚을 용서하지 못했던 채무자처럼 말이다. 이렇듯이 자신이 받은 용서의 분량은 생각하지 않고 타인에게는 조그마한 용서도 허락지 않으려는 태도가 인간의 연약한 모습이기도 하다. 이에 대해서 예수님은 우리가 받은 용서의 은혜를 기억하며 악을 악으로 갚지 말고, 악을 선으로 갚으라고 가르치신다(롬 12:21). 우리는 종종 일곱 번이나 용서했다면 대단한 일이라고 생각하겠지만, 예수님은 일흔 번씩 일곱 번이라도 용서하라고 말씀하신다(마 18:22). 이는 용서가 단순히 선택사항이 아니라, 하나님께서 우리에게 보여 주신 은혜를 세상에 실천하는 삶의 방식임을 뜻한다.

우리의 용서는 하나님께로부터 받은 큰 은혜를 반영하는 작은 실천이다. 하나님은 우리의 모든 죄를 용서하셨다. 그러므로 우리도 다른 사람의 잘못을 용서하며 살아가야 한다. 용서의 은혜를 받은 우리가 그 은혜를 흘려보내지 않는다면, 하나님의 사랑이 우리 안에 온전히 이루어졌다고 말할 수 없을 것이다. 1만 달란트의 빚을 탕감받은 우리가 100데나리온 정도는 기꺼이 용서할 수 있지 않겠는가? 용서란 단순한 의무가 아니라, 하나님의 은혜를 기억하고 살아가는 신앙인의 특권이다.

정신적, 영적 평안을 위해

남을 용서하지 않고 마음속에 한을 품고 있으면, 가장 큰 고통을 받는 사람은 바로 나 자신이다. 용서하지 못하고 분노와 원망을 품고 있으면, 이는 나의 신체와 정신 및 영적 건강에 심각한 영향을 미친다. 미시간

대학에서 1,324명을 대상으로 한 조사에 따르면, 용서하며 사는 사람은 원망을 품고 사는 사람보다 훨씬 더 건강한 삶을 살고 있는 것으로 나타났다. 친구와의 관계를 회복하고 긍정적인 교제를 유지하는 사람들은 치명적인 병을 이길 가능성이 높았던 반면, 관계를 단절하고 원망을 품은 사람들은 더 취약한 건강 상태를 보였다. 이는 과학적으로도, 그리고 영적으로도 용서가 우리에게 얼마나 중요한지를 보여 준다.

2차 세계대전 이후, 전 세계인의 마음에 깊은 상처를 남긴 사건 중 하나는 나치 수용소의 참극이다. 독일의 히틀러는 아우슈비츠 등 여러 수용소에서 약 600만 명의 유대인을 학살했다. 이 끔찍한 비극 속에서 구사일생으로 살아남은 두 친구가 얼마 후 재회했다. 그중 한 친구는 과거의 끔찍한 기억에서 벗어나지 못하고 여전히 분노와 한에 사로잡혀 있었다. 그는 다른 친구에게 이렇게 물었다. "당신은 정말 그 놈들을 용서할 수 있겠소? 나는 그 사건을 도저히 잊을 수 없소." 이에 다른 친구는 이렇게 대답했다. "다 지나간 일인데, 그걸 다시 끄집어낸들 무슨 소용이 있겠소?" 그러자 첫 번째 친구는 격분하며 소리쳤다. "그걸 어떻게 잊을 수 있단 말이오? 어떻게 히틀러를 용서할 수 있단 말이오?" 이때 다른 친구는 한마디로 상황을 정리했다. "그렇다면 자네는 아직도 감옥에 갇혀 있는 것이오." 이 대화는 과거의 고통 때문에 용서하지 못하는 사람은 여전히 분노와 원망이라는 감옥에 갇혀 있다는 것을 보여 준다.

여러분의 마음속에 여전히 용서하지 못한 누군가가 있는가? 만약 아직도 그들을 용서하지 않고 계속 원망과 복수심에 사로잡혀 있다면,

결국 가장 괴로운 사람은 나 자신이다. 분노와 복수심은 스트레스를 유발하며, 이는 신체적으로는 만병의 근원이 되고, 정신적으로는 우울증과 불안을 초래하며, 영적으로는 하나님의 평강을 가로막는다. 우리가 이러한 감옥에서 벗어나려면, 긍휼히 여기는 마음으로 상대를 용서해야 한다. 예수님은 십자가 위에서 온 인류의 죄를 지시고도, 자신을 못 박는 사람들을 향해 이렇게 기도하셨다.

"아버지 저들을 사하여 주옵소서 자기들이 하는 것을 알지 못함이니이다"(눅 23:34).

이 기도는 용서의 진정한 본을 보여 준다. 예수님은 우리가 아직 죄인이었을 때, 아무런 조건 없이 우리를 용서하셨다(롬 5:8). 우리가 예수님의 마음을 닮아 용서를 결단할 때, 비로소 우리의 마음에 진정한 평안을 얻게 될 것이다.

온전한 기도 응답을 위해서

기도는 기독교인이 가진 가장 강력한 영적 무기 중 하나다. 하나님께서 우리에게 기도를 통해 응답하시는 이유는 우리의 필요를 채우시고, 그분과의 관계를 깊게 하기 위함이다. 하지만 기도의 응답에는 중요한 조건이 있다. 바로 땅에서 얽힌 관계를 먼저 푸는 것이다. 마태복음 18장 18절은 이렇게 말씀한다.

"진실로 너희에게 이르노니 무엇이든지 너희가 땅에서 매면 하늘에서도 매일 것이요, 무엇이든지 땅에서 풀면 하늘에서도 풀리리라."

이 말씀은 단순히 땅에서의 행동이 하늘에 영향을 준다는 것을 넘어, 형제와의 관계가 풀리는 것이 하나님과의 관계를 여는 열쇠임을 의미한다. 우리가 형제와 화해하지 않고 용서하지 않는다면, 하나님께 올리는 기도 역시 막힐 수밖에 없다.

예수님은 마태복음 5장 23-24절에서 "그러므로 예물을 제단에 드리려다가 거기서 네 형제에게 원망들을 만한 일이 있는 것이 생각나거든, 예물을 제단 앞에 두고 먼저 가서 형제와 화목하고 그 후에 와서 예물을 드리라"고 하셨다. 하나님께 드리는 예배는 먼저 형제와의 관계가 회복되지 않으면 온전할 수 없다는 것이다. 만약 우리가 부부 간에, 가족 간에, 친구 간에, 혹은 교회 공동체 안에서 깨어진 관계가 있다면, 먼저 그것을 해결하는 것이 하나님께 나아가는 첫걸음이다. 용서가 어려운 일임은 분명하다. 인간적인 자존심과 상처로 인해 용서는 때로 우리에게 큰 결단을 요구한다. 그러나 불가능한 일은 아니다. 하나님께서 용서를 명령하신 이유는, 그분이 우리에게 용서할 능력을 주셨기 때문이다.

성경에서 용서의 본보기로 자주 언급되는 인물은 바로 요셉이다. 요셉은 형들의 질투로 인해 노예로 팔려가고, 억울한 누명을 쓰고 감옥에 갇히는 등 수많은 고통을 겪었다. 하지만 요셉은 하나님의 섭리를 믿었기에 형들을 향한 분노와 원망을 내려놓았다. 그는 형들에게 이렇게 말한다.

"당신들은 나를 해하려 하였으나 하나님은 그것을 선으로 바꾸사 오늘과 같이 많은 백성의 생명을 구원하게 하시려 하셨나니"(창 50:20).

요셉의 삶은 용서가 인간의 힘으로만 되는 것이 아니라, 하나님의 은혜의 관점에서 출발한다는 사실을 보여 준다. 요셉은 형들을 용서했을 뿐만 아니라 그들을 위로하며 적극적으로 화해를 이루었다. 그의 용서는 단순히 관계를 회복하는 것을 넘어, 하나님의 계획을 이루는 도구가 되었다. 하나님은 우리가 용서의 삶을 살며, 깨끗한 마음으로 예배하고 기도하기를 원하신다.

형제와의 화목은 단지 인간관계를 위한 것이 아니라, 하나님과의 관계를 위한 첫걸음이기도 하다. 우리가 용서를 결단할 때, 하나님은 우리의 기도를 기뻐하시며 응답하신다. "무엇이든지 땅에서 풀면 하늘에서도 풀리리라"(마 18:18)는 하나님의 약속을 붙들고, 용서할 때 기도 응답의 축복을 누리게 된다.

용서를 실천한 사례

내가 한 군인교회를 섬기던 시절, 목회적으로 어려움을 주셨던 안수집사 한 분이 계셨다. 운영위원회 때마다 혼자 반대 의견을 내셨는데, 예를 들어 내가 "의무실에 교회 이름으로 에어컨 하나 기증합시다"라고 제안하면, "그건 부대에서 할 일이지 우리가 왜 합니까?"라고 반박하곤 했다. 물론 말 자체는 틀리지 않았지만, 전도와 섬김의 차원에서 추진하려던 일이었다. 다른 분들이 동의해도 그분의 강한 반대로 종종 어려움을 겪었다.

그러다 전출입으로 자연스럽게 헤어졌고, 시간이 흘러 3년 후, 그분에게서 한 통의 우편물을 받았다. 노란 봉투 안에는 장로 임직 추천서가 들어 있었고, 이미 내용이 작성된 상태였다. 나는 단지 도장을 찍어 보내는 일이었지만, 사전에 어떤 연락도 없었다. 문득 여러 생각이 스쳤다. "내가 정말 이분을 장로로 추천해도 될까? 그동안 변화가 있었을까? 현재 담임목사가 인정한다면 내가 굳이 반대할 필요가 있을까?" 여러가지 고민 끝에 결국 도장을 찍어 보냈는데 추천서를 보낸 뒤 감사인사나 임직식 초대는 없었다. 그럼에도 나는 임직식에 참석해 축하하며 선물까지 전달했다. 쉽지 않은 결정이었지만, 화해하려는 마음으로 그러한 선택을 할 수 있게 된 것에 감사했다.

성탄절은 단순한 축제가 아니라, 예수님의 탄생을 통해 인간과 하나님 사이의 단절된 관계를 회복하시려는 하나님의 크신 용서와 사랑을 기념하는 날이다. 예수님의 오심은 죄로 인해 끊어진 인간과 하나님의 관계를 다시 잇기 위한 하나님의 주도적 사랑의 행위였으며, 이는 용서의 본질을 가장 잘 보여 준다.

진정한 용서는 단순히 상대방의 잘못을 외면하거나 덮어두는 것이 아니라, 열린 마음으로 하나님께 받은 사랑과 은혜를 흘려보내는 결단의 행위이다. 성경은 용서를 통해 깨어진 관계가 회복되며, 영적 평안과 기도 응답의 축복이 주어진다고 가르친다. 예수님께서 십자가 위에서 "아버지여, 저들을 사하여 주옵소서"라고 기도하셨던 것처럼, 우리의 용서는 단순한 감정적 응답을 넘어 신앙적 순종의 표현이다.

하지만 용서는 우리의 의지나 노력만으로 가능한 일이 아니다. 그것은 하나님의 사랑과 은혜를 경험한 사람들이 비로소 흘려보낼 수 있는 신앙인의 특권이다. 성탄절은 이 특권을 되새기고, 먼저 우리를 용서해 주신 하나님의 사랑을 기억하며 삶 속에서 용서를 실천할 수 있는 소중한 기회이다.

그러므로 성탄절에는 하나님께 받은 은혜를 기억하며, 용서와 화해를 통해 복된 관계를 이루는 삶을 결단하자. 이를 통해 하나님이 주시는 참된 기쁨과 평안을 누리며, 세상 속에서 그분의 사랑을 드러내는 빛과 소금의 역할을 감당할 수 있기를 소망한다.

7. 관계에서 오는 평안(창 3:9)

하나님께서 인간을 창조하실 때, 관계 안에서 살아가도록 설계하셨기에 관계는 우리의 존재와 깊이 연결되어 있다. 그러므로 관계가 깨어질 때 우리는 불안과 고통을 경험하며, 반대로 관계가 온전할 때 깊은 평안과 기쁨을 누릴 수 있다.

성경은 평안의 원천이 하나님께 있음을 반복적으로 가르치며, 그 평안이 우리의 마음을 다스리고 관계를 새롭게 한다고 말한다. 또한, 사람과의 관계에서 화목을 이루는 것은 하나님께서 기뻐하시는 일이며, 이를 통해 우리는 진정한 평안을 누릴 수 있다. 그러나 인간관계 속에서 평안을 가로막는 요소들이 종종 우리의 길을 막을 때가 있다. 이러한 장애물들을 인식하고 극복할 때, 비로소 관계를 통해 주어지는 평안을 누릴 수 있다. 또한 기도는 하나님께서 주시는 평안을 경험하는 강력한 도구다. 기도는 하나님과의 관계를 강화하고, 우리의 마음에 평온을 가져다 준다.

본 글에서는 하나님이 주시는 평안, 인간관계에서 오는 평안, 관계의 걸림돌, 그리고 기도를 통해 얻는 평안에 대해 알아보고자 한다.

하나님이 주시는 평안

죠수아 리프맨의 『마음의 평안』[8]이라는 책에는 한 젊은 주인공이 노인을 만나 대화를 나누는 장면이 나온다. 노인은 젊은이에게 이렇게 묻는다. "그대가 원하는 것이 무엇인가?" 이에 젊은이는 "첫째는 건강이고, 둘째는 재물이며, 셋째는 미모이고, 넷째는 재능이며, 다섯째는 권력이고, 여섯째는 명예입니다"라고 대답했다. 잠시 그를 지그시 바라보던 노인이 말했다. "여보게, 청년. 자네는 가장 중요한 한 가지를 빼먹었네!", "그게 무엇입니까?"라고 묻자, 노인은 이렇게 답했다. "그것은 평안이네! 평안이 없으면 자네가 원하는 모든 것을 다 가졌다고 하더라도 아무것도 즐길 수가 없다네." 그렇다. 우리 삶에 건강도, 명예도, 권력도, 학벌도 필요하다. 그러나 만약 돈 때문에 다툼이 생긴다면, 돈이 무슨 의미가 있겠는가? 인기가 아무리 높아도 평안이 없으면 불행한 삶일 뿐이다. 권력이 있다 하더라도 마음에 평안이 없다면 감옥과 다를 바가 없다. 사람들은 흔히 평안을 소유에서 얻는다고 착각하며 더 많이 가지려 애쓴다. 하지만 옛말에 "천석꾼은 천 가지 근심, 만석꾼은 만 가지 근심"이라는 말이 있지 않은가? 평안은 소유의 많고 적음과는 관계가 없다. 또한, 지식을 많이 쌓는다고 평안을 얻는 것도 아니다. 오히려 지나치게 많은 지식은 때로 고민과 불안을 가져오기도 한다. 전도서 12장 12절은 "내 아들아 또 이것들로부터 경계를 받으라 많은 책들

---

8. 죠수마 리프맨, 『마음의 평안』, 이승민 역 (서울: 에버북스, 2000).

을 짓는 것은 끝이 없고 많이 공부하는 것은 몸을 피곤하게 하느니라" 라고 경고한다.

우리는 대통령, 기업 회장, 교수, 의사, 심지어 인기 연예인들조차 스스로 목숨을 끊는 사건들을 종종 본다. 이처럼 남들이 부러워할 만한 조건을 갖춘 사람들이 극단적인 선택을 한 이유는 무엇일까? 단 한 가지로 설명할 수는 없지만, 분명한 한 가지는 그들 마음속에 평안이 없었기 때문이다. 인간의 진정한 행복은 돈이나 권력, 명예가 아니라 마음의 평안에 있다. 그리고 그 평안은 오직 하나님이 주셔야 가능하다.

예수께서 십자가에 못 박혀 돌아가셨을 때, 제자들은 뿔뿔이 흩어져 각자의 길을 갔다. 일부 제자들은 안전한 곳에 숨어 있었지만, 그들의 마음은 여전히 불안과 두려움으로 가득 차 있었다. 바로 그때, 부활하신 주님이 제자들 앞에 나타나서 하신 첫 말씀은 요한복음 20장 19절에 기록된 것처럼, 주님은 "너희에게 평강이 있을지어다"라고 하셨다. 두려움과 불안에 사로잡힌 제자들에게 주님은 평강을 선물로 주셨다. 불안을 극복하는 방법 중 하나는 하나님이 주시는 평안을 경험하는 것이다.

관계에서 오는 평안

만약 내가 하나님과의 관계가 좋지 않거나 단절되어 있다면, 내 마음에 진정한 평안이 있을 수 없다. 마음의 평안 대신 불안과 염려가 찾아오게 된다. 아담과 하와를 보라. 그들이 에덴동산에서 죄를 짓기 전까지는 참으로 행복했다. 그들에게는 완전한 평안과 기쁨이 있었다. 그러나 그들이 선악을 알게 하는 나무의 열매를 따먹은 후에는 어떻게 되었는가? 자신들이 벌거벗었음을 깨닫고 수치심을 느꼈다. 하나님과의 관계가 깨어지자, 수치심과 불안이 그들을 엄습했고, 그 결과 동산 나무 뒤에 숨어 버렸다. 그때 하나님께서 아담을 찾아오시며 물으셨다. "네가 어디에 있느냐?"(창 3:9). 아담이 하나님의 말씀에 불순종하며 죄를 지었을 때, 그와 하나님 사이의 화평했던 관계는 깨져 버렸고, 불안과 수치가 그 자리를 대신하게 되었다. 하나님과의 관계뿐 아니라 사람과 사람 사이의 관계도 깨지면 평안은 사라진다.

행복한 부부의 관계를 보라. 그들의 관계는 서로 신뢰와 애정으로 연결되어 있다. 그러나 부부 사이에 죄가 비집고 들어오면, 관계는 금이 가기 시작하고 급기야 관계가 단절되기까지 한다. 부부 관계를 깨트리는 대표적인 원인 중 하나는 서로를 의심하는 것이다. 부부가 솔직하지 못하고 숨기는 것이 많아지면, 결국 의심과 불신이 쌓인다. 반면, 행복한 부부는 서로 감출 것이 없는 관계에 있다. 서로의 부족함을 부끄러워하지 않고, 오히려 허물을 덮어 주는 관계가 바로 행복한 부부 관계다. 또한, 행복한 부부는 뜻을 하나로 모을 줄 아는 부부다. 그러나 관계가 좋지 않은 부부는 남편과 아내가 따로따로 생각하고 행동한다. 이런 상황에서는 결코 평안한 마음을 가질 수 없다.

이런 원리는 부부 관계뿐 아니라 모든 인간관계에도 적용된다. 관계가 틀어지면 평안도 사라진다. 화평한 관계는 단순히 마음의 위안을 줄 뿐만 아니라, 진정한 평안을 가져온다. 평안은 소유에서 오는 것이 아니다. 평안은 관계에서 온다. 특히 하나님과의 관계, 그리고 사람들과의 관계가 올바를 때 비로소 평안이 주어진다. 평안은 결국 화목하고 신뢰 깊은 관계에서 시작되는 것이다. 그렇지만 이러한 평안을 깨트리거나 빼앗는 것들도 있는데 다음과 같은 것들이다.

인간의 탐욕

인간의 탐욕은 끝이 없기 때문에 돈을 사랑하고 집착하게 되면, 그것이 오히려 평안을 빼앗아 간다. 돈을 가지고 무엇을 해야 할지 끊임없이 고민하게 만들고, 모든 것을 돈으로 평가하다 보면 타인과 비교하게 된다. 그 비교에서 오는 불만족은 결국 마음의 평안을 무너뜨린다. 현재 가진 것에 대해 자족하는 마음을 가질 때 비로소 평안을 누릴 수 있지만, 인간의 욕심은 만족을 모른다. 더 많은 것을 갈망하게 되고, 그 갈망은 끝없는 불안과 불만족으로 이어진다.

그렇기 때문에 디모데전서 6장 9-10절에서는 이렇게 말씀한다.

"부하려 하는 자들은 시험과 올무와 여러 가지 어리석고 해로운 욕심에 떨어지나니, 곧 사람으로 파멸과 멸망에 빠지게 하는 것이라. 돈을 사랑함이 일만 악의 뿌리가 되나니, 이것을 탐내는 자들은 미혹을 받아 믿음에서 떠나 많은 근심으로써 자기를 찔렀도다."

이 말씀은 돈을 사랑하게 되면 믿음에서 떠나고, 결국 근심과 고통에 빠지게 된다는 사실을 경고하고 있다. 특히 돈을 사랑하게 되면 비극적인 결과를 초래하기도 한다. 가룟 유다가 예수님을 배신한 이유도 결국 돈 때문이었다. 돈 때문에 배신과 갈등이 생기고, 심지어 살인과 같은 극단적인 범죄까지 발생한다. 돈을 최고의 가치로 여기게 되면, 진정한 평안을 누릴 수 없게 된다.

마태복음 6장 24절은 "하나님과 재물을 겸하여 섬기지 못한다"고 말씀한다. 이는 사람이 돈을 사랑하게 되면, 결국 돈이 우상이 되어버리기 때문에, 하나님을 섬기는 일을 소홀히 하게 되기 때문이다. 돈만을 위해 살아가다 보면, 돈보다 더 중요한 가치들을 잃어버리게 된다. 인간의 욕심은 끝이 없기 때문에 욕심은 마음의 평안을 빼앗아 가는 주범이다. 아무리 많은 재물을 쌓아도, 욕심을 버리지 못하면 참된 평안을 누릴 수 없다. 이처럼 평안은 더 많이 가짐에서 오는 것이 아니라, 하나님을 신뢰하며 자족하는 마음에서 비롯된다. 탐욕을 내려놓고 하나님을 중심으로 살아갈 때, 비로소 진정한 평안이 우리 마음에 찾아온다.

미움과 분노

우리의 마음속에서 분노와 미움을 없애지 않는 한, 참된 평안을 누릴 수 없다. 분노와 미움은 자신을 갉아먹는 독과 같아 결국 우리를 병들게 한다. 그러나 빛이 임하면 어둠이 사라지듯, 하나님의 강력한 평안이 임하면 우리의 미움과 분노는 사라질 수 있다. 하나님의 평안은 우리의 마음을 치유하고, 그 속에서 사랑과 화평이 자리 잡게 만든다.

욥기 5장 2절은 이렇게 말한다. "분노가 미련한 자를 죽이고 시기가 어리석은 자를 멸하느니라." 또 잠언 10장 12절에서는 "미움은 다툼을 일으켜도 사랑은 모든 허물을 가리느니라"고 한다. 우리 마음에 분노와 미움이 자리 잡고 점점 커지면, 결국 그것은 걷잡을 수 없는 불길처럼 번져 마음의 평안을 완전히 빼앗아 간다. 그래서 우리는 마음속에 타인에 대한 분노와 미움이 남아 있지는 않은지 스스로 살펴야 한다. 사울 왕의 이야기를 한 번 생각해 보라. 사울의 마음에 평안이 없었던 이유는 그가 충성스럽던 다윗을 시기하고 질투하며 미워했기 때문이다. 그는 다윗을 죽이고 싶을 만큼 증오했다. 그러나 그러한 미움의 불길은 다윗을 삼키기 전에 먼저 사울 자신을 파멸로 몰아넣었다. 미움과 분노로 가득한 그의 마음은 결국 악령의 지배를 받게 되었고, 그로 인해 사울은 깊은 번뇌와 고통 속에 빠졌다.

그러므로, 우리가 마음속에 참된 평안을 누리기 위해서는 타인을 미워하는 마음을 내려놓고 분노하는 마음을 누그러뜨려야 한다. 그것은 우리의 힘으로만 가능한 일이 아니라, 하나님의 은혜로 이루어질 수 있는 일이다. 내 마음속에 하나님의 사랑이 가득 채워 질때, 우리는 미움과 분노를 극복하고 평안 속에 거할 수 있다.

죄와 죄책감

시편 32편 3-4절에서 다윗은 이렇게 고백했다.

> "내가 입을 열지 아니할 때에 종일 신음하므로 내 뼈가 쇠하였도다 주의 손이 주야로 나를 누르시오니 내 진액이 빠져서 여름 가뭄에 마름 같이 되었나이다."

다윗은 우리아의 아내 밧세바와 관련해 범죄한 뒤에도 회개하지 않고 시치미를 떼고 버텼다. 겉으로는 의연한 척했지만, 마음속으로는 죄책감이 점점 그를 갉아먹었다. 꾸미고 감추려 할수록 그의 심령은 점점 더 지옥처럼 변했다. 하나님의 손이 밤낮으로 자신을 짓누르는 것처럼 느껴져 도저히 견딜 수 없었다. 그러던 중 다윗은 나단 선지자의 책망을 받아들였고, 하나님 앞에 엎드려 회개하고 자복했다. 그는 그때의 심정을 이렇게 고백했다.

"내가 이르기를 내 허물을 여호와께 자복하리라 하고 주께 내 죄를 아뢰고 내 죄악을 숨기지 아니하였더니 곧 주께서 내 죄의 악을 사하셨나이다"(시 32:5).

다윗은 자신의 죄를 하나님께 고백하고 회개했을 때 비로소 마음의 평안을 찾을 수 있었다. 죄는 하나님과 우리 사이를 가로막는 장벽과 같다. 죄는 하나님과의 관계를 멀어지게 만들고, 그 결과 우리 마음은 절대로 평안할 수 없게 된다. 작은 죄라도 감추면 마음속에 불안과 고통이 스며들어 결국 우리를 괴롭게 만든다.

그러므로 우리는 죄를 숨기지 말고, 하나님 앞에 나아가 자복하고 회개해야 한다. 하나님과의 관계가 회복될 때 비로소 우리의 마음에 참된 평안이 찾아온다. 평안은 하나님과 화목한 관계에서 비롯되는 것이며, 그 시작은 진심 어린 회개에서부터 시작된다. 그런데, 우리 마음속에 욕심도 없고, 타인에 대한 미움이나 분노가 없더라도 평안이 느껴지지 않을 때가 있다. 이는 사탄이 어떻게든 하나님의 자녀들의 마음에서 평안을 빼앗아 가려 하기 때문이다. 그렇다면 이런 상황에서는 어떻게 해야 할까? 답은 기도에 있다.

기도할 때 얻는 평안

빌립보서 4장 6-7절에서 "아무것도 염려하지 말고 오직 모든 일에 기도와 간구로 너희 구할 것을 하나님께 아뢰라 그리하면 모든 지각에 뛰어난 하나님의 평강이 그리스도 예수 안에서 너희 마음과 생각을 지키시리라"고 말씀한다.

스패포드 씨는 변호사이자 법리학 교수였고, 무디 교회의 회계 집사로 봉사했던 신실한 사람이었다. 그러나 그의 삶은 예상치 못한 연속적인 고난으로 뒤덮였다. 시카고 대화재로 큰 재산을 잃었고, 그 일로 인해 그의 아내는 병을 앓기 시작했다. 의사는 환경을 바꿔 보라는 조언을 했고, 스패포드 씨는 가족과 함께 프랑스로 여행을 떠나기로 했다. 하지만 교회의 재건 문제로 인해 아내와 두 딸만 먼저 보내고, 자신은 나중에 합류하기로 했다. 그러나 이 가족을 실은 여객선이 대서양에서 철갑선과 충돌하며 침몰했고, 두 딸은 목숨을 잃었으며 아내만 구조되었다. 이 비극적인 소식을 들은 스패포드 씨는 아내를 만나기 위해 배를 타고 대서양을 건넜다. 두 딸이 죽음을 맞이한 바다 위를 지나던 중, 그는 깊은 슬픔과 고통 속에서 밤새도록 하나님께 부르짖으며 기도했다. 그 새벽, 그의 마음에 하나님의 평안이 찾아왔다. 두 딸이 하나님을 믿는 믿음 안에서 천국에 있다는 확신이 그의 마음을 채웠고, 아내가 여전히 살아 있다는 사실도 하나님의 축복으로 느껴졌다. 그는 이 경험을 통해 슬픔 속에서도 감사를 배웠다. 그리고 자신의 영혼의 상태를 고백하는 찬송시를 썼다. 이 시는 우리가 잘 아는 찬송가 413장에 "내 평생에 가는 길 순탄하여, 늘 잔잔한 강 같든지 큰 풍파로 무섭고 어렵든지, 나의 영혼은 편하다." 딸을 잃은 고통 속에서 그는 하나님께 드린 믿음의 기도를 통해 그 어떤 인간적인 위로로도 채울 수 없는 평안을 얻었다. 하나님께 기도하는 사람만이 고통과 슬픔을 넘는 초월적인 평안을 누릴 수 있다.

관계의 심리

chapter 1.	관계, 행복의 출발점
chapter 2.	3가지 중요한 관계
chapter 3.	감정, 관계의 원동력
chapter 4.	언어, 관계를 잇는 다리
chapter 5.	소통의 유형과 관계
chapter 6.	관계의 깊이와 넓이
chapter 7.	관계의 지혜

2장   관계의 심리

1. 관계, 행복의 출발점(롬 12:18)

세상의 많은 사람들은 행복하게 살고 싶어 하지만, 안타깝게도 모든 사람이 행복하게 사는 것은 아니다. 어떻게 하면 우리가 행복할 수 있을까? 어떤 사람은 일에서 행복을 찾고자 한다. 할 일이 있어야 행복하다는 생각이 전제되어 있다. 일은 성취감을 느끼게 하고 자신의 존재감을 드러내기 때문에 행복을 느낄 수 있는 좋은 요소다. 그러나 할 일이 있다고 해서 다 행복한 것은 아니다.

인터넷을 검색하거나 뉴스를 보면 우리는 놀랍게도 큰 기업을 운영하던 사람 중에 자살하는 사람들이 있음을 보게 된다. 일을 통해서 많은 것을 성취했지만 여전히 자신을 불행하게 했던 뭔가가 있었던 것이다.

칸트는 인간이 행복해지려면 세 가지가 있어야 한다고 했다. 첫째, 일이 있어야 하고, 둘째, 사랑하는 사람이 있어야 하고, 셋째, 미래에 대한 소망이 있어야 한다고 했다. 그런데 이 세 가지가 있어도 여전히 행복하지 않은 사람이 있다. 예를 들어, 할 일도 있고, 경제적 자유를 얻었지만 가정에서 매일 부부싸움을 한다면 과연 행복할까? 직장에서 최고 경영자라도 끊임없이 노사 갈등이 발생한다면 과연 행복할까? 이 세상에서 내가 원하는 모든 것을 가졌어도 내 주변의 사람들과 건강한 관계를 갖지 못하면, 그런 사람은 결코 행복하지 못할 것이다.

그런 면에서 행복한 삶을 위해서는 좋은 관계를 갖는 것이 필수적이다. 그러므로 오늘 이 시간에는 우리가 정말 행복한 인생을 살기 위한 세 가지 관계에 대해서 말씀을 드리고자 한다. 그중에서 가장 첫 번째는 하나님과의 관계다.

솔로몬: 하나님과의 관계

전도서 2장에 보면 부귀영화를 누렸던 솔로몬이 행복을 누리기 위해서 어떤 노력을 했는지 나와 있다. 집을 짓고 포도원을 일구고, 과수원을 만들면서 사업을 확장했다. 거기에 만족하지 않고 예루살렘에 있는 모든 사람보다도 더 많은 자산을 불리고 남녀 노비들을 두었다. 그뿐만 아니라, 자신이 다스리는 지방의 관리들에게서 금은보화를 거두어들였다. 게다가 자신을 위해 노래하는 남녀들과 인생들이 기뻐하는 처첩들을 두고 술로 자신의 육신을 즐겁게 했다.

전도서 2장 10절에 보면 "무엇이든지 내 눈이 원하는 것을 내가 금하지 아니하며 무엇이든지 내 마음이 즐거워하는 것을 내가 막지 아니하였다"고 했다. 한마디로 말해서 솔로몬은 자신의 행복을 위해서 할 수 있는 모든 것을 해 본 사람이었다.

그런 솔로몬 왕이 자신이 원하는 모든 것을 성취한 다음에 비로소 깨달은 한 가지가 있었다. 전도서 2장 11절에 "내 손으로 한 모든 일과 내가 수고한 모든 것이 다 헛되어 바람을 잡는 것이며 해 아래에서 무익한 것이라"고 했다. 육신의 쾌락을 위해서 즐기는 것이 최고의 행복인 줄 알았는데, 그가 결국에 깨달은 것은 인생의 허무였다. 솔로몬이 모든 인생들에게 주고자 한 메시지는 전도서 12장 13절이라고 할 수 있다.

"일의 결국을 다 들었으니 하나님을 경외하고 그의 명령을 지킬지어다 이것이 모든 사람의 본분이니라."

이 말은 하나님과의 관계를 맺지 않고 육체의 쾌락을 추구하는 것만으로는 결코 행복할 수 없다는 의미다.

바울: 타인과의 관계

로마서 12장 18절에서 바울은 "할 수 있거든 너희로서는 모든 사람과 더불어 화목하라"고 권면했다. 관계를 회복하는 것은 하나님의 뜻이며, 우리의 마음에 평안을 가져다준다.

하버드대학교 위간 박사의 연구에 따르면 직장, 가정, 사회생활 등 다양한 분야에서 실패한 사람들 중 단지 15%만이 전문지식 부족으로 실패했고, 나머지 85%는 인간관계의 문제로 실패한 것으로 나타났다. 비슷하게, 카네기 재단은 사회적으로 성공한 1만 명을 조사한 결과, 85%가 성공 비결로 "인간관계를 잘 맺은 것"을 꼽았다. 이는 관계의 중요성을 잘 보여 준다.

하지만 기독교인들 중에서도 하나님과의 관계는 좋으나 대인관계가 원만하지 않아 고통받는 사람들이 있다. 목회자나 교회의 중직자들조차 부부 간의 언어 폭력, 신체 폭력으로 어려움을 겪거나, 교회에서는 친절하지만 가정이나 직장에서 전혀 다른 모습을 보이는 경우도 있다. 심지어 교회 안에서도 다른 성도와 갈등을 빚어 서로 인사를 나누지 않는 경우도 있다. 이와 같이 신앙이 좋아도 대인관계가 좋지 않다면, 결코 행복하다고 말할 수 없다. 그러므로 그리스도인에게 있어서도 건강한 대인관계는 행복을 위해 필수적이다.

대인관계의 유형

대인관계는 다음과 같이 9가지 유형으로 나누어 볼 수 있다.

첫째, 적대적인 관계다. 주변 사람들을 미워하고 증오하면서 적대적으로 살아가는 사람이다.

둘째, 적대적이지는 않지만 다른 사람들에 대해서 무관심한 사람들이 있다.

셋째, 만나는 사람들과 인사 정도만 하는 형식적인 관계만 유지하는 사람들이 있다.

넷째, 비즈니스를 목적으로 하는 수단적 관계가 있다. 이들은 사람을 나를 위한 도구로만 여기기 때문에 속마음을 나누기 어려운 관계다.

다섯째, 갈등하는 관계가 있다. 같이 잘 지내고 싶지만 성격이 다르고 사는 방식이 달라서 자주 부딪히게 된다.

여섯째, 깨어진 관계가 있다. 과거에는 아주 좋은 관계를 가졌지만, 여러 가지 이유와 이해관계로 인해서 관계가 단절된 경우이다.

일곱째, 친밀한 관계이다. 같이 있기만 해도 행복하고, 멀리 떨어져 있으면 그리운 관계다.

여덟째, 애증의 관계이다. 좋을 때는 한없이 좋다가도, 때로는 원수같이 생각하는 마음 때문에 변덕이 죽 끓듯 하는 관계이다.

아홉째, 융합된 관계이다. 나와 상대방을 분리하지 못하고 상대방이 무엇을 하든지 내가 다 알아야 하고 그래서 간섭하게 되는데, 그렇게 되면 아주 불편한 관계가 될 수밖에 없다.

이러한 다양한 관계 중에서 진정한 행복은 단절된 관계가 회복되고, 친밀한 관계를 유지할 때 가능하다. 가정, 교회, 직장, 심지어 군대에서도 주변 사람들과 좋은 관계를 맺는 것은 자신의 행복을 위해 매우 중요하다. 아무리 능력 있고 역할에 충실하더라도 관계를 잘 맺지 못하면 행복할 수 없다. 반면, 대인관계를 잘 맺어 행복해 보이는 사람 중에도 자신만의 고민에 빠져 있는 경우가 있다. 이는 자기 자신과의 관계가 원만하지 않기 때문이다.

자신과의 관계

자기 자신과 좋은 관계를 유지하는 사람이 있는가 하면, 자신에게 늘 불만족스러워하며 스스로를 사랑하지 못하는 사람도 있다.

내가 군부대에서 근무할 때 키도 크고 잘생긴 데다 믿음까지 좋은 장병 한 사람이 있었다. 그러나 한 가지 아쉬운 점은 그의 얼굴에서 밝은 표정을 보기 어려웠다는 것이다. 어느 날 고민이 있어 보이기에 무슨 일이 있는지 물었더니, 그는 망설이다 어렵게 입을 열었다.

"목사님, 사실 저는 어머니로부터 좋은 이야기를 들어 본 적이 없습니다."

그의 어머니는 어린 시절부터 "너는 불쌍한 아이야", "첩의 자식이 앞으로 뭘 하겠니?", "아무리 노력해도 소용없다"와 같은 부정적인 말들을 반복적으로 들려주었다.

그는 이런 말을 듣고 자라면서 스스로를 부정적으로 바라보게 되었고, "나는 보잘것없는 사람이다. 아무리 노력해도 안 될 사람이다"라는 생각이 굳어져 얼굴 표정까지 어두워진 것이다.

이와 같은 우리는 성장 과정에서 부모님이나 주변 사람들의 영향을 크게 받는다. 어떤 성취를 이루었어도 부모님으로부터 "그 정도밖에 못하냐"라고 비난을 받는다면 자신감은 꺾이고, 긍정적인 피드백을 받지 못하면 부정적인 자아상을 가지게 된다.

그러나 성경은 우리 자신을 바라보는 올바른 관점을 제시한다. 시편 139편 14절에서 다윗은 이렇게 고백했다.

> "내가 주께 감사하우옴은 나를 지으심이 심히 기묘하심이라 주께서 하시는 일이 기이함을 내 영혼이 잘 아나이다."

이 말씀은 우리가 하나님의 손으로 기묘하게 지어진 존재임을 보여 준다. 또한 에베소서 2장 10절에서는 이렇게 말한다.

> "우리는 그가 만드신 바라 그리스도 예수 안에서 선한 일을 위하여 지으심을 받은 자니..."

이는 우리가 하나님께서 창조하신 귀하고 소중한 존재임을 강조한다. 자기 자신을 사랑하고 존중하는 것은 하나님께서 주신 자신에 대한 가치를 인정하는 것이다. 스스로를 사랑하지 못하고 끊임없이 부정적인 생각에 사로잡힌다면, 이는 하나님께서 주신 자신의 가치를 부인하는 것과 같다.

그러므로 우리는 자신을 하나님의 시각으로 바라볼 수 있어야 한다. 자신을 긍정적으로 바라보고, 하나님의 창조 목적 안에서 자신의 가치를 발견해야 한다. 이는 단순한 자기계발의 수준을 넘어, 하나님의 말씀을 통한 자기 이해와 믿음의 회복으로 이어지게 된다. 이처럼 자기 자신과의 건강한 관계는 하나님의 말씀을 근거로 이루어질 수 있다.

강영우 박사: 자신과의 관계

열악한 환경 속에서도 자신을 긍정적으로 바라보고 성공적으로 살아가는 사람들도 있다. 예를 들어, 강영우 박사는 14세 때 사고로 시력을 잃고 큰 좌절을 겪었다. 부모님은 이미 돌아가셨고, 누나 한 분이 남매의 생계를 책임지다 과로로 세상을 떠났다. 그는 남동생과 여동생과 함께 남겨진 상황에서 맹아학교를 다니며 하나님을 만났다.

강 박사는 하나님을 의지하며 자신의 한계를 극복하고 열심히 공부해 맹인 최초로 연세대학교에 합격했다. 대학 시절 그는 아내를 만나 큰 힘을 얻었고, 이후 미국으로 건너가 학업을 이어 갔다. 결국 그는 백악관 장애인 차관보라는 미국 사회에서 가장 높은 고위직에 오른 한국인이 되었다. 그는 누가 보아도 불행할 수밖에 없는 환경에서 오히려 그것을 극복하며 성장했다. 그가 이처럼 놀라운 성취를 이룰 수 있었던 이유는 자신의 상황을 절망으로 바라보지 않고, 오히려 그것을 새로운 기회로 삼았기 때문이다.

그의 성공 비결은 무엇이었을까? 그것은 어린 시절의 불행한 환경을 어떤 관점으로 바라보느냐에 따라 달라진 것이다. 그는 자신의 장애와 어려운 환경을 극복해야 할 도전으로 받아들였고, 하나님께서 주신 삶의 목적을 발견하며 꾸준히 노력했다. 강영우 박사의 삶은 우리에게 중요한 교훈을 준다. 사람은 자신의 환경이나 조건에 의해 결정되는 존재가 아니라, 그것을 바라보는 자신의 태도와 믿음에 따라 삶이 달라질 수 있다는 사실을 보여 준다.

여러분은 자신을 어떻게 보고 있는가? 하나님은 우리를 천하보다 귀한 걸작품으로 만드셨다. 예수를 믿는 나는 하나님의 택하신 백성이며, 왕 같은 제사장이다. 자신을 부정적으로 바라보는 것은 하나님께서 주신 자신의 가치를 부정하는 것과 같다. 그렇게 되면 자신과 불편한 관계를 형성하게 된다. 자신을 보잘것없는 사람으로 여기는 사람 중에 진정으로 행복한 사람은 없다. 시편 139편 14절에서 다윗이 "내가 주께 감사하오옴은 나를 지으심이 심히 기묘하심이라"라고 고백했듯이, 우리는 자신의 가치를 하나님의 시선으로 바라볼 수 있어야 한다.

요약하건대, 우리는 솔로몬이 깨달았듯이 진정한 행복이 하나님과의 관계에서 비롯된다는 것을 알아야 한다. 또한 바울이 강조했듯이 타인과 화평한 관계를 갖는 것 역시 그리스도인의 중요한 삶의 가치임을 알아야 한다. 마지막으로, 자신과의 관계가 원만해야 한다. 예수님은 "네 이웃을 네 자신과 같이 사랑하라"(마 22:39)고 말씀하셨다. 이 말씀은 자신을 사랑하는 것이 이웃을 사랑하는 출발점임을 보여 준다. 우리가 스스로를 사랑하고, 하나님의 시선으로 자신의 가치를 바라볼 때 비로소 진정한 행복을 누릴 수 있다.

2. 3가지 중요한 관계 (마 5:9)

수년 전 한 지인을 통해 승용차를 구입하게 되었다. 그분은 자동차 딜러였는데, 서로 알게 된지 약 6년이 되었다. 처음 알게 된 이후 그분은 매달 한 번씩 자동차 관련 소식지를 보내 주었다. 솔직히 처음에는 "몇 번 오다가 말겠지" 하는 생각이 들었고, 당시에는 차를 살 계획도 없었기 때문에 그 우편물을 받자마자 쓰레기통에 버리곤 했다. 그런데 몇 년이 지나도록 그는 변함없이 매달 소식지를 보내 주었다. 시간이 흐르면서 그의 꾸준함이 고맙게 느껴졌다. 그러던 어느 날, 문득 '내가 차를 사게 된다면 이 사람에게서 사야겠다'는 생각이 들었다. 그러다가 결국 그분을 통해 차를 구입하게 되었다. 그분 입장에서는 비즈니스 차원에서 계속 연락을 주었겠지만, 나는 그분의 꾸준함에 신뢰를 갖게 되었다. 이처럼 믿음과 관계는 동전의 양면과 같다. 상대에 대한 믿음이 쌓이면 관계가 좋아지고, 반대로 좋은 관계는 서로 간의 믿음을 키운다. "자동차 딜러나 부동산 중개업자는 상품을 파는 것이 아니라 관계를 판다"는 말이 있다. 좋은 관계를 형성하면, 그 관계를 믿고 상대가 소개하는 상품을 구입하게 된다. 반대로 아무리 좋은 상품이라도, 판매자와의 관계가 나쁘다면 사람들은 그 물건을 사지 않으려 한다. 이처럼 관계는 정말 중요하다.

『관계의 영성』의 저자 레너드 스윗은 "믿음이 있는 사람은 어떤 사람인가?"라고 묻는다. 우리는 흔히 성수주일을 지키고, 십일조를 꼬박꼬박 내며, 새벽예배를 빠지지 않는 사람이 A급 성도라고 생각한다. 하지만 레너드 스윗은 "믿음이 있는 성도란 관계를 잘 맺는 사람"이라고 강조한다. 참된 믿음과 영성은 올바른 관계 속에서 나타난다는 것이다. 교회에서 믿음이 좋다고 인정받는 집사님이나 권사님이 정작 직장에서는 동료들과 관계가 좋지 않다면, 그분을 믿음이 좋은 사람이라고 할 수 있을까?

미국에서도 이런 인식이 있는 것 같다. 스윗은 그의 책에서 한 침례교인 사업가의 말을 인용하며, "명함에 물고기 그림이 있는 사람과는 절대로 거래하지 말라"고 한다. 한국식으로 표현하자면, "예수쟁이들은 믿을 수 없으니 거래하지 말라"는 말과 같다. 안타깝게도 나는 "교회 다니는 장로나 집사와 거래했다가 손해를 보고 기독교인을 더 이상 신뢰하지 않게 되었다"는 부정적인 이야기를 종종 듣는다. 교회 안에서는 믿음이 좋다고 평가받을지 몰라도, 세상에서 손가락질을 받는다면 우리는 스스로 돌아봐야 한다. 믿음이 좋은 기독교인이라면 단순히 신앙적 행위와 율법을 지키는 데 그치지 않고, 세상 속에서도 신뢰를 주는 관계를 맺어야 한다. 물론 대인관계만 잘한다고 해서 믿음이 좋은 사람이라고 할 수는 없다. 하나님의 자녀들이 믿음이 좋은 사람으로 살아가기 위해서 최소한 다음과 같은 세 가지 관계를 잘 맺을 수 있어야 한다고 생각한다.

첫째, 하나님과의 관계

참된 믿음의 사람은 우선적으로 하나님과의 관계가 원만하게 유지될 뿐 아니라, 평소에 하나님과 영적인 교제가 이루어지는 사람이다. 영국의 저명한 설교가 존 스토트 목사는 "이 시대 최고의 선은 하나님과의 관계가 회복되는 것"이라고 말했다. 하나님과의 관계가 어떻게 설정되어 있느냐에 따라 우리 인생의 방향은 달라지게 된다. 하나님과의 관계가 올바르면 축복을 누리지만, 그렇지 않으면 삶이 어렵고 힘들어질 수 있다. 그러므로, 무엇보다도 "하나님과 올바른 관계"를 가지는 것을 최우선으로 삼아야 한다.

하나님과의 관계를 설명할 때, 다음 네 가지 유형으로 분류할 수 있다.

첫째, 하나님과의 관계가 좋아서 언제나 교제하는 사람이다. 이들의 특징은 무엇일까? 날마다 하나님이 생각나고 그리워진다. 생각나는 것으로 그치지 않고, 연락하고 만나고 교제한다. 관계가 좋다 보니까, 혹시 어려운 일이 있으면 도와달라고 부탁하기도 하고, 좋은 것이 있으면 하나님께 드리기도 한다.

둘째, 하나님과 관계만 맺고 있을 뿐, 교제를 하지 않는 사람도 있다. 자녀이면서도 전화 한 통 안 하는 그런 자녀와 같다. 평소에는 잊고 살다가 아쉬울 때, 용돈이 필요하거나, 어려운 일이 있을 때 연락해서도와달라고 하는 그런 성도이다. 평소에는 세상일에 바빠서 하나님을 잊고 사는 성도들이다.

셋째, 하나님과 전혀 관계없이 살아가는 사람들이다. 이들은 자기 힘으로 살아가는 사람들이다. 하나님과의 관계보다는 사람과의 관계를 더 중요하게 생각한다. 하나님께 투자할 시간이 있다면, 다른 사람이나 자신에게 투자한다. 이들은 자신을 믿고, 권세 있는 사람과 좋은 관계를 맺는 것이 훨씬 더 유익하다고 생각한다.

넷째, 하나님과 적대적인 관계를 맺고 사는 사람들이다. 이들은 하나님의 존재를 부인한다. 이들은 하나님을 반역하는 일을 하면서도 그것이 죄인 줄 모른다. 이처럼 하나님과의 관계가 단절된 사람은 하나님이 주시는 평안을 누릴 수 없다.

하나님과의 관계를 회복해야 하는 이유

하나님과의 관계 회복이 곧 구원이기 때문이다. 죄로 인해 단절된 하나님과의 관계가 회복되었다는 것은 곧 우리의 죄 문제가 해결되고 구원받았다는 의미이다. 하나님과 화평한 관계를 가질 때, 비로소 우리의 마음은 참된 평강과 행복을 누릴 수 있다. 행복은 어디에서 온다고 생각하는가? 돈이 있으면 행복할까? 의식주 문제만 해결되면 충분할까? 아니면 사람들과의 관계가 좋으면 행복이 완성될까? 참된 행복은 하나님과의 관계를 회복하는 것이 가장 우선적이어야 한다. 어거스틴은 "인간의 마음에는 하나님이 아니면 결코 채울 수 없는 빈 공간이 있다"고 했다. 하나님과의 관계를 통해 우리의 공허한 마음은 평강으로 채워질 수 있다. 수많은 관계 중 가장 먼저 회복되어야 할 관계는 바로 하나님과의 관계이다. 그런데, 하나님과 내가 좋은 관계를 맺고 있다는 가장 실제적인 모습은 평소에 예배생활을 소홀히 하지 않는 것이다. 예배에 나왔다는 사실만으로도 하나님과 연결된 삶을 살고 있음을 증명하기 때문이다.

대인관계가 중요한 이유

문제는 우리 주변에 하나님과의 관계는 좋지만, 사람들과의 관계가 좋지 않은 경우이다. 일부 그리스도인 중에는 "하나님과의 관계만 좋으면 사람들과의 관계는 신경 쓰지 않아도 된다"고 착각하기도 한다. 그러나 성경은 그렇게 말하지 않는다. 마태복음 5장 9절에는 "화평하게 하는 자는 복이 있나니 그들이 하나님의 아들이라 일컬음을 받을 것임이요"라고 했다. 하나님과 화평한 사람은 세상 사람들과도 화평을 이루는 자, 곧 피스메이커가 되어야 한다. 히브리서 12장 14절에서는 "모든 사람과 더불어 화평함과 거룩함을 따르라"고 강조하고 있다. 이처럼 하나님은 하나님의 백성들이 삶 속에서 형제간에 화평을 이루는 것을 매우 중요하게 여기신다. 예수님도 "네 형제에게 원망들을 만한 일이 있는 것이 생각나거든 예물을 제단 앞에 두고 먼저 가서 형제와 화목하고 그 후에 와서 예물을 드리라"(마 5:23-24)고 하셨다. 하나님은 형제 간의 화평을 이룬 후에 드려지는 예배와 예물을 기쁘게 받으신다는 뜻이다.

왜 하나님께서 형제 간의 화평을 원하실까? 성도 간의 사랑과 화평을 통해 세상 사람들이 하나님을 보기 때문이다. 요한일서 4장 20절은 이렇게 말한다.

> "보는 바 그 형제를 사랑하지 아니하는 자는 보지 못하는 바 하나님을 사랑할 수 없느니라."

교회 안에서 성도들이 시기하고 다투는 모습을 세상이 본다면, 그들은 하나님을 믿으려 하지 않을 것이다. 불신자들이 기독교인을 조롱하고, 교회에서 멀어지는 이유 중에 하나이기도 하다. 그러므로 우리는 하나님의 영광을 위해서라도 형제들 간에 화평한 관계를 맺어야 한다. 하나님의 사랑은 사람들과의 관계를 통해 완성된다.

둘째, 성도들 간의 관계

예전에 한 성도의 집을 심방했을 때, 그분이 "금년 한 해도 신앙적으로 상처받지 않게 해 달라"는 기도 제목을 내놓았다. 그 기도 제목을 들으며 깜짝 놀랐다. 교회 안에서의 관계가 얼마나 힘들었으면 그런 기도를 했을까 생각하게 되었다. 사실 교회 안에서 성도들 간에 상처를 주고받는 일이 종종 발생한다. 교회를 떠나는 사람들 중에는 목회자와의 관계, 혹은 교인들 간의 관계가 좋지 않아서 떠나는 경우가 있다. 이는 매우 안타까운 일이다. 한 하나님을 섬기는 형제자매가 서로 시기하고 질투하는 것은 하나님의 영광을 가리는 일이다. 우리는 그리스도 안에서 하나의 지체로서 가족이다(고전 12:27). 각자는 서로를 아끼고 사랑해야 할 존재이다.

그러나 교회 안의 관계를 깨뜨리는 세력이 있다. 그것은 바로 어둠의 세력, 사탄이다. 사탄은 이간질을 통해 하나님과 성도 간의 관계를 끊고, 성도들 간에도 미움과 분열을 조장한다. 사탄은 교회 안의 관계를 훼손하고 나아가 파괴하려 한다. 고린도 교회를 보라. 바울이 복음의 씨앗을 뿌려 세운 고린도 교회는, 이후 여러 지도자 아래에서 성장했지만, 성도들 사이에 당파가 생겼다. 바울파, 아볼로파, 게바파, 그리스도파로 나뉘어 하나 되지 못하고 분쟁했다. 이로 인해 사도 바울은 고린도 교회에 분쟁을 책망하며 권면했다(고전 1:10-13). 성도 간의 허물을 덮어 주고 사랑하는 것은 하나님의 뜻이다. 그러나 우리는 일을 관계보다 더 중요하게 여기는 경향이 있다.

한 생명을 소중히 여기는 예수

예수님은 일보다는 생명을 더 소중히 여기셨다. 예수님은 마태복음 18장 6절에서 "누구든지 나를 믿는 이 작은 자 중 하나를 실족하게 하면 차라리 연자 맷돌이 그 목에 달려서 깊은 바다에 빠뜨려지는 것이 나으니라"고 하셨다. 하나님의 일을 하면서 한 생명을 실족하게 하거나 상처를 주어서는 안 된다는 말씀이다. 예수님이 이 세상에 오신 것은 한 생명을 구원하기 위해 오셨는데, 하나님의 백성들이 그들을 실족하게 한다면 그것에 대한 책임을 물으시겠다는 말씀이다.

바울과 바나바가 함께 사역을 하다가, 마가라는 요한을 두고 의견 충돌이 있었다. 바울은 과거에 마가가 중도에 포기한 적이 있으니 이번에는 함께할 수 없다고 했고, 바나바는 다시 기회를 주자고 했다. 두 사람은 의견 차이를 좁히지 못하고 결국 헤어졌다. 하지만 시간이 지나 바울은 자신의 태도를 돌아보고 후회하며, 나중에 마가에게 안부를 전하게 되었다. 이 사례는 하나님의 일을 하다 보면 생각이 다를 수 있지만, 상처를 주거나 관계를 깨뜨리지 않는 지혜가 필요하다는 교훈을 준다.

우리도 바울과 바나바처럼 하나님의 일을 하다 보면 교회 안에서 때로 뜻이 맞지 않아 의견이 충돌할 수 있다. 그러나 이때 중요한 것은 서로 상처를 주지 않고 관계를 깨뜨리지 않으면서 지혜롭게 해결해 나가는 것이다. 성도들 간의 사랑과 화평은 하나님의 영광을 드러내는 중요한 방법이다. 하나님께서 우리에게 맡기신 일은 사랑으로 한 몸이 되는 것이다. 그러므로 우리는 하나님의 뜻을 따라 서로를 이해하고 용납하며, 성도 간의 관계뿐 아니라 불신자와의 관계도 잘 가져야 한다.

셋째, 불신자와의 관계

어떤 그리스도인은 불신자들을 이방인으로 여기고 그들과의 교제를 꺼리거나, 신앙이 없다는 이유로 배척하기도 한다. 그러나 이러한 태도는 그들의 영혼을 실족시키는 행동이며 하나님이 기뻐하시지도 않는다. 우리에게는 한 영혼이라도 구원해야 할 사명이 있다. 따라서 그리스도인은 하나님을 아직 알지 못하는 사람들과도 좋은 관계를 유지해야 한다. 이것이야말로 관계의 영성을 가진 사람의 모습이다.

한 예로, 군대에서 카톨릭 신자가 된 한 장교의 이야기를 들은 적이 있다. 그는 육군사관학교 출신으로 생도 시절, 일요일 종교행사에서 세 가지 종파 중 하나를 선택해서 참여해야 했다. 처음에는 법당을 갔는데, 군화를 벗고 들어가야 했고, 발 냄새가 너무 심했기 때문에 그다음 주부터는 성당으로 발길을 돌렸다고 한다. 그러나 성당에서는 미사 중 계속 일어섰다 앉았다 해야 해서, 지친 몸을 쉴 수 없었다고 느낀 나머지 결국 마지막으로 교회를 찾아갔다. 그런데 교회에서 충격적인 일이 일어났다. 그는 자신이 평소에 가장 싫어하던 선배 장교를 교회에서 만난 것이다. 그 선배는 모든 후배가 싫어해 피해 다니던 인물이었다.

이 장교는 "신앙이라는 것이 과연 무엇인가?"라는 회의에 빠졌고, 결국 교회를 떠나게 되었다. 이후, 그는 천주교 신자들의 꾸준한 친절을 경험하며 성당을 다니게 되었다고 한다. 이 이야기는 우리의 태도가 불신자들에게 어떻게 영향을 끼치는지를 잘 보여 준다. 그렇기 때문에 그리스도인은 불신자들이 실족하지 않고 구원을 받도록 하기 위해서라도 그들에게 사랑과 친절로 다가가야 한다.

지금까지 언급한 하나님과의 관계, 성도들 간의 관계, 그리고 불신자들과의 관계는 각각의 영역에서 우리 신앙의 진정성을 나타내는 지표가 될 수 있다.

첫째, 하나님과의 올바른 관계를 통해 우리는 참된 평강과 행복을 누릴 수 있으며, 이것이 우리 믿음의 출발점이다. 하나님과의 깊고 친밀한 관계는 우리의 영적 성장의 토대가 되며, 모든 신앙생활의 근간을 이룬다. 우리가 하나님과의 관계를 바로 세울 때, 우리의 모든 다른 관계도 그 위에 건강하게 세워질 수 있다.

둘째, 성도 간의 관계는 세상에 하나님을 나타내는 거울로서 우리의 신앙이 실천되는 구체적인 모습이다. 성도들 사이의 사랑과 신뢰, 화합은 교회의 성장뿐 아니라 세상에 강력한 복음의 증거가 된다. 예수님은 "너희가 서로 사랑하면 이로써 모든 사람이 너희가 내 제자인 줄 알리라"(요 13:35)고 말씀하셨다.

셋째, 불신자와의 관계는 영혼을 구원하는 우리의 사명을 이루는 장이다. 관계의 영성을 가진 사람은 자신의 행동과 말로 하나님을 나타내며, 믿지 않는 사람들에게 신앙의 진정성을 보여 준다. 이 삼중의 관계 영성을 통해 우리는 하나님을 증거하게 될 뿐 아니라, 우리의 삶이 더욱 풍성해지게 된다.

3. 감정, 관계의 원동력 (잠 15:18)

이철우는 그의 저서 『관계심리학』[9]에서 기분이라는 감정은 관계에 직접적인 영향을 준다고 말한다. 그러므로 좋은 관계를 위해서는 상대의 기분이 어떠한지 파악하는 것이 무엇보다 중요하다. 상대방이 기분이 좋지 않은 상황에서 부탁을 하게 되면 거절을 당할 가능성이 높다. 그렇기 때문에 뭔가 부탁을 하거나 좋은 관계를 갖기 위해서는 상대방이 기분이 좋을 때 하는 게 좋다. 최고 경영자의 기분이 나쁠 때, 결재를 받으러 들어갔다가 험한 꼴을 당할 수도 있기 때문에 비서실을 통해 상황을 파악하기도 한다. 또한 나의 기분이나 감정 상태가 상대방과의 관계 수준에 영향을 미치기도 한다. 예를 들자면, 내가 누군가에게 부정적인 감정이 있다면, 그 사람과 친밀한 관계를 갖는 데 어려울 수 있다. 반면에 어떤 사람에 대해서 좋은 감정을 갖고 있다면, 그 사람과 관계를 맺거나 유지하는 데 훨씬 더 자연스러운 접근이 가능하다. 이처럼 나의 기분이나 감정 또는 상대방의 기분이나 감정은 대인관계의 수준을 결정하는 중요한 요인이 된다.

심리학자들은 사람의 선택이 이성적인 판단과 감정적 끌림 중 어느 쪽에 의해 더 좌우되는지 실험을 했다. 연구 결과에 의하면 이성에 의해 움직이는 사람보다는 감정에 의해 움직이는 경우가 훨씬 많았다. 배

---

9. 이철우, 『관계의 심리학』 (서울: 경향미디어, 2008).

우자를 선택할 때 학력이나 직업이나 외모나 빠질 것이 없는데도 그냥 싫은 경우가 있다. 굳이 이유를 찾자면 끌리는 감정이 올라오지 않는다는 것이다. 반면에 이성적으로 생각할 때 상대방의 외모나 직업은 마음에 들지 않지만 왠지 매력적으로 느껴지는 사람이 있다. 이는 자신도 모르게 감정적으로 끌리는 것이다. 이처럼 이성적인 판단보다는 감정적으로 끌리게 될 때 두 사람은 연인이 될 가능성이 더 많게 된다.

감정은 영어로 emotion이다. 영어의 어원적 의미로 e는 이끌어 내는 것이고, motion은 행동이라는 뜻이다. 그러니까 emotion(감정)이라는 단어는 행동하도록 만드는 것이다. 기쁜 감정이 들면 자연스레 기쁨을 표현하는 행동으로 나타난다. 반면에 슬픈 감정을 가지면 눈물을 흘리는 행동을 한다. 화가 나면 종종 공격적인 행동으로 이어질 수 있다. 이처럼 우리가 상대방에 대해 부정적인 감정을 갖게 되면 그 사람과 관계가 멀어지는 행동을 하게 된다. 하지만 상대방에 대해서 긍정적인 감정을 가지면 더욱 친밀한 관계를 맺는 행동을 하게 된다. 그렇다면 관계를 이어 주는 감정에는 어떤 것들이 있을까?

관계에 영향을 주는 감정

심리학자 로지는 대학생들을 두 개의 집단으로 나누고 다음과 같이 말했다. "약간의 반란은 좋은 것이며, 자연계에서 폭풍이 일어난 것처럼, 정치계에서도 반란은 필요하다." 이 문장을 한 집단에게는 미국의 3대 대통령 토머스 제퍼슨이 말한 것이라고 알려 주었고, 다른 집단에는 공산주의 혁명가 레닌이 한 말이라고 알려 준 뒤 두 집단의 반응을 관찰했다. 토머스 제퍼슨이 했던 말이라고 알려 준 집단은 위의 문장에 찬성했고, 레닌이 한 말이라고 알려 준 집단은 위의 문장에 반대 의사를 표했다. 이러한 반응의 차이는 위의 문장을 말한 사람에 대해 평소 어떤 감정을 가지고 있었느냐에 따라서 찬성과 반대의 반응으로 나뉘었다. 즉, 평소에 좋은 감정을 가지고 있던 사람의 말은 우리가 진지하게 받아들이지만, 평소에 좋지 않은 감정을 가지고 있던 사람의 말은 쉽게 받아들이지 않는 반응을 통해, 감정이 우리의 판단이나 결정에 영향을 미치는 것을 알 수 있다. 그렇다면 우리가 좋은 관계를 갖기 위해서 가져야 할 감정에는 어떤 것이 있을까?

첫째, 공감하는 마음이다. 공감이란 누군가 속이 상해할 때 그 마음을 알아 주고, 상대가 기뻐할 때 마치 내 일처럼 기뻐할 줄 아는 것이다. 대개 사람들은 자신의 마음을 알아 주고 공감을 잘하는 사람에게 호감을 갖게 된다. 호감을 갖게 되면 그 사람에 대해서 열린 마음을 갖게 되고, 마음이 열리면 결국 그 사람과 좋은 관계를 맺으면서 지내고 싶은 행동을 하게 된다. 로마서 12장 15절에 "즐거워하는 자들과 함께 즐거워하고 우는 자들과 함께 울라"고 했다. 누가 열린 마음으로 공감을 잘하는 사람인지 알려면 단톡방을 보면 알 수 있다. 좋은 일이 있을 때 이모티콘을 날리면서 축하해 주는 사람이 있다. 또한 힘든 상황이나 기도를 부탁하면 역시 즉각적으로 "기도할게요"라고 하면서 반응해 주는 사람이 있다. 이들은 대체로 공감력이 있는 사람들이다. 사람들은 이러한 반응을 해 주는 사람에 대해서 더 친숙하게 다가가게 된다. 반면에 좋은 일이 있어도 축하할 줄 모르고, 힘든 일이 있어도 전혀 반응이 없는 사람들에게는 누구라도 호감을 느끼지 못할 것이다. 이처럼 공감은 좋은 관계를 맺게 하는 긍정적인 감정이다.

둘째, 긍휼히 여기는 마음이다. 에베소서 2장 4절에 "긍휼이 풍성하신 하나님이 우리를 사랑하신 그 큰 사랑을 인하여"라는 말씀이 나온다. 긍휼히 여기는 마음은 인간을 향한 하나님의 사랑을 나타내는 마음이다. 예수님께서 병든 사람을 고치실 때 긍휼히 여기는 마음을 가지셨다. 탕자가 돌아올 때 아버지의 마음도 긍휼히 여기는 마음이었다. 그런데, 유대인들은 사마리아에 사는 사람들에 대해서 부정적인 감정을 가졌다. 바벨론 포로 시대에 이방 족속들과 피가 섞였다는 이유로 그들과 상종하지도 않았다. 예루살렘에서 갈릴리로 가려면 사마리아를 통과하는 것이 지름길이었다. 그러나 유대인들은 그들과 상종하기 싫어서 그 지역을 우회하는 길로 다녔다. 그런 상황에서 예수님은 의도적으로 사마리아지역으로 들어가셨다. 제자들은 예수님의 그런 모습이 이해 되지 않았다. 더욱이 그곳에서 수가성 우물가에 물을 길러 온 한 여인에게 말을 거는 예수님의 모습에 제자들은 깜짝 놀랐다. 예수님의 긍휼히 여기는 마음이 그 발걸음을 사마리아로 향하게 했던 것이다.

셋째, 용서하는 마음이다. 용서는 단절된 관계를 회복하는 데 강력한 힘이 있다. 에베소서 4장 32절에 "서로 친절하게 하며 불쌍히 여기며, 서로 용서하기를 하나님이 그리스도 안에서 너희를 용서하심과 같이하라"고 했다. 요셉을 시기하고 질투하던 형들은 요셉을 애굽의 노예로 팔아 넘겼다. 형제의 연을 끊는 못된 짓을 한 것이었다. 그러나, 후일 애굽의 재상이 된 요셉은 자기를 죽이려 했고, 애굽의 종으로 팔아 넘겼던 형들에게 복수할 기회를 얻게 되었다. 그러나 요셉은 자기 앞에 선 형들을 용서해 주었다. 그들은 서로 얼싸안고 눈물을 흘렸다. 단절된 관계가 회복된 것이다.

신앙생활 중에 가장 힘든 것이 무엇이라고 생각하는가? 새벽 기도하거나 십일조 혹은 전도하는 것일까? 이런 것보다 더 힘든 것은 원수를 사랑하고 용서하는 것이다. 다른 것은 다 하겠는데, 내가 그 사람만은 용서하지 못하겠다고 하는 사람들이 있다. 그렇지만 용서하지 않는 한 그 사람과의 관계는 회복될 수 없다. 용서는 쉽지 않은 일이지만, 그렇다고 불가능한 일도 아니다. 내가 하나님으로부터 죄 사함을 받은 것을 생각하면, 얼마든지 할 수 있는 것이 용서이기도 하다.

관계를 끊어지게 하는 감정

첫째, 분노이다. 잠언 15장 18절에 "분을 쉽게 내는 자는 다툼을 일으켜도 노하기를 더디 하는 자는 시비를 그치게 하느니라"고 했다. 분노는 관계를 파괴시키는 힘이 있다. 평소에 좋은 관계를 갖고 있더라도, 사소한 일로 화를 내고 분노하게 되면 그 관계는 점점 멀어질 수밖에 없다. 에서와 야곱은 그 누구보다도 가까운 뗄레야 뗄 수 없는 쌍둥이 형제였지만 그 관계가 깨어지게 되었다. 어느 날 아버지가 장남인 에서를 축복하기 위해 별식을 만들어 오라고 했다. 그 말을 듣고 에서는 별식을 만들기 위해 사냥을 나갔다. 그 사이에 어머니 리브가는 동생 야곱이 장자의 축복을 받도록 하기 위해 모사를 꾸몄다. 야곱을 에서로 분장하게 하고 별식을 만들어 보낸 뒤에, 이삭을 속여서 장자의 축복을 받게 하였다. 이러한 것을 모르고 사냥에서 돌아온 에서가 아버지의 축복을 받기 위해 별식을 만들어서 아버지께 축복해 달라고 했지만 거절당했다. 에서는 이 일로 인해 동생이 자신의 축복을 가로챘다는 것을 알고 분노하게 되었다. 에서는 당장 동생을 죽일 기세로 화가 났다. 사태의 심각성을 깨달은 리브가는 야곱을 삼촌의 집으로 도피시켰다. 이처럼 화를 과도하게 내거나, 분노하는 감정은 심각하면 살인을 하게도 만들고, 좋았던 관계도 깨어지게 만든다.

둘째, 시기와 질투이다. 사울 왕이 다윗을 시기하고 질투하게 되면서 둘의 관계는 점점 더 멀어지기 시작했다. 이스라엘이 블레셋과 전투를 하게 될 때 위기에 처한 이스라엘을 구한 사람은 골리앗을 물리친 소년 다윗이었다. 그러니까 다윗은 위기에 처한 국가를 구한 일등 공신이었다. 그러니 사울 왕은 얼마나 다윗이 믿음직했겠는가? 그런데 문제가 생겼다. 다윗이 골리앗을 물리쳤다는 소식이 전국에 퍼지게 되면서 "사울이 죽인 자는 천천이요 다윗은 만만이로다"(삼상 18:7)라는 소문이 사울 왕의 귀에까지 들렸다. 이런 소문을 들은 사울 왕은 마음이 불편했다. 이 일로 인하여 사울 왕은 자신의 왕권이 위태할 수 있다는 생각을 하게 되었다. 더 나아가 아들 요나단을 후계자로 삼지 못할 수도 있다는 생각도 하게 되었다. 이때부터 사울 왕은 군사를 풀어서 다윗을 제거하려고 온 힘을 쏟게 되었다. 다윗을 향한 사울 왕의 시기와 질투가 다윗과의 관계를 파괴적인 관계로 몰아간 것이다. 가인도 동생 아벨을 시기 질투한 나머지 그를 죽이게 되었다. 이처럼 시기와 질투는 좋았던 관계를 파괴시키는 힘이 있다.

셋째, 다툼과 분쟁이다. 다툼과 분쟁은 상대의 입장을 공감하지 않고 자기 입장만 내세우기 때문에 생기는 갈등의 결과물이다. 성경에도 다툼 때문에 갈라서는 사례를 볼 수 있다. 바울과 바나바가 바로 그런 케이스였다. 바울은 부활하신 주님을 만난 후 사도의 반열에 오르면서 초대교회의 선교사역에서 빼어놓을 수 없는 성령이 충만한 사람이었다. 바나바는 성품이 온유하고 착해서 어떤 사람하고도 좋은 관계를 갖는 사람이었다. 그런데 이 두 사람이 선교여행 문제로 의견의 일치를 보지 못해서 심히 다투었다. 바울은 마가라고 하는 요한을 데리고 가지 말자는 것이고, 바나바는 요한에게 한 번의 기회를 주어서 데리고 가자는 것이었다. 서로의 생각을 양보하지 않아서 다툼이 일어났다. 이 일로 인해 바울과 바나바는 서로 헤어졌다. 선교사역을 협력적으로 같이 하다가 결국 갈라서게 된 것이다. 이처럼 성령의 사람과 착한 사람이 만나도 의견이 달라서 다툼이 생기면 그 관계에 금이 가는 것을 볼 수 있다. 그러면 어떻게 해야 할까? 상대를 배려하면서 조금씩 양보하는 것이 필요하다. 그렇지 않으면 서로의 관계에 금이 가게 되기 때문이다.

훼손된 관계 회복하기

첫째, 가능하면 빨리 응어리진 감정을 풀어야 한다. 사람들은 세월이 약이라고 하면서 그냥 기다리기만 한다. 그러나 부정적인 감정을 계속 가지고 있는 한 관계는 개선되지 않는다. 본인도 힘들고 건강에도 문제가 생긴다. 그러므로 가능하면 빨리 응어리진 감정을 풀어야 한다.

둘째, 긍휼히 여기는 마음을 달라고 기도해야 한다. 미운 사람을 긍휼히 여기기 위해서는 성령의 도우심이 필요하기 때문이다. 하나님이 우리를 긍휼히 여기셔서 예수 그리스도를 보내셨듯이 우리 역시 단절된 관계 회복을 위해 긍휼히 여기는 마음을 가져야 한다.

셋째, 관계 회복을 위한 구체적인 노력을 해야 한다. 야곱은 에서의 분노로 20년간 관계를 끊고 살았지만, 형과의 관계를 회복하기 위해 형이 있는 곳으로 발걸음을 옮겼다. 그리고 분노한 형의 마음을 달래기 위해 미리 사람을 보내고 선물을 준비했으며, 또한 형의 마음을 풀어지게 해 달라고 간절히 기도했다. 이러한 야곱의 노력으로 응어리졌던 형의 마음이 녹아지면서 에서는 동생과 화해하게 되었다.

요약하자면, 대인관계는 우리가 갖는 감정의 상태에 따라 큰 영향을 받는다. 감정은 하나님이 우리에게 주신 소중한 선물이지만, 잘못 다스리면 관계를 무너뜨릴 수 있다. 감정을 잘 다스리지 못해 관계가 깨어진 사례가 창세기에 나온다. 가인은 자신의 제물이 하나님께 열납되지 않음을 알고 분노하였다. 이때 하나님은 가인에게 "죄가 문에 엎드려 있느니라 죄가 너를 원하나 너는 죄를 다스릴지니라"(창 4:7)라고 말씀하셨다. 그러나 가인은 분노를 다스리지 못했고 결국 동생 아벨을 죽이는 비극을 초래했다. 반면, 요셉은 형제들로부터 배신당하고 노예로 팔려가는 고통을 겪었지만, 원망과 분노에 머물지 않고 하나님의 뜻을 신뢰하며 감정을 다스렸다. 결국 그는 형제들을 용서하고 화해함으로써 깨어진 관계를 회복했다.

   그러므로 좋은 관계나 관계 회복을 위해서 자신의 감정을 관리하고 조절해야 한다. 누군가에게 상처를 받았다면 그 감정을 무조건 억누르기보다는 하나님께 기도로 나아가야 한다. 내 안에서 올라오는 감정을 인정하고 하나님 앞에서 정직하게 내어놓을 때 비로소 평안과 지혜를 얻을 수 있다. 주변 사람들과의 관계가 불편하다면 먼저 자신의 감정을 돌아보아야 한다. 상대방의 탓을 하기 전에 그 사람에 대해 가지고 있는 자신의 감정을 진지하게 살펴보면서, 감정을 조절하는 지혜를 가져야 한다.

4. 언어, 관계를 잇는 다리(잠 25:11)

언어는 관계에 매우 중요한 영향을 끼친다. 언어를 통해 생각과 감정을 표현하고, 신뢰를 쌓거나 오해를 불러 일으킬 수도 있기 때문이다. 언어가 관계에 영향을 미치는 몇 가지 요인은 다음과 같다.

첫째, 언어의 명확성이다. 언어가 명확할수록 오해의 가능성은 줄어든다. 반대로 모호하거나 애매한 언어는 상대방을 혼란스럽게 하여 갈등을 유발할 수 있다. "당신은 항상 그렇게 행동해!"라는 표현은 비난처럼 들릴 수 있다. 그러나 대신에 "그 상황에서 나는 이런 감정을 느꼈어"라고 말하면 상대방이 공격적으로 반응할 가능성이 줄어든다. 그러므로, 말을 명확하게 표현하는 지혜가 필요하다.

둘째, 비언어적 요소가 중요하다. "괜찮아"라고 말하면서 얼굴에 짜증난 표정을 짓는다면, 상대방은 말보다 표정에 더 민감할 것이다. 메라비안 법칙에 의하면 메시지를 전달할 때 언어적 요소 7%, 음성적 요소 38%, 표정이나 제스처 같은 비언어적 요소가 55%를 차지한다고 한다. 이처럼 비언어적 요소가 중요하다.

셋째, 언어의 선택이 중요하다. 긍정적인 언어는 에너지를 전달하지만, 부정적인 언어는 관계에 균열을 가져올 수 있다. 예를 들어서, "넌 왜 이것도 못해?"라고 부정적 언어로 말하는 대신에 "다음번에는 이렇게 하면 더 잘할 수 있을 거야"라고 긍정적 언어로 말하면 더 건강한 소통이 된다.

넷째, 언어의 사용 방식은 문화와 환경에 따라 다르다. 같은 단어라도 다른 문화권에서는 전혀 다른 의미로 받아들여질 수 있다. 어떤 문화에서는 직설적인 언어가 솔직함으로 받아들여지지만, 다른 문화권에서는 무례함으로 비추어질 수 있다. 그러므로, 상대의 문화적 배경에 맞는 언어를 사용하는 지혜가 필요하다.

다섯째, 언어는 감정을 전달하는 중요한 수단이다. 솔직한 감정의 표현은 관계를 깊게 만들지만, 과도한 감정의 표현은 갈등을 키울 수 있다. "너 때문에 화가 나"라고 말하기보다는 "그 상황에서 나는 화가 났어"라고 '나 전달법'으로 말하는 것이 더 효과적이다. 골로새서 4장 6절은 "너희 말을 항상 은혜 가운데서 소금으로 맛을 냄과 같이 하라"고 말씀한다. 또한 잠언 25장 11절에는 "경우에 합당한 말은 아로새긴 은쟁반에 금사과니라"고 말씀한다. 이러한 말씀은 우리가 말을 할 때에 지혜롭고, 신중하게, 때와 상황, 그리고 상대방의 마음 상태에 적합하게 해야 한다는 것을 의미한다.

관계를 이어 주는 언어

언어를 어떻게 사용하느냐에 따라 좋은 관계로 이어지기도 하고, 좋았던 관계가 훼손되거나 단절되기도 한다. 잠언 18장 21절은 "죽고 사는 것이 혀의 힘에 달렸나니"라고 말씀한다. 영어 성경에는 "The tongue has the power of life and death"라고 표현되어 있다. 혀에는 '생명의 능력'과 '죽이는 능력', 이 두 가지가 있다. 즉, 말을 어떻게 하느냐에 따라 상대방에게 미치는 영향이 정반대로 나타날 수 있는데, 이것이 언어의 능력이요 권세다. 이는 말하는 방식에 따라 관계가 좋아질 수도, 훼손될 수도 있다는 뜻이다. 그래서 말은 신중히 해야 하며, 삼사일언(三思一言)의 태도가 필요하다.

그렇다면 관계를 이어 주는 언어에는 구체적으로 어떤 것들이 있을까? '미인대칭'이라는 말이 있다. 첫 번째는 미소를 짓고, 두 번째는 인사하고, 세 번째는 대화하고, 네 번째는 칭찬하라는 것이다. 이러한 '미인대칭'의 언어를 잘 사용하게 되면 대인관계를 잘할 수 있다.

미소짓기

미소는 가장 강력하면서도 간단한 관계 형성을 위한 비언어적 요소이다. 상대방과 긍정적이고 따뜻한 관계를 맺는데 매우 중요하다. 우선 미소는 상대방에게 신뢰와 친근함을 전달한다. 처음 만난 사람에게 미소를 지으면서 인사를 하면 상대방은 더 개방적인 태도를 보인다. 또한 미소는 긴장된 상황을 부드럽게 하고 갈등을 완화한다. 미소를 통해 방어적인 태도가 누그러지고, 대화가 원활해질 가능성이 커진다. 그리고 미소는 전염성이 있다. 한 사람이 미소를 지으면 주변 사람들도 미소를 짓게 만든다. 미소는 긍정적인 분위기를 조성하여 대화와 소통이 더 편안해지도록 하기 때문에, 작은 미소가 큰 관계의 다리가 될 수 있다.

찰스 슈왑은 "햇빛이 누구에게나 따뜻한 빛을 비추듯, 사람의 웃는 얼굴은 마치 햇빛처럼 친근감을 준다"고 말했다. 디어도어 루빈도 "미소는 가장 강렬한 영향력을 발휘하는 유일한 것이다"라고 강조했다. 이와같이 미소 짓는 얼굴은 상대방의 마음을 여는 열쇠가 된다. 미소는 사람들을 끌어당기며, 함께 있고 싶고 말을 걸고 싶은 마음을 불러일으킨다. 반대로, 인상을 쓰거나 미소가 없는 얼굴은 접근하기 어렵게 느껴지며, 종종 마음의 평안이 부족한 상태를 반영한다. 사람은 자신의 마음 상태를 얼굴로 드러내게 마련이다. 마음이 기쁘면 그 기쁨이 얼굴에 나타나고, 마음이 우울하면 그 감정 역시 얼굴로 드러난다.

아침에 일어나 거울을 보며 자신의 얼굴을 들여다보라. 여러분의 얼굴에는 미소가 있는가? 만약 없다면, 지금부터라도 웃는 얼굴을 훈련해 보라. 내 얼굴에 미소가 없다는 것은 내 마음에 기쁨이 부족하다는 신호일 수 있다. 반대로, 미소가 깃든 얼굴은 마음이 평안하고 여유로운 상태를 나타낸다. 내가 미소를 짓는 사람인지, 불편함을 주는 사람인지 확인하는 간단한 방법이 있다. 길을 가다가 낯선 사람이 자주 말을 걸거나 길을 물어보는 경우, 그 사람은 편안하고 친근한 인상을 주는 미소를 가진 사람일 가능성이 높다. 반대로 평생 자신에게 길을 물어보는 사람이 없었다면, 거울을 보며 웃는 연습을 시작할 필요가 있다.

우리의 얼굴 생김새는 부모님께 물려받았지만, 그 얼굴에 미소라는 가장 아름다운 화장품을 바르는 것은 우리의 책임이다. 성숙한 신앙인은 얼굴을 통해 내면의 상태를 드러낸다. 항상 기뻐하라는 주님의 말씀대로 살고, 범사에 감사하며 사는 사람의 얼굴에는 자연스레 미소와 평안이 깃들게 된다. 이처럼 미소는 하나님의 사람으로서 살아가는 중요한 표현이기도 하다.

인사하기

인사는 대인관계를 여는 첫걸음이며, 관계의 문을 여는 열쇠이다. 미소를 지으면서 하는 간단한 인사 한마디가 상대방에게 긍정적인 인상을 남기고, 신뢰와 호감을 쌓는 기초가 된다. 또한 인사는 대화와 소통의 시작점이며, 주변의 분위기를 긍정적으로 만든다. 인사를 하면 상대방도 더 긍정적인 감정을 느끼게 된다. 그리고 인사는 갈등 상황에서도 관계를 회복할 수 있는 중요한 열쇠가 된다. 먼저 인사를 하는 것은 상대방에게 열린 마음으로 소통하려는 메시지를 전달하는 것이기 때문이다.

이런 글을 읽은 적이 있다. 대학교에 입학한 후, 새로운 친구를 사귀어야 했던 한 학생이 있었다. 그런데 친구 사귀기가 어렵다고 느끼던

이 학생의 눈에, 같은 반에 유독 친구 관계가 좋은 한 사람이 눈에 들어왔다. 그 친구도 신입생이었지만 아는 사람이 많아 보였고, 관계를 자연스럽게 맺는 듯했다. 고민 끝에 그는 용기를 내어 그 친구에게 물었다.

"너는 어떻게 그렇게 사람들과 잘 친해질 수 있어? 비결이 뭐야?"

그러자 그 친구는 이렇게 대답했다.

"나는 그 사람이 나를 좋아할 거라고 믿고 먼저 말을 걸어."

이 짧은 대답 속에 대인관계의 중요한 비결이 담겨 있다. 그것은 내가 먼저 다가가서 말을 거는 것이다. 즉, 내가 상대방에게 먼저 인사하며 적극적으로 소통을 시작하는 것이다. 이때 중요한 것은 상대방이 나를 좋아할 거라는 긍정적인 믿음으로 다가가는 것이다. 이런 믿음으로 자연스레 미소를 지으며 다가가면 상대방은 편안함을 느낄 것이다. 처음 보는 사람이 밝은 미소와 함께 먼저 인사를 건넨다면 상대방은 순간 당황스러울 수도 있겠지만, 상대방의 마음 문을 여는 기회가 될 것이다.

그럼에도 불구하고, 인사가 잘 안 되는 이유는 뭘까? 우선 성격적으로 내향적이거나 수줍음이 많은 사람은 인사 자체가 부담스럽거나 두렵게 느껴질 수 있다. 스스로를 낮게 평가하는 사람은 상대방이 자신의 인사를 받아 주지 않을까 봐 먼저 인사하기를 주저하기도 한다. 그런가 하면 과거에 인사를 했을 때 무시당하거나 부정적인 반응을 경험했다면, 이후에 인사하는 것이 두려워질 수도 있다. 또한 인사를 중요하게 여기지 않는 가정이나 문화에서 성장한 사람도 인사하는 습관이 부족할 수 있다. 때로는 상대방과 관계가 더 깊어질 것에 대한 두려움 때문에 거리를 두려고 인사를 피하는 경우도 있다.

대화하기

대화의 빈도는 관계의 친밀도와 깊은 연관이 있다. 대화 빈도가 적은 사람과는 자연스럽게 친밀도가 낮아지기 마련이다. 그러나 대화의 양이 많다고 해서 반드시 친밀도가 높아지는 것은 아니다. '어떻게' 대화하느냐가 핵심이다.

좋은 관계를 위해서는 다음과 같은 대화의 원칙이 필요하다.

첫째, 진정성을 담아서 대화하라. 사람은 진실된 마음으로 말할 때 신뢰가 형성된다. 가식이나 과장 없이 있는 그대로 진솔하게 이야기하되, 자신의 감정까지도 솔직하게 표현할 때 두 사람의 관계에 신뢰가 쌓이게 된다.

둘째, 경청하라. 대화할 때 듣는 것은 말하는 것보다 더 중요하다. 상대방의 말을 주의 깊게 듣고 공감해야 한다. 이때 상대방이 말하고 있는 도중에 끊고 들어가지 말아야 한다. 또한 눈을 맞추고 고개를 끄덕이며 집중하는 것도 필요하다. 경청은 상대방을 존중하는 최고의 표현이다. 야고보서 1장 19절에도 "사람마다 듣기는 속히 하고 말하기는 더디하며"라고 했는데, 이는 경청을 강조한 내용이다.

셋째, 공감을 먼저 하라. 상대방의 입장에 비판하거나, 충고하려고 하기 보다는 상대방의 상황과 감정을 이해하는 태도로 공감을 먼저 하는 것이 중요하다. "왜 그랬어?"라는 비판 대신에 "그랬구나"라고 공감을 할 때 자신이 이해를 받는다고 느낀다. 로마서 12장 15절에는 "즐거워하는 자들과 함께 즐거워하고, 우는 자들과 함께 울라"고 했는데, 이는 공감의 중요성을 강조한 성경 말씀이다.

넷째, 적절한 타이밍을 선택하라. 말은 내용도 중요하지만 그 말을 해야 할 적절한 타이밍을 잡는 것도 중요하다. 상대방이 바쁘거나 화가 난 상태에서는 가능하면 무겁거나 중요한 이야기를 피하는 것이 좋다. 오히려 상대방이 여유가 있거나 평온한 때를 봐서 대화를 시작하는 것이 필요하다. "지금 잠시 이야기를 나눌 수 있을까요?"라고 묻고 시작하는 것도 좋다.

다섯째, 상대방을 존중하라. 대화를 할 때 상대를 존중하는 것은 가장 기본적인 태도이다. 상대방의 존재나 의견을 무시하거나 깎아내리게 되면, 좋았던 분위기도 가라앉게 된다. 언어뿐 아니라, 표정과 제스처에서도 존중하는 태도를 보여야 한다. "당신의 의견도 충분히 일리가 있어요"라고 상대의 입장을 존중하는 말이 관계를 깊게 한다.

여섯째, 갈등이 발생했을 때는 솔직하게 말하라. 갈등은 피하기보다는 솔직하고 건강하게 해결해야 한다. "그때 나는 조금 서운했어. 그런 상황에서는 이렇게 해 주면 좋겠어"라고 표현하는 것이 오해를 방지하고, 관계를 더 좋게 한다.

일곱째, 유머와 여유를 잃지 말라. 적절한 유머는 긴장을 풀어 주고 분위기를 부드럽게 한다. 가벼운 농담으로 대화의 긴장을 풀 수 있다. 그러나 지나친 비꼼이나 조롱은 피해야 한다. 이와 같은 대화의 원칙을 적절하게 잘 활용한다면 더 좋은 관계로 진전될 수 있을 것이다.

칭찬하기

카바노프가 쓴 『씨뿌리는 사람의 씨앗』[10]이라는 책에는 남아프리카의 바벰바 부족의 독특한 칭찬 문화를 설명하고 있다. 그 부족은 누군가 잘못을 저지르면, 마을 한복판에 세워 죄를 비난하거나 처벌하는 대신 칭찬을 시작한다. 부족민들은 죄인이 과거에 부족과 가족을 위해 했던 작은 일이라도 찾아내어 진심으로 칭찬한다. 이러한 방식은 비난과 조롱 대신 긍정적인 격려를 통해 스스로를 돌아보게 하며, 죄인이 새로운 마음으로 다시 일어설 수 있도록 돕기 위한 의도였다. 바벰바 부족은 칭찬이 사람을 변화시키는 강력한 힘임을 믿었던 것이다.

결혼한 지 27년이 된 한 아내는 남편에게서 단 한 번도 "고맙다"는 말을 들어 본 적이 없어 눈물을 흘렸다. 아내는 시댁 가족을 위해 명절

---

10. 브라이언 카바노프, 『씨 뿌리는 사람의 씨앗』, 류시화 역 (서울: 열림원, 1997).

마다 음식을 만들며 온 정성을 쏟았지만, 남편은 아내에게 "수고했다"는 말조차 하지 않았다. 아내는 남편에게 자신의 수고를 칭찬해 달라고 요청했지만, 그는 이를 실천하지 못했다. 알고 보니 남편은 어린 시절부터 칭찬이나 지지를 받아 본 경험이 없었다.

칭찬과 긍정적 언어는 관계를 변화시킨다. 창세기 33장에서 야곱은 형 에서를 피해 20년간 단절해 있다가 화해를 하게 된다. 야곱은 형의 분노를 누그러뜨리려고 예물을 준비하고 기도로 나아갔다. 형을 만난 순간, 야곱은 "형님의 얼굴을 뵈온즉 하나님의 얼굴을 본 것 같다"(창 33:10)고 말한다. 이는 다소 과장된 표현일 수 있지만, 야곱의 말은 형과의 관계를 부드럽게 만들고 화해를 가능케 하는 데 중요한 역할을 했다. 긍정적이고 따뜻한 말은 관계를 이어 주는 윤활유와 같다.

예수님 역시 믿음이 좋은 사람들에게 아낌없는 칭찬을 하셨다(마 8:10; 15:28). 이런 칭찬은 상대방에게 용기와 자존감을 심어줄 뿐 아니라, 관계를 더욱 친밀하게 만든다. 대인관계를 잘하는 사람은 칭찬을 아끼지 않는다. 나와 관계가 소원한 사람이라도 칭찬할 점을 찾아 표현해 보라. 그것이 관계를 개선하고 더 깊은 유대감을 형성하는 시작이 될 것이다. '경우에 합당한 말'(잠 25:11)은 관계를 이어 주는 가장 중요한 도구다. 내가 사용하는 언어가 관계를 이어줄지, 아니면 훼손할지는 전적으로 내가 사용하는 언어의 선택에 달려 있다.

5. 소통 유형과 관계(잠 15:1)

건강한 관계를 갖기 위해서 필요한 중요한 소통방식은 일치형 의사소통을 하는 것이다. 일치형 소통은 내면의 감정, 생각, 욕구를 진솔하게 표현하면서도 상대방을 존중하고 배려하는 소통방식이다.

어떤 이들은 일치형 소통을 힘들어하는데 다양한 원인이 있을 수 있다. 먼저 어린 시절의 가정환경과 부모의 소통방식의 영향일 수 있다. 부모가 비난이나 회피적인 의사소통을 했다면 일치형 의사소통을 학습할 수 없었을 것이다. 또한 자신의 감정을 드러냈을 때 상대방이 비난하거나 거절할 것이라는 두려움이 있어도 자신의 내면을 일치적으로 말하기 힘들다. 자존감이 낮은 사람도 자신의 감정이나 생각을 가치 있게 여기지 않기 때문에 일치형 소통을 하지 못하게 된다. 어떤 이들은 자신의 생각이나 감정을 솔직하게 표현하면 갈등이 생길 것이라는 잘못된 신념 때문에 일치형 의사소통을 하지 않기도 한다.

존 가트맨 박사는 '러브 맵(love map)'이라는 방을 만들어 부부 참가자들이 집에서와 똑같은 방식으로 생활하게 하고 그 모습을 비디오로 촬영했다. 그의 연구는 『가트맨의 부부감정 치유』[11]에 나오는데 36년 동안 3,000쌍의 부부를 대상으로 진행되었다. 관찰 결과에 따르면 이혼을 결정한 부부의 약 94%에서 공통적으로 발견된 점은 서로가 관

---

11. 존 가트맨, 실버 공저, 『가트맨의 부부 감정 치유』, 최성애 역 (서울: 을유문화사, 2014).

계를 망치는 소통을 한다는 점이었다. 그들이 사용한 소통 방식은 '비난, 방어, 경멸, 담쌓기'였다.

비난   "당신이 도대체 집에서 하는 일이 뭐야?"
방어   "당신만 힘든 줄 알아? 집안 일이 얼마나 힘든 줄 알아?"
경멸   "당신이 그렇게 잘났어? 내가 앞으로 두고 보겠어."
담쌓기 "더 이상 당신하고 말해 봐야 소용이 없어."

만약에 부부간에, 혹은 부모와 자녀 간에, 또는 직장이나 교회에서 이러한 방식으로 소통을 한다면 어떻게 될까? 일단 소통이 되지 않아서 답답할 뿐 아니라, 두 사람 간의 관계는 점점 더 악화될 것이다. 이러한 태도나 소통의 방식은 좋은 관계를 맺거나 유지하는 데 결코 도움이 되지 않는다.

  그러므로, 좋은 관계를 위해서 비난과 방어, 경멸과 담쌓기의 소통 방식보다 열린 마음과 수용적 태도로 소통해야 한다. 무엇보다도 상대방을 존중하는 태도가 우선되어야 할 뿐 아니라, 나의 생각이나 의견과 다른 부분에 대해서는 상대방의 입장을 이해하려는 노력이 필요하다. 이와 같은 태도로 소통하게 되면 상대방과 훨씬 더 나은 관계를 가질 수 있다. 가족상담 전문가였던 버지니어 사티어(Virginia Satir)는 의사소통 유형을 다음과 같이 이야기한다.

회유형 의사소통

회유형 의사소통을 하는 사람은 대화하면서 속이 상해도 상대방에게 다 맞춰 주고, 다른 사람에게 조금이라도 싫은 소리를 하지 않는 편이다. 회유형 의사소통의 문제는 자신의 생각이나 의견보다는 상대방을 절대로 속상하게 하면 안 된다는 가치에 집착한다. 그러다 보니 자신의 감정이나 욕구는 무시하고 억압하게 된다. 혹시라도 내가 이 사람의 마음을 상하게 하거나 기분 나쁘게 할까 봐 전전긍긍하게 된다.

결과적으로 상대가 뭔가 요청을 하면 속으로는 싫으면서도 거절하지 못하고 상대방에게 맞춰 주며 고개를 끄덕이게 된다. 자신이 상처를 받으면서도 자기 억압이 심하고 순종적으로 행동한다. 이런 상태가 오랫동안 지속되면 어떻게 될까? 마음속에 자신의 괴로움, 슬픔이나 분노 같은 부정적인 감정들이 계속 쌓이게 된다. 이런 감정들이 스트레스로 작용하게 되어 소화가 되지 않는 등 신체적으로도 문제가 생길 수 있다. 이들에게 필요한 것은 자신의 생각이나 감정을 타인에게 분명하게 말하는 훈련이다. 예를 들어, 우리가 어디 가서 요청할 때 당연히 "이것 좀 주세요"라고 이야기할 수 있는데도, 기어들어 가는 목소리나 아주 낮은 태도로 겨우 부탁하기도 한다. 이렇게 말을 하면 상대방과 나 사이에는 은연중에 서열화가 형성된다. 그래서 회유형의 사람을 만나면 상대방은 더욱 지시적이 되고, 함부로 대하는 태도로 바뀌게 된다. 이런 의사소통 태도는 나 자신과 상대방 모두에게 좋지 않다.

그러므로 소통할 때는 "아! 네네" 하며 지나치게 저자세로 굽신거리는 것이 아니라 "아하 네에 그렇군요"라고 동등한 위치에서 말하는 태도가 중요하다. 대화에는 서로 동등한 입장에서 맞추는 대화가 있고, 나를 낮추는 대화가 있으며, 내가 위에서 권위적으로 찍어 누르는 대화가 있다. 그런데 회유형은 사람들과의 관계에서 부드러운 대화를 하는 것처럼 보이지만, 자신의 감정을 억압하면서 지나치게 저자세로 나가기 때문에 장기적으로 부정적인 결과를 초래한다. 때로는 자꾸 억울한 감정으로 우울해지기도 하고, 다른 한편으로는 뒤에서 상대에 대해서 뒷담화를 하거나 투덜거릴 수도 있다.

비난형 의사소통

비난형은 회유형과는 반대로 자신의 생각이나 욕구를 중요하게 생각하고, 우월감을 가지고 소통을 한다. 이들은 자신이 옳다는 생각을 아주 강하게 표현한다. 성격적으로 보면 자기중심적인 사람이 이런 경향이 있어서 타인에 대한 배려가 약하다. 다른 사람의 감정이나 욕구, 가치를 무시하기 때문에 소통 방식이 일방적이어서 상호작용이 어렵다. 자신의 상황만 굉장히 중요하게 여기기 때문에 상대방을 무시하는 경향이 있다.

비난형은 이미 답이 정해져 있어서 결국 "내가 옳고 너는 틀렸어"라는 고정관념을 가지고 있다. 예를 들어, 딸이 "엄마! 아빠가 그렇게 말하니까 나는 너무 화가 나"라고 말하면, "그래? 아빠가 그렇게 말했구나! 속상했겠다"라고 공감해야 한다. 그러나 비난형은 "야! 아빠도 문제지만 너도 문제야. 잘못을 하면 50대 50이야"라고 말한다. 이 말에는 딸의 마음을 이해하려는 공감보다는 상황의 잘잘못을 따지거나 분석하려는 경향이 담겨 있다.

비난형 사람들은 자신이 지적을 받는다고 생각하면 매우 공격적으로 반응하며, 다른 사람을 탓하곤 한다. 자신이 타인에게 피해를 주는 것은 생각하지 않고, 타인의 잘못으로 내가 피해를 받는다고 생각한다. 그래서 자신이 조금이라도 침해를 받으면 자신을 희생자라고 여기고, 상대방에게 사람에게 책임을 전가하면서 쏘아붙이는 경향이 있다.

비난적인 태도가 내 안에 있으면, 비난을 당하는 사람도 힘들지만, 그러한 태도는 사람들과 좋은 관계를 맺지 못하게 한다. 비난적인 태도를 가진 사람들은 대개 자신들의 그런 모습을 모르기도 한다. 그러다 보니 사람들이 왜 나를 싫어하고, 나에게 자꾸 싸움을 걸며, 나는 왜 이렇게 행복하지 않을까? 라는 고민을 하기도 한다. 비난형 부모는 자식들과도 좋은 관계를 유지하지 못하고, 배우자와의 관계도 좋을 수 없다. 왜냐하면 아무리 가족이라도 자신을 향해 비난하는 사람을 좋아할 수 없기 때문이다. 비난형 의사소통을 하는 사람들은 타인에 대한 배려 없이 직설적으로 이야기하다 보니 주변 사람들이 상처를 많이 받게 된다. 그런 언어를 사용하다 보면, 자신도 행복하지 않지만 주변 사람들도 행복하지 못하게 된다.

그러므로 비난형 의사소통을 하는 사람은 의사소통 방식을 바꾸어야 한다. 그렇지 않으면 관계를 통해 행복을 누릴 수 없기 때문이다. 이들은 외국어를 배우듯이 건강한 언어를 배우는 훈련을 해야 한다.

초이성형 의사소통

초이성형 의사소통을 하는 사람은 어떤 일에 대해 대화를 할 때 논리나 이론을 끌어오는 방식으로 말을 한다. 누군가가 "와우! 우리 남편 때문에 진짜 화가 나"라고 말하면, "그래? 화가 날 만큼 속상한 일이 있었나 보네!"라고 공감하기보다는, "남편에게 화를 내면 어떡해? 그 정도 일을 가지고 화를 내?"라고 이성적이고 분석적인 태도로 반응하는 경향이 있다.

이들은 감정적으로는 둔감한 반면, 매우 이성적이기 때문에 상대방의 감정을 이해하거나 공감하는 것을 어려워한다. 어떤 것을 설명할 때 논리적으로 증명하려고 하며, 때로는 강박적으로 집착하기도 한다. 예를 들어, "어떠셨어요? 그때 딸하고 같이 가셨잖아요. 그때 어떤 느낌이셨어요?"라고 물어보면 감성적인 사람은 "정말 기분 좋았죠"라거나, "하늘도 파랗고 너무 기분이 좋아서 진짜 못 잊을 것 같아요"라고 말한다.

그러나 초이성형의 사람은 "아, 그러니까요! 갈 때 길도 안 막히고

요, 길을 갈 때는 시속 몇 킬로로 갔어요"라는 식으로 자신의 감정을 나타내는 단어를 사용하기보다는 사실 위주로 분석하고 설명하는 것에 초점을 맞춘다. 사실, 이런 사람은 "아! 나는 기분이 좋았고, 너무 행복했다"는 말을 하기 위해 그런 식으로 설명을 먼저 늘어놓는 것이다.

그렇게 하는 이유는 이들은 감정에 대해 이야기하는 것이 힘들어서 계속 설명에서 설명으로 이어지며 사실을 늘어놓기 때문이다. 이런 의사소통을 하는 사람들의 마음속에는 자기감정에 대한 억압이 존재한다. 때로 자신의 감정을 표현하는 것이 어색하고, 감정을 표현했을 때 상대방의 반응에 대한 두려움이 있기도 하다. 자신이 그런 모습이다 보니 타인의 감정이나 욕구를 무시하기도 한다. 그래서 감정보다는 어떤 상황에 대한 합리적인 사고나 논리만 남기 때문에, 이들과 대화를 하다 보면 친밀감보다는 지루함을 느끼게 된다. 그러므로 초이성형의 사람들은 설명을 하기보다는 자신의 감정을 만나고 그것을 표현할 수 있는 훈련을 해야 한다. 그래야 타인에 대해 자연스럽게 공감할 수 있게 되고, 친밀한 관계를 가질 수 있다.

산만형 의사소통

산만형 의사소통은 회유형, 비난형, 초이성형이 혼합되어 이 말 했다가 저 말 했다가 하는 식으로 산만하게 대화를 이끌어 가는 특징을 보인다. 예를 들어, "당신의 아버지는 어떤 사람이었어?"라고 물어보면, "아! 우리 아버지는… 아! 근데 우리 부산에 살았거든요. 부산 아시죠? 부산은 분위기가 좀 다르죠?"라고 답한다. 처음에는 아버지에 대해 이야기하다가 부산으로 주제가 옮겨 가고, 다시 바다로 튀었다가, 어선 이야기로 넘어가며 주제가 계속해서 왔다 갔다 한다. 이런 사람과 대화를 나누다 보면 도대체 이 사람이 무슨 말을 하려는 건지 이해하기 어려워진다. 대화가 오래 이어질수록 머리가 복잡해진다는 느낌을 받게 된다. 마치 럭비공이 여기저기 튀듯이, 대화에 초점이 없이 주제가 이리저리 옮겨 간다.

그렇게 되다 보니 타인의 감정이나 상황도 무시하기 쉽다. 때로는 굉장히 진지하고 힘든 상황에 대한 이야기인데도 그것을 농담처럼 가볍게 넘겨 버리기도 한다. 이로 인해 어떤 상황에서는 적절하지 않은 이야기가 나오기도 한다. 이런 식으로 말을 하게 되는 이유는 말하는 사람이 심리적 불안감으로 인해 우왕좌왕하며 산만해지기 때문이다. 마음이 불안정할 때 말도 이리저리 흩어지기 쉽다. 그러므로 산만형은 주의를 집중시키고 하나의 주제에서 벗어나지 않도록, 그 주제에 계속 머무르는 연습을 해야 한다. 말하는 동안 주제에 집중하고 다른 이야기로 새지 않도록 스스로를 통제하는 것이 필요하다.

또한 듣는 사람의 입장에서도 산만형의 사람을 만났을 때는 정신을 바짝 차리고 소통에 집중해야 한다. 그렇지 않으면 상대방이 무슨 말을 하는지 알아듣기 어려워지고, 대화 중에 주제의 초점을 잃을 수 있다.

이런 사람들에게는 대화가 옆으로 새지 않도록 주의를 환기시키고, 본래 말하려고 했던 주제를 끝까지 유지하도록 도와줄 필요가 있다.

일치형 의사소통

일치형 의사소통은 말과 내면의 감정을 일치시키는 건강한 소통 방식이다. 예를 들어, 화가 났을 때 회유형은 화가 나지 않은 척 참으면서 말하기 때문에 상대방이 자신의 감정을 알 수 없다. 비난형은 자신을 화나게 한 사람이 자신을 공격했다고 생각하기 때문에 상대를 비난하고 공격적으로 반응한다. 초이성형은 자신이 화난 이유와 상황에 대해 분석하고 설명하려고 한다.

그러나 일치형 소통은 자신이 화가 난 이유를 솔직하게 말하면서도 상대방을 배려하며 자신의 욕구를 표현한다. 일치형 의사소통을 하는 사람은 대체로 자존감이 높기 때문에 자신의 부족한 점이 드러날지라도 자신의 마음을 노출하는 데 두려워하지 않는다. 이들은 자신의 기대나 원하는 것, 싫어하는 것에 대해 숨기기보다는 진솔하게 표현한다. 그렇다고 너무 직설적으로 하라는 것은 아니다. 너무 진한 화장은 타인에게 거부감을 줄 수 있지만, 약간의 화장은 필요하듯이, 이는 거친 말을 다소 누그러뜨려 이야기할 수 있는 능력을 의미한다.

일상 속에서 관계를 건강하게 유지하고 발전시키기 위해 필요한 것은 일치형 의사소통이다. 일치형 소통은 우리의 내면과 외면이 진실되게 맞닿아 있는 상태에서, 상대를 배려하며 솔직하게 자신의 감정을 표현하는 것이다. 예수님은 우리에게 진실하고 열린 일치형 의사소통의 본을 보여 주셨다. 그분은 어떠한 상황에서도 겉과 속이 다르지 않은 일치적 태도로 풍성한 관계를 맺으신 소통의 롤 모델이라고 할 수 있다.

6. 관계의 깊이와 넓이(롬 12:15)

나는 매월 1일, '이달의 말씀 묵상'이라는 짤막한 메시지를 카카오톡을 통해 약 400명의 지인들에게 보내고 있다. 이 일을 시작한 지 벌써 10년이 넘었다. 처음에는 매일 메시지를 보냈다가, 이후 주 1회로 줄였고, 몇 년전부터는 한 달에 한 번씩 보내고 있다. 그동안 경험한 바에 따르면, 내가 보내는 카톡의 말씀 묵상을 받은 사람들의 반응은 매우 다양하다.

첫째, 10년이 지나도록 단 한 번도 보낸 메시지에 반응하지 않는 분들이 있다.

둘째, 메시지가 자신의 상황에 의미 있게 다가올 때만 가끔 피드백을 주는 분들이 있다.

셋째, 매번 "아멘", "감사합니다" 등 간단하게 반응하는 분들이 있다.

넷째, 묵상의 내용에 대해 깊이 있는 피드백과 함께 안부를 전하는 분들도 있다.

이처럼 다양한 반응은 서로의 관계에 영향을 미칠 수 있음을 알게 되었다. 어느 정도의 표현으로 상호작용하느냐에 따라 서로의 관계가 더 친밀할 수도 있고 소원해 질 수 있다. 대체로 반응이 전혀 없는 사람보다는 한 번이라도 반응하는 사람에게 관심을 갖게 된다. 가끔 반응하는 것보다는 반응의 빈도가 꾸준한 사람에게 더 친밀감을 느끼게 될 것이다.

사람들마다 서로의 상호작용이나 열린 마음의 정도에 따라 관계의 깊이와 넓이도 달라질 것이다. 여러분은 평소에 지인들과 어떤 수준의 관계를 유지하고 있는가? 관계의 깊이와 넓이는 관계에 투자하는 개인의 시간과 마음 자세에 따라 달라진다. 이 세상에는 매우 다양한 관계들이 존재하는데, 나의 인간관계는 어디에 속하는지 성찰하는 기회가 될 수 있기를 바란다.

적대적 관계와 친밀한 관계

적대적 관계는 가장 낮은 관계의 수준이라고 할 수 있다. 인간은 본능적으로 관계의 욕구가 있기 때문에 대체로 처음에도 좋은 관계를 유지하고 싶어 한다. 처음부터 적대적인 관계를 원하는 사람은 드물 것이다. 대개 관계는 처음에 호의적이고 긍정적인 모습으로 시작하지만, 여러 가지 이유로 점차 금이 가고 결국 적대적 관계로 변하는 것이다. 친밀했던 관계가 적대적으로 변하는 이유는 다양하다.

예를 들어, 이권 문제로 한쪽이 배신을 하면 큰 상처를 입고 관계가 단절되기도 한다. 혹은 특별한 이유 없이 상대방이 나를 공격하거나 공개적으로 수치감을 주는 경우, 그 관계는 쉽게 적대적으로 변할 수 있다. 또한, 정치적이나 신앙적, 가치관의 차이로 인한 갈등이 생기면 적대적 관계가 될 수도 있다.

이와 같은 상황에서 성경은 무엇이라고 가르치는가? 마태복음 5장 44절에서 예수님은 "나는 너희에게 이르노니 너희 원수를 사랑하며 너희를 박해하는 자를 위하여 기도하라"고 말씀하셨다. 적개심을 가지고 예수님을 십자가에 못 박은 사람들에 대해 예수님은 어떤 태도를 취하셨는가? 누가복음 23장 34절에서 "아버지, 저들을 사하여 주옵소서. 자기들이 하는 것을 알지 못함이니이다"라고 기도하셨다. 예수님은 악을 악으로 갚지 않으셨고, 오히려 그들을 긍휼히 여겨 주셨다. 적대적 관계에서는 미움과 증오, 때로 분노가 생기기 마련이다. 복수하고 싶은 마음이 들기도 한다. 하지만 예수님은 적대적인 사람들에게 충분히 복수하고 증오할 수 있었으나, 그렇게 하지 않으셨다. 왜냐하면 하나님은 그와 같은 태도를 기뻐하시지 않기 때문이다.

그러므로 우리는 예수님처럼 선으로 악을 이기려는 모습을 가져야 한다. 물론, 이것은 쉽지 않다. 그러나 불가능한 일도 아니다. 실제로 우리 주변에는 적대적인 사람을 긍휼히 여기며, 그 관계를 호의적이고 친밀한 관계로 변화시킨 사람들이 있기 때문이다.

인간에 대해 무심한 사람

사람에 대해서 전혀 관심을 보이지 않는 사람들은 나름대로 다양한 이유가 있다. 우선 과거에 믿었던 사람에게 배신당했거나 실망한 경험이 있으면, 또 상처를 받을까 두려워 사람들과의 관계를 피하게 된다. 이는 자기를 보호하기 위한 심리적 방어기제이기도 하다. 학업이나 업무, 가사 등으로 바쁜 일상 때문에 타인에게 신경 쓸 여유가 부족한 것도 하나의 이유일 수 있다. 때로는 사회적 상황에서 불안을 느끼는 사람들도 관계를 피하려고 할 수 있다. 그리고 사람에 대해 전반적인 불신이나 비관적인 세계관을 가지고 있을 때도 무관심해 질 수 있다.

예전에 군목으로 있을때 학생회 수련회를 위해 연대 군목들과 함께 강원도에 있는 몇몇 기도원을 찾아다닌 적이 있었다. 그중 어느 기도원에서 이야기를 나누던 중, 함께 간 한 목사님은 전혀 관심을 보이지 않았다. 그런데 기도원 원장님이 자신이 장로교 목사라고 하자, 갑자기 관심을 가지며 "어느 장로교 측이냐?"고 물어보며 적극적으로 대화에 참여하는 모습을 보았다. 사람은 자신과 관련이 있거나 공통점을 발견하면 이처럼 급속히 관심을 가지게 된다는 사실을 새삼 느꼈다.

예를 들어, 고향이 같거나 출신학교가 같으면 자연스레 친밀감을 느끼게 된다. 때로는 취미가 같아도 서로 가까워지기 쉽다. 이러한 점에서 관계를 잘 맺는 사람의 특징은 공통된 관심사를 찾아 소통하려고 한다. 반면, 관계 맺기에 서툰 사람은 자신과 다른 점을 부각시키며 관계를 깊게 발전시키지 않으려고 한다.

아들러라는 심리학자는 건강한 사람은 타인과 사회에 관심을 기울이는 사람이라고 했다. 반면, 타인과 사회에 전혀 관심을 가지지 않는 사람은 정신건강에 문제가 있을 수 있다고 보았다. 성경 갈라디아서 6장 2절에서는 "너희가 짐을 서로 지라. 그리하여 그리스도의 법을 성취하라"고 말씀하셨다. 예수님은 제자들에게 강도 만난 사람에 대해 말씀하시며, 종교인들이 자기 일에 바빠 강도 만난 자를 외면한 반면, 당시 사회에서 무시당하던 사마리아 사람이 그를 돌봐 준 이야기를 하셨다. 그리고 "누가 강도 만난 자의 이웃이 되겠느냐?"(눅 10:30-36)고 물으셨다.

나는 주변 사람들에게 어느 정도로 관심을 가지고 사는 사람인가? 아니면, 사람에 대해서 전혀 관심이 없는 사람인가? 이기적이고 미숙한 사람일수록 자기 자신에게만 관심을 두고 살기 쉽다. 그러나 성숙하거나 영적인 사람은 다른 사람들이나 사회적 문제에도 관심을 가지면서 관계의 폭을 넓혀간다.

경직된 관계와 유연한 관계

경직된 관계를 갖는 사람의 특징은 한마디로 관계에서 유연성이 부족하다는 것을 의미한다. 이들은 자신의 고정관념에 갇혀서, 그 틀에서 벗어난 사람들을 이해하기 어려워한다. 이러한 경직된 고정관념이나 원칙은 대체로 성장 과정에서 다양한 경험을 통해 무의식적으로 형성되며, 그 후에도 이러한 무의식적인 관계의 틀이 자신의 모든 관계에 강력한 영향을 미치게 된다.

예를 들어, 어떤 사람은 그동안 잘 지내던 사람이라도 예의에 벗어난 행동을 하게 되면 그 사람과 관계를 끊어버리기도 한다. 또한, 정직하고 진실하게 살아야 한다는 생각이 강한 사람은 그런 가치를 따르지 않는 사람과 가까워지려고 하지 않는다. 말을 함부로 하거나 욕설을 자주 하는 사람과 관계를 단절하기도 한다. 이처럼, 자신들의 중요한 가치관에서 벗어나면 그동안 좋았던 관계도 손상되거나 단절될 수 있다. 경직된 관계를 유지하는 사람들은 그 사람의 좋은 점보다는 자신이 싫어하는 부분에 더 크게 반응하는 경우가 많다.

성경에서는 이에 대해 어떻게 말씀하고 있을까? 본문에서 사도 바울은 고린도 교회 성도들에게 "너희의 마음을 넓히라"(고후 6:13)고 말했다. 고린도 교회는 바울파, 게바파, 아볼로파, 그리스도파 등으로 나뉘어 분쟁이 심했으며, 바울은 이들에게 서로 파당을 짓지 말고 서로를 용납하고 마음을 넓히라고 당부했다. 세상에는 세모난 사람, 네모난 사람, 둥그런 사람, 별 같은 사람 등 다양한 종류의 사람들이 있다.

경직된 관계를 맺는 사람은 자기와 다른 사람을 받아들이지 못하지만, 유연한 사람, 즉 마음이 넓은 사람은 자신과 다른 다양한 사람을 포용할 수 있다. 나와 반대되거나 심지어 종교가 달라도 그들을 포용할 수 있다. 하나님의 마음으로 보면, 품지 못할 사람은 없다. 문제는 우리가 하나님의 관점이 아닌, 우리 자신의 관점으로 사람들을 판단하기 때문에 나와 다른 사람을 포용할 수 없는 것이다.

융합된 관계와 분화된 관계

융합된 관계는 너와 나의 경계가 없는 상태를 의미한다. 이들은 "나는 너이고, 너는 곧 나이다"라는 생각을 가지고 있다. 서로 경계가 없기 때문에 숨기거나 속이는 일을 하지 않아야 된다고 생각한다. 모든 것을 서로 공유하면서 깊이 의존하게 된다. 만약 상대방의 동의 없이 나 혼자서 무엇인가를 하고 싶다면, 상대방이 서운해하므로 반드시 이를 알려 주어야 한다. 이처럼 융합된 관계는 공생의 관계이기 때문에 서로에게 독립적이거나 자율적인 생활을 허용하지 않는 경우가 많다.

융합된 관계는 특히 부모와 자녀 관계에서 자주 나타난다. 예를 들어, 공황장애를 겪고 있는 30대 후반의 결혼한 자매가 있었는데 그녀는 친정 엄마와 융합되어 있었다. 이 자매의 어머니는 어린 시절 계모에게 학대와 방임을 당하며 고통스러운 시간을 보냈다. 그 고통에서 벗어나고자 빨리 결혼을 선택했는데, 폭력적이고 술에 의존하는 남편을 만나게 되었다. 그 어머니는 끊임없는 부부싸움으로 인해 오로지 외동딸을 키우는 데에만 집중했다. 자신의 어린 시절처럼 딸이 고통을 겪지 않기를 바라며 과도한 보호와 간섭을 하게 되었다. 어머니는 딸과 융합된 관계를 갖게 되었고, 딸의 일거수일투족에 간섭하면서 자율적인 행동을 허용하지 않았다. 그 결과, 딸은 엄마의 도움 없이는 아무것도 할 수 없는 의존적인 사람이 되었다. 이 자매는 친정엄마와의 융합된 관계로 인해서 의존적인 성향이 깊어졌기 때문에, 결혼 후에도 힘든 상황을 홀로 극복할 수 없게 되었다.

그렇다면, 성경은 융합된 관계에 대해 무엇이라고 말씀하고 있을까? 창세기 2장 24절에서 "그러므로 남자가 부모를 떠나 그의 아내와 합하여 둘이 한 몸을 이룰지로다"라고 했다. 이 구절은 결혼이란 두 남녀가 부모와의 융합된 관계를 떠나, 독립적이고 자율적인 개인으로서 새로운 가정을 이루어야 함을 의미한다. 건강한 부모는 자녀가 성장하는 과정에서 홀로 서는 법을 배우도록 돕고 지원해야 한다.

만약 부모가 자녀와 계속해서 융합된 관계를 유지한다면, 자녀는 자율적으로 성장하지 못하고 인생의 어려운 상황에 부딪혔을 때 쉽게 좌절할 수 있다. 자녀가 죽을 때까지 부모가 모든 책임을 지겠다는 생각은 비성경적일 뿐만 아니라, 자녀를 진정으로 사랑하는 모습이 아니다. 부모의 진정한 사랑은 자녀가 독립적이고 자율적인 인격체로 성장할 수 있도록 지원하는 것이다. 부모가 모든 문제를 대신 해결해 주는 것이 아니라, 자녀가 스스로 문제를 해결할 수 있는 능력을 키울 수 있도록 돕는 것이 성경적 원리다.

불편한 관계와 친밀한 관계

우리 주변에는 불편함을 느끼는 관계도 있고 친밀함을 느끼는 관계도 있다. 사람마다 불편함을 느끼는 이유는 다르지만, 대체로 자신의 생각과 의견을 공감해 주기보다는 반대하거나 공격하는 사람에 대해 불편함을 느낀다. 또한, 눈치 없이 행동하거나 함부로 말하는 사람과의 관계에서 불편함을 경험하기도 한다.

이런 사람들을 대할 때 경직된 사람들은 불편함을 더 이상 느끼지 않기 위해 관계를 끊어버리기도 한다. 반면, 유연한 사람들은 그럼에도 불구하고 그들을 수용하거나 유연하게 대처하며 관계를 쉽게 단절하지 않는다. 때로 불편한 관계를 친밀한 관계로 변화시키려고 노력하기도 한다. 이들은 그 사람과 직면하거나, 불편한 점에 대해 솔직하게 이야기하기도 한다. 그럴 때 건강하지 못한 사람은 기분이 상해서 떠나기도 하지만, 건강한 사람은 먼저 관계를 단절하지 않는다.

그렇다면 어떻게 할 때 친밀한 관계가 될까? 로마서 12장 15절에 "즐거워하는 자들과 함께 즐거워하고, 우는 자들과 함께 울라"는 말씀처럼, 공감을 나누는 과정에서 친밀감이 형성된다. 또한, 내가 좋은 일이 있을 때 시기하거나 질투하지 않고 진심으로 칭찬해 줄 수 있는 사람에게 친근감을 느끼게 된다. 나와 의견이 달라도 그것 때문에 비난하지 않고 있는 그대로 나를 받아 주는 사람과 가까워지게 된다. 그뿐만 아니라 나에 대해 관심을 가지고 안부를 묻고, 함께 차를 마시거나 식사를 하며 자주 만나게 되면 친밀감이 깊어진다. '이웃 사촌'이라는 말이 있다. 타인일지라도 가까이서 자주 만나면 친밀해지지만, 아무리 친인척이라도 자주 만나지 않으면 어색해지기 마련이다. 친밀한 관계를 성경적 용어로 표현하면 화목한 관계라고 할 수 있다. 잠언 17장 1절에서는 "마른 떡 한 조각만 있어도 화목한 것이 제육이 집에 가득하고 다투는 것보다 나으니라"라고 말했다. 성도들 간에 서로 화목하게 사랑하면서 지내는 것은 곧 하나님을 증거하는 일이기도 하다. 심지어 원수들을 적대시하지 않고, 그들을 긍휼히 여기는 마음으로 용서할 수 있다면, 이는 자신에게 기쁨이 되고 하나님께 영광을 돌리는 일이 된다.

인간관계는 단순히 표면적인 만남을 넘어 서로의 마음과 삶을 나누는 깊이와 다양한 사람들과의 연결을 통해 확장되는 넓이로 이루어진다. 우리는 적대적 관계, 무관심한 관계, 경직된 관계, 융합된 관계, 불편한 관계 등 다양한 관계의 모습 속에서 살아간다. 우리의 관계의 깊이와 넓이를 유연한 관계, 분화된 관계, 친밀한 관계로 확장시키는 것은 우리의 선택과 태도에 달려 있다. 우리는 불편함을 피하지 말고, 적대감을 사랑으로 녹이며, 무관심을 공감으로 채워야 한다. 또한 가족 간에 관계의 융합에서 벗어나 서로의 독립성을 인정하고, 경직된 태도를 유연함으로 변화시키며, 불편한 관계를 친밀한 관계로 만들어야 한다. 결국, 관계의 깊이와 넓이는 단순한 기술이 아니라 우리의 성숙함, 믿음, 그리고 사랑의 실천을 통해 이루어진다.

7. 관계의 지혜(히 12:14)

관계를 지혜롭게 잘 하는 사람이 있는가하면, 그게 잘 안되는 사람이 있다. 우리가 살아가면서 관계를 지혜롭게 해야 할 몇 가지 이유가 있다.

첫째, 건강한 관계는 우리의 정신적, 영적 건강에 긍정적 영향을 미치지만, 건강하지 못한 관계는 상처와 아픔을 남기기 때문이다.

둘째, 이 세상을 살아가다 보면 갈등은 피할 수 없는 현실이다. 그렇기 때문에 지혜로운 사람은 갈등을 피하기보다는, 해결하면서 관계를 회복하는 방법을 찾는다.

셋째, 물질적 풍요나 성공도 중요하지만, 진정한 행복과 만족은 관계에서 오기 때문이다.

넷째, 하나님이 관계를 중요시 여기기 때문이다. 그러므로 그리스도인은 하나님과의 관계뿐 아니라, 사람과의 관계에서도 지혜롭게 행동하는 것이 필요하다.

어느 회사의 김 부장은 그리스도인으로서 선임 부장과의 갈등 문제로 상담센터를 찾았다. 선임 부장이 업무적으로 자신을 배제하고, 식사 자리에서도 소외시키는 등 그로 인한 스트레스가 매우 심각했다. 그러자 김 부장은 선임 부장을 비난하며, 그 스트레스의 원인을 상대방 탓으로 돌렸다. 그러나 상담을 통해 자신의 행동에도 문제가 있었음을 깨닫게 되었다. 선임 부장의 조언을 무시했던 일, 선임 부장이 관계를 개선하고자 시도한 제안을 여러 차례 거절했던 것들이 관계를 더욱 악화시켰던 것이다. 상담을 하면서 김 부장은 자신이 관계 형성에 소극적이었음을 인정하고, 변화하기로 결단했다. 김 부장은 먼저 선임 부장에게 작은 친절을 베풀기 시작했다. 선임 부장이 코로나로 결근했을 때 치킨을 보내며 안부를 전했고, 부서 회식에 선임 부장을 초대했다. 이러한 노력은 선임 부장의 태도 변화를 이끌어 냈고, 관계는 점차 회복되었다. 김 부장처럼 직장이나 교회에서 대인관계의 미숙함으로 어려움을 겪는 그리스도인이 있을 수 있다. 이런 경우는 어떻게 하면 관계를 잘 가질 수 있을지에 대한 지혜와 노력이 필요하다.

히브리서 12장 14절은 "모든 사람과 더불어 화평함과 거룩함을 따르라"라고 말씀한다. 이 말씀은 우리가 하나님과의 관계를 회복하고, 사람들과의 화평을 이루며, 스스로도 거룩하고 성숙해지도록 노력해야 함을 가르친다. 관계의 지혜는 단순한 처세술이 아니다. 그것은 하나님이 보여 주신 사랑과 용서, 그리고 겸손의 실천에서 나온다. 또한 하나님과의 관계가 회복되면, 우리는 더 큰 사랑과 지혜로 타인과 자신을 대할 수 있다. 성경의 가르침을 따라 지혜롭게 관계를 맺는 방법에는 어떤 것이 있을까?

좋은 관계의 출발점, 섬김

섬김은 관계를 시작하고 유지하는 데 있어 매우 중요한 삶의 태도이다. 섬기는 사람을 싫어하는 사람은 없다. 반면, 섬김을 받으려는 마음이 강한 사람은 관계에서 어려움을 겪기 쉽다. 그렇다면 섬기는 마음을 가진 사람은 어떤 특징을 가지고 있을까? 무엇보다 상대방을 배려하고, 열린 마음으로 그들의 입장을 이해하려고 노력한다. 하지만 섬기는 마음을 가지기 어려운 사람들도 있다. 특히 인간관계에서 부정적 경험을 많이 겪은 사람은 타인을 쉽게 신뢰하지 못하고, 마음의 문을 닫아 버리는 경우가 많다. 이런 마음의 닫힘은 여러 이유에서 비롯된다.

한 예로, 30대 초반의 한 그리스도인 자매가 있었다. 그녀는 직장에서 상급자와의 갈등으로 인해 공황장애로 상담센터를 찾았다. 그녀는 누군가 자신에게 친절하게 대하면 오히려 의심했다. "저 사람이 왜 나에게 친절할까? 무슨 의도가 있는 게 아닐까?"라며 순수한 호의조차 부정적으로 해석했다. 결국, 상대방의 친절한 행동에도 마음을 열지 못했다. 이 자매가 이런 방식으로 타인을 의심하게 된 이유는 과거에 관계에서 받았은 깊은 상처 때문이었다. 특히 부모님으로부터 받은 비난, 불신, 무시의 경험이 컸다. 성장 과정에서 받아야 할 사랑과 지지가 부족했기 때문에 그녀는 타인의 호의를 불신의 시각으로 보게 되었던 것이다. 이러한 태도는 대인관계의 폭을 좁히고, 외로움과 소외감을 키웠다. 많은 사람들이 자신이 받은 상처의 원인을 과거의 가해자에게 돌린다. 물론 상처를 준 사람에게도 책임이 있지만, 그 상처를 극복하지 못하고 모든 사람을 의심하며 마음의 문을 닫아 버리는 자신에게도 책임이 있다.

그렇다면 어떻게 하면 이런 악순환에서 벗어나 섬김의 태도를 가질 수 있을까? 해답은 예수님의 삶과 가르침에서 찾을 수 있다. 예수님은 마태복음 20장 28절에서 "인자가 온 것은 섬김을 받으려 함이 아니라 도리어 섬기려 하고"라고 말씀하셨다. 예수님은 모든 사람을 열린 마음으로 섬기셨다. 건강한 자나 병든 자, 부자나 가난한 자, 지위가 높거나 낮은 자, 남녀노소를 불문하고 심지어 죄인들에게까지도 다가가셨다. 예수님은 만나는 사람에 대해 편견이나 차별이 없으셨다. 그분의 섬김은 상대방의 조건이나 배경에 구애받지 않으셨고, 모든 사람을 존귀히 여기며 사랑으로 품으셨다. 예수님의 이러한 태도는 우리에게 중요한 본보기가 된다. 관계의 회복은 바로 이렇게 열린 마음으로 섬기는 데서 시작된다. 상대방의 단점과 부족함을 보더라도 그 위에 긍휼과 사랑의 마음을 더하며 다가가는 것이 섬김의 본질이다. 더 나아가 상대의 호의에 대해서 의심하지 않고 열린 마음으로 수용할 때 서로의 관계는 더욱 친밀해 질 것이다.

관계를 잇는 다리, 용서

신앙생활에서 어려운 것 중에 하나는 용서이다. 믿음이 좋다는 사람조차 용서의 문제 앞에서 머뭇거리며 걸려 넘어지곤 한다. 여기에는 목회자도 예외가 아니다. 강단에서는 은혜롭게 설교를 하지만, 삶 속에서 용서하지 못하는 경우도 종종 있다.

최근 한 그리스도인이 페이스북에 올린 글을 보고 안타까운 마음이 들었다. 그는 자신이 운영하는 단체가 속한 지방자치단체로부터 불공정한 평가를 받아 많은 손해를 입었다고 생각했다. 실적 면에서 우수했음에도 정치적인 이유로 인정받지 못한다고 생각해 억울함과 분노로 가득 차 있었다. 그래서 그는 지자체장의 이름을 실명으로 거론하며 "예수님은 원수까지 사랑하라고 하셨지만, 나는 죽을 때까지 그를 저주하며 결코 용서하지 않겠다"는 글을 남겼다. 그의 분노와 억울함은 충분히 이해된다. 그렇다고 해서 공적인 공간인 페이스북에 그러한 글을 남기는 것이 과연 지혜로운 행동일까? 그 글을 본 사람들은 어떤 생각할까? 또한, 하나님은 그 행동을 어떻게 보실까? 억울함과 분노는 관계를 파괴하지만, 용서는 그러한 감정을 극복하고 관계를 회복할 수 있게 한다. 용서는 복수할 권리를 내려놓는 선택이며, 우리에게 평화를 가져다 준다. 그렇다면 용서하기 힘든 사람을 어떻게 용서할까?

첫째, 나의 용서가 곧 하나님의 용서와 연결된다는 것을 기억해야 힌다. 마태복음 6장 14-15절에 이하면 "너희가 사람의 잘못을 용서하면 너희 하늘 아버지께서도 너희 잘못을 용서하시려니와, 너희가 사람의 잘못을 용서하지 아니하면 너희 아버지께서도 너희 잘못을 용서하지 아니하시리라"고 말씀하신다. 이 말씀은 내가 하나님께 용서의 은혜를 받으려면, 내가 먼저 타인의 잘못을 용서할 수 있어야 한다고 강조하시는 말씀이다.

둘째, 예수의 모범을 따라야 한다. 예수님은 자신을 십자가에 못 박고 조롱하던 사람들을 긍휼히 여기는 마음으로 기도하시면서, 용서의 본을 보여 주셨다. 누가복음 23장 34절에서 "아버지여 저들을 사하여 주옵소서. 자기들이 하는 것을 알지 못함이니이다"라고 하셨다. 그리스도인의 삶의 목표를 예수님을 닮아가는 것이기 때문에 용서를 해야 한다.

셋째, 복수심을 내려놓고 하나님의 정의를 신뢰해야 한다. 억울함과 분노는 자연스러운 감정이지만, 복수는 하나님의 권한이다. 로마서 12장 19절에 "너희가 친히 원수를 갚지 말고, 하나님의 진노하심에 맡기라"는 말씀을 신뢰해야 한다. 하나님께서 가장 선하고 의로운 결과를 가져오실 것을 믿고 맡기는 모습이 필요하다.

넷째, 용서가 관계 회복을 위한 첫걸음이 됨을 명심해야 한다. 용서는 단순한 화해가 아니라 관계를 회복하는 출발점이다. 용서를 통해 우리의 마음이 치유되고 관계가 회복될 수 있다. 요한복음 13장 35절에

"너희가 서로 사랑하면 이로써 모든 사람이 내 제자인 줄 알리라"고 했다. 우리는 사랑과 용서를 통해 하나님의 자녀임을 나타낼 수 있다.

다섯째, 성령의 도우심을 구해야 한다. 인간의 힘으로는 용서가 불가능할 때가 많다. 그러나 성령님의 도우심을 구할 때, 불가능해 보이는 용서를 실천할 수 있다. 빌립보서 4장 13절에 "내게 능력 주시는 자 안에서 내가 모든 것을 할 수 있느니라"고 했다. 사실 용서는 나에게 상처를 준 사람만을 위한 것이 아니라, 내 자신을 위한 것이기 때문에 성령의 도우심을 구해야 한다.

성숙한 관계로 만드는 도구, 온유

세상은 강한 자가 승리하는 것처럼 보이지만, 성경은 우리에게 다른 진리를 말한다. 온유한 자가 땅을 차지한다는 것이다. 예수님은 산상수훈에서 이렇게 말씀하셨다.

> "온유한 자는 복이 있나니 그들이 땅을 기업으로 받을 것임이요" (마 5:5).

온유는 단순히 성격의 한 측면이 아니라, 성숙한 대인관계를 형성하는 중요한 도구이다. 온유한 사람은 갈등과 오해를 해결하며, 상대방의 마음을 여는 데 탁월한 능력을 발휘한다. 반대로, 비난과 호통으로 대하는 사람은 관계를 망가뜨릴 위험이 크다.

온유한 사람은 상대방의 실수를 대하는 태도에서 그 차이가 드러난다. 어떤 이는 실수를 보면 참지 못하고 즉각적으로 비난하거나 분노를 표출한다. "왜 이렇게 했어? 정말 이해가 안 되네!"라는 식으로 상대방을 몰아세운다. 그러나 온유한 사람은 다르다. 실수의 경위를 차분히 알아보고, 실수를 반복하지 않도록 격려하며 방향을 제시한다. 예를 들어, "다음에는 이런 방법을 시도해 보면 어떨까요?"라고 부드럽게 제안하며 상대를 존중하는 태도를 보인다. 이러한 모습은 상대방으로 하여금 고마움과 미안한 마음을 갖게 하면서 자신에게 맡겨진 일을 더 잘하도록 동기를 부여하여 관계를 좋아지게 만든다.

온유함의 모범을 보여 준 구약의 대표적인 인물 중의 하나는 모세이다. 민수기 12장에 아론과 미리암은 모세가 구스 여인을 아내로 맞이한 것을 비난하며, "여호와께서 모세와만 말씀하셨느냐"라고 하면서, 그의 권위에 도전했다. 하나님은 이들의 행동을 매우 심각하게 보셨고, 그래서 미리암에게 나병을 내리셨다. 이때 모세는 자신의 권위를 변호하거나 분노하지 않았다. 대신에 하나님께 미리암을 위해 간절히 중보기도를 했다. "하나님이여 원하건대 그를 고쳐 주옵소서"(민 12:13). 모세는 자신이 받은 상처로 분노하기보다는 상대방의 회복을 위해 기도하는 온유한 모습을 보여 주었다.

뿐만 아니라, 민수기 14장에서는 이스라엘 백성들이 가나안 땅에 대한 정탐꾼들의 부정적인 보고를 듣고 공포에 빠졌다. 그들은 모세와 아론을 원망하며 돌로 치려 하면서, 애굽으로 돌아가겠다고 소리쳤다. 이러한 어처구니 없는 백성들의 모습에 모세는 분노하거나 저주하지 않았다. 오히려 하나님께 중보기도 하며 이스라엘 백성을 용서해 달라고 간구했다. "이 백성의 죄악을 사하여 주옵소서"(민 14:19). 그는 자신의 감정을 앞세우기보다는 이스라엘 백성의 용서와 회복을 위해 기도했다. 이처럼 모세는 지도자로서 온유함과 사랑으로 백성을 품었다.

예수님 역시 온유의 완전한 본을 보여 주셨다. 율법적인 사람들은 간음한 여인을 돌로 치라고 몰아붙였지만, 예수님은 "죄 없는 자가 먼저 돌로 치라"(요 8:7)고 말씀하시며 그녀에게 회개와 변화의 기회를 주셨다. 이처럼 온유한 모습은 단순히 부드러운 태도가 아니라, 상대방을 살리고 회복시키는 강력한 도구임을 보여 준 사건이다.

관계의 지혜를 구하라

관계의 지혜는 단순한 처세술이 아니라, 하나님의 성품을 닮아 가는 과정이다. 위에서 언급한 섬김, 용서, 온유 이외에도 사랑과 겸손, 진실함과 경청은 관계를 지혜롭게 이끌어 가는 핵심 덕목이다. 이러한 덕목이 나의 성품이 되도록 하기 위해서는 하나님과의 관계를 우선시하는 영성이 필요하다. 또한 성령의 인도하심을 따라 성령의 열매인 사랑, 기쁨, 화평, 인내, 자비, 양선, 온유, 절제를 삶에서 나타낼 수 있도록 해야 한다. 이러한 덕목들은 단순히 외적인 행동에 그치는 것이 아니라, 성령의 도우심으로 인한 변화를 통해 자연스럽게 드러나게 된다. 특히 그리스도인은 성령의 도우심으로 자신의 연약함을 극복하고, 하나님의 성품을 닮아갈 수 있다.

이와 더불어 관계를 맺는 나의 태도와 언어를 점검하면서, 실수를 인정하고 개선하려는 노력을 해야 한다. 말 한마디, 표정 하나에도 진실함과 배려가 담길 때 관계는 더욱 깊어질 수 있다. 상대방의 이야기에 귀 기울이며 공감하고, 비판보다는 격려와 사랑의 말을 선택해야 한다.

성경의 인물들이 보여 준 관계의 지혜를 배우면서, 그것을 나의 삶에 적용하는 것도 매우 중요하다. 섬김과 용서와 온유하심의 본을 보이신 예수님, 자신을 애굽의 종으로 팔아넘긴 형들을 용서한 요셉, 자신을 비난하고 원망하는 이들을 온유함으로 대처했던 모세를 닮아 가려는 모습이 관계를 배우는 지혜라고 할 수 있다. 이처럼 관계의 지혜는 단순한 인간관계의 기술이 아니라, 하나님과의 관계를 통해 흘러나오는 영적 성숙의 열매다. 하나님께서 주시는 지혜를 의지하고, 그분의 성품을 닮아갈 때 우리는 진정한 관계의 회복과 성장을 경험하게 될 것이다.

3장

자신과의 관계

chapter 1.   나는 누구인가?
chapter 2.   하나님의 걸작품
chapter 3.   생각의 씨앗
chapter 4.   마음 다스리기
chapter 5.   마음의 쓴 뿌리
chapter 6.   열등감 극복하기
chapter 7.   말한 대로 된다

3장   자신과의 관계

1. 나는 누구인가?(고후 5:17)

상담센터를 찾는 내담자들 중에는 "나를 알고 싶어요"라는 고민을 가지고 오는 경우가 종종 있다. 이는 단순한 호기심이나 자기 탐구의 욕구를 넘어, 자신의 정체성에 대한 혼란과 삶의 방향성에 대한 불안을 반영하는 것이다.

    예를 들어, 자신이 항상 우울하다고 느끼지만 왜 그런지 이유를 모르겠다는 사람들이 있다. 우울한 사람의 공통된 특징은 자신과 타인, 그리고 미래를 부정적으로 인식하는 경향이 있다. 이런 부정적인 사고가 자신도 모르게 우울하게 하며, 점점 더 우울의 증상을 심화시키게 된다. 그런가 하면 이유를 알 수 없는 불안을 호소하는 사람들이 있다. 이들은 어린 시절 불안과 관련된 트라우마를 경험한 경우가 많다. 예컨대, 유기 불안을 경험했거나 부모의 잦은 부부싸움으로 인해 불안정한 환경에서 자랐던 기억이 현재의 불안으로 연결되곤 한다. 그렇지만 이러한 내면적인 원리를 모르는 사람들이 많다.

그렇기 때문에 사람들은 자신의 생각과 감정, 행동의 근본적인 이유를 알고 싶어 상담센터를 찾기도 한다. 이는 결국 "나는 누구인가?"라는 근본적인 질문으로 귀결된다. 자기 자신을 제대로 이해하지 못할 때, 우리는 혼란스러워지고 삶의 여러 측면에서 어려움을 겪게 된다. 자신을 아는 것은 이러한 문제를 해결하기 위한 첫걸음이며, 건강한 삶을 살아가기 위한 중요한 과정이다. 나를 잘 알고 이해하면 어떻게 될까?

삶의 질이 높아진다

삶의 질은 우리가 가진 것을 얼마나 잘 이해하고 활용하느냐에 따라 크게 달라질 수 있다. 최근 나는 11년간 타던 승용차를 처분하고 새 차를 구입했는데, 놀랍게도 이전에는 없던 기능이 너무 많아서 당황스러웠다. 자동차 딜러가 2시간 동안 기능을 설명해 주었고, 필요한 기능을 소개하는 유튜브 영상도 몇 개 보내 주었지만, 아직도 모르는 기능이 많다. 차량에는 운전을 훨씬 편리하게 만들어 주는 수많은 기능이 있지만, 그것을 제대로 이해하지 못하기 때문에 충분히 활용하지 못하는 것이다.

이 상황은 단지 자동차에만 해당되는 것이 아니다. 우리의 몸과 마음도 마찬가지다. "내 몸 사용 설명서"라는 책에도 나와 있듯, 우리의 몸 사용 설명서를 제대로 알고 활용할수록 삶의 질이 향상된다. 마음의 문제도 비슷하다. 내가 내 마음의 상태를 잘 이해하고, 무엇이 나를 행복하게 하거나 불안하게 만드는지를 안다면, 나의 감정과 생각을 더 잘 관리할 수 있다. 반대로, 자신의 마음을 모르면 불필요한 고통에 시달리거나, 문제를 해결하지 못해 어려움이 커질 수도 있다.

삶의 질은 단순히 더 많은 것을 소유하거나 더 좋은 환경에 사는 데서 오는 것이 아니다. 그것은 내 자신과 내가 가진 것을 얼마나 잘 알고, 그것을 효과적으로 활용하느냐에서 비롯된다. 우리의 몸과 마음, 그리고 주변 환경에 대해 배우고 이해할수록 삶은 더 풍성하고 건강해질 수 있다.

타인을 이해할 수 있다

사람은 누구나 자신의 기준을 가지고 타인을 이해하려 하기 때문에, 자신을 아는 만큼 타인을 이해하거나 공감할 수 있다. 예를 들어, 사람과의 관계에서 쉽게 마음의 문을 닫는 사람은 타인도 자신처럼 마음을 쉽게 닫을 것이라고 믿는 경향이 있다. 반대로, 항상 열린 마음을 가진 사람은 다른 사람도 자신처럼 마음을 열어 줄 것이라고 생각한다.

어느 날 한 지인과 행복한 부부에 대한 이야기를 나눈 적이 있다.

나는 우리 부부의 경우 살면 살수록 더 행복해진다든지, 부부가 떨어져 있으면 보고 싶어진다든지, 아내가 출근하지 않고 자신과 함께 시간을 보내 주면 좋겠다든지, 퇴근하는 남편을 기다리는 일이 즐겁다든지 하는 이야기를 했다. 그러자 그 지인은 처음에 그것이 모두 립서비스이거나 거짓말이라고 생각했다고 말했다. 그런데 만날 때마다 내가 그런 이야기를 반복하자, 그제야 그것이 거짓말이 아니라 진심이라는 것을 깨닫게 되었다고 말했다.

왜 그 지인은 그런 말을 했을까? 자신이 그런 경험을 해 본 적이 없었기 때문에, 다른 부부도 자신과 같을 것이라고 생각했을 것이다. 이처럼 우리는 자신이 경험하고 아는 만큼만 타인을 이해할 수 있다. 결국, 타인을 이해하기 위해서는 자신에 대한 깊은 이해가 선행되어야 한다. 내가 어떤 사람인지, 무엇을 느끼고 어떤 방식으로 살아가는지 알아야 타인을 진정으로 이해하고 공감하는 길이 된다.

아는 만큼 겸손해진다

사람이 교만해지는 이유 중 하나는 자신을 잘 모르기 때문이다. 별것도 아닌 사람이 대단한 사람처럼 행동하기도 하고, 반대로 자신이 대단한 존재임에도 불구하고 스스로 낮추며 쓰레기 취급을 하며 살기도 한다. 그러나 자신을 잘 아는 사람은 아는 만큼 겸손해질 수 있다.

예전에 내가 어느 목사님과 탁구를 친 적이 있었다. 어느 날 만나서 "탁구 좀 칠 줄 아느냐"고 물었더니, 그분은 "네트 정도만 넘길 줄 안다"고 말했다. 그 말을 듣고 속으로 "내가 이길 수 있겠구나"라고 생각했다. 그래서 함께 탁구를 치게 되었는데 연습을 하면서도 시합을 하면 내가 이길 것 같다는 자신감이 생겼다. 그래서 "시합 한 번 할까요?"라고 제안했더니, 흔쾌히 하자고 했다.

그렇게 시합을 시작했는데, 초반에는 이기다가 후반부로 가면서 한두 점 차이로 내가 졌다. 게임이 끝난 후, 정말 부끄러운 마음이 들었다. 사실 상대방은 나보다 탁구를 훨씬 잘 치는 분이었다. 차이가 있었다면, 그분은 겸손했지만 나는 교만했다는 점이었다. 그 일을 계기로 나는 내 자신을 돌아보면서 더욱 겸손해야 함을 깨닫게 되었다. 또한 상대방에 대해 쉽게 판단한 나머지 내가 잘난 척하거나 우쭐대면 안 되겠다는 생각도 하게 되었다. 그때의 경험을 통해서 나는 자신을 아는 만큼, 더 겸손해질 수 있다는 것을 체험하게 되었다. 그렇다면 성경이 말하는 '나'는 어떤 존재인가?

하나님을 닮은 걸작품

창세기 1장 27절에 "하나님이 자기 형상 곧 하나님의 형상대로 사람을 창조하시되 남자와 여자를 창조하시고"라고 했다. 인간을 만드신 하나님은 창세기 1장 31절에 "하나님이 지으신 그 모든 것을 보시니 보시기에 심히 좋았더라"고 하셨다. 이 말씀에 따르면, '나'라는 존재는 하나님의 걸작품임을 알 수 있다. 이는 내 존재의 근원이 하나님이라는 것을 보여 준다.

내가 아메바로부터 진화했고, 인류의 조상이 원숭이라고 믿는 진화론자와 내가 하나님의 형상을 따라 지음을 받은 걸작품이라고 믿는 사람은 자신과 타인을 대하는 태도부터 다를 수밖에 없다.

내연기관 자동차를 만드는 데에는 13,000개의 부품이 필요하다고 한다. 747 제트 여객기를 만드는 데에는 300만 개의 부속품이, 우주왕복선을 만드는 데에는 500만 개의 부속품이 필요하다고 한다. 그런데 인간의 몸은 100조 개의 세포로 구성되어 있다. 이처럼 천문학적인 숫자의 세포들이 우연히 진화해서 인간이 되었다는 말은 있을 수 없다. 인간이 자동차를 만들고, 여객기와 우주왕복선을 만들었듯이 하나님은 그런 인간을 만드셨다. 그러므로 나는 '하나님의 걸작품'이라는 자부심을 가져도 된다.

죄로 인해 죽을 존재

이 세상에서 자녀가 부모에게 지을 수 있는 가장 큰 죄가 있다면, 그것은 무엇일까요? 어떤 이는 부모보다 먼저 죽는 죄라고 하기도 하고, 어떤 이는 부모를 폭행하는 것이라고 한다. 그러나 그것보다 더 큰 죄는 자신을 낳고 기른 부모님을 부모로 인정하지 않는 것이다.

그렇다면 사람이 하나님 앞에서 짓는 죄 중에 가장 큰 죄는 무엇일까요? 어떤 이는 살인죄라고 말하기도 한다. 그러나 하나님 앞에서 용서받을 수 없는 가장 큰 죄는 천지를 창조하시고 나를 지으신 하나님을 인정하지 않는 것이다. 더 나아가 우상을 하나님처럼 섬기는 것도 큰 죄이다. 아무리 착하고 양심적으로 살아왔으며 사회법을 잘 지켰다고 하더라도, 만일 그가 하나님을 부정하고 살았다면, 그는 하나님 앞에서 죽을 죄를 지은 것이다.

그러면 사람들이 왜 하나님을 인정하지 않을까요? 인간에게는 내 마음대로 살고 싶은 욕망이 있다. 장 자크 루소는 인간에 대해 이렇게 말했다. "열 살 때는 과자를 따라가고, 이십 대에는 연인을 따라가고, 삼십 대에는 쾌락을 따라가고, 사십 대에는 야심을 따라가고, 오십 대에는 탐욕을 따라간다." 이처럼 이기적인 탐욕의 죄성 때문에 인간은 죄를 짓고, 그 죄의 값으로 죽음에 이르게 되는 존재이다.

새로운 피조물

태초에 하나님은 인간을 그의 형상을 따라 하나님이 보시기에 좋은 걸작품으로 만드셨다. 그러나 인간은 탐욕으로 인해 하나님의 말씀에 불순종하며 결국 죄값으로 죽음이라는 심판을 받게 되었다. 그러나 사랑의 하나님께서 예수님을 이 땅에 보내셔서 우리의 죄 문제를 해결하셨다. 그 사실을 믿는 자마다 구원을 얻게 되고, 새로운 피조물이 되게 하셨다. 죄로 인해 죽을 운명이었던 내가 예수님 때문에 새로운 피조물이 되었다는 것이 복음의 핵심이다.

일본에서 한 소년이 기생의 아들로 태어났다. 그는 배다른 형제들 틈에서 갖은 구박을 받으며 성장했다. "너는 기생의 아들이다"라는 조롱을 들으며 왕따를 당하는 과정에서 큰 고통을 겪었고, 몇 번이고 죽고 싶다는 생각도 했다. 설상가상으로 폐결핵 3기라는 질병까지 겹치며 인생을 저주하면서 자포자기 상태로 살아가고 있었다. 그러던 어느 날, 구세군 노방 전도대를 통해 "예수를 믿으면 하나님의 자녀가 된다"는 복음을 듣게 되었다. 그 말을 들은 순간 소년은 "저 같은 기생의 아들도 예수를 믿으면 하나님의 자녀가 될 수 있나요?"라고 물었고, "그럼요, 당신도 예수를 믿으면 하나님의 자녀가 될 수 있어요"라는 대답을 듣자마자 예수를 믿겠다고 고백했다.

그 후 그는 예수님처럼 버림받은 사람들을 위해 살기 시작했다. 건강도 점차 회복되었고, 그는 70세가 넘도록 살며 일본 기독교계의 큰 인물이 되었다. 그가 바로 일본 교회가 자랑하는 가가와 도요히코 목사이다. 비록 기생의 아들이었지만, 예수를 믿음으로 새로운 피조물이 되는 경험을 했다. 복음을 듣고 자신이 하나님의 자녀라는 확신을 가지면서 과거의 비참한 인생을 아름다운 인생으로 바꾸었다. 자신을 괴롭혔던 모든 트라우마가 치유되고 예수 안에서 자유함을 얻으며 새로운 피조물이 되었다. 고린도후서 5장 17절 "그런즉 누구든지 그리스도 안에 있으면 새로운 피조물이라 이전 것은 지나갔으니 보라 새것이 되었도다"라는 말씀에 대한 확신을 갖게 되었다.

그리스도인이 이와 같은 정체성을 갖게 되면, 이런 깨달음은 타인과의 관계에도 긍정적인 영향을 미친다. 자신이 하나님의 형상을 따라 창조된 걸작품임을 깨닫는 사람은 타인도 동일하게 하나님의 형상대로 지어진 소중한 존재임을 인정하면서, 타인을 존중하고 배려하게 된다.

하나님의 기준으로 자신을 바라보는 사람은 열등감이나 교만으로 인해 타인을 함부로 대하지 않게 되며, 상대방의 가치를 인정하고 격려하게 된다. 또한, 하나님의 자녀로서 책임감 있게 살아가는 사람은 자신뿐만 아니라 타인의 삶에도 선한 영향을 미치며, 신뢰와 존경을 얻게 된다.

내가 예수님 안에서 새로운 피조물이 되었다는 정체성이 있는 자는 타인의 과거를 함부로 판단하지 않고, 변화의 가능성을 믿으며 용납과 용서를 실천한다. 이들은 주변 사람들을 사랑과 진실함으로 대하면서, 그들의 영혼에 관심을 갖고 진정한 친구가 되려고 하기 때문에 좋은 관계를 맺으려고 노력 한다.

결국, 이러한 정체성을 근거로 그리스도인의 삶은 타인과의 관계에서 사랑과 용서, 상호 존중을 만들어 내며, 하나님 나라의 가치를 드러내는 도구가 된다.

2. 하나님의 걸작품 (창 1:31)

진품명품이라는 TV 프로그램이 있었다. 이 프로그램에서는 집안에 소장하고 있는 고가구, 도자기, 병풍, 그림, 각종 서예 작품 등을 진품인지 가품인지 감정해 준다. 감정사들이 작품을 감정한 후 그 가치를 요즘 시세로 환산해 준다. 어떤 사람은 별 기대 없이 가져온 도자기가 고려시대에 만들어진 희귀품으로 판명되어 억대의 가치를 인정받기도 한다. 반면, 최소 수천만 원을 기대했던 작품이 수십만 원의 평가를 받아 실망하기도 한다.

고품을 감정할 때는 몇 가지 기준이 있다.

첫째, 그것이 진품이냐 가품(짝퉁)이냐 하는 점이다.
둘째, 그 작품이 누구의 작품인지가 중요한 기준이 된다.
셋째, 작품이 언제 만들어졌으며 얼마나 손상 없이 잘 보존되었느냐 하는 점도 평가 요소가 된다. 제작된 연도가 오래되고 흠집 없이 보관된 것일수록 가치가 높게 평가된다. 또한 작품의 희소성도 중요한 요인으로 작용해 그 가치가 달라진다.

그렇다면 인간의 가치는 얼마나 될까? '나'라는 인간 자체만 놓고 본다면 값을 매길 수 없는 존재라고 생각한다. 그 이유는 인간의 능력이 무한하며 인간은 자신이 생각하는 것을 창조할 수 있는 놀라운 능력을 가지고 있기 때문이다. 하늘을 나는 새를 보고 비행기를 만들었고, 물고기처럼 바다 속을 자유롭게 헤엄치고 싶어서 잠수함을 만들었다. 인간의 상상력은 여기서 멈추지 않았다. 스마트폰과 인터넷을 만들어 우리의 일상을 바꾸었고, 메타버스라는 가상의 세계에서 아바타를 통해 소통하는 시대를 열었다. 머지않아 우리는 자율 주행 자동차를 타게 될 것이고, 하늘을 나는 자동차도 만들어지고 있다. 이러한 인간의 창의성을 볼 때 인간이 얼마나 위대한 존재인지 알 수 있다. 그래서 인간을 만물의 영장이라고 부른다.

그런데 이러한 위대한 인간을 하나님이 창조하셨다. 바로 이러한 이유 때문에 인간은 하나님이 만드신 최고의 걸작품이다. 이는 내가 나 자신에 대해 자긍심을 가져야 하는 이유이기도 하다. 그런데 자신을 하나님의 걸작품으로 바라보며 살아가는 사람이 있는 반면, 자기 자신을 골칫덩어리, 태어나지 말아야 할 사람, 문제아로 여기는 사람도 있다. 여기서 중요한 것은 내가 나를 어떤 시각으로 바라보느냐이다.

긍정적인 자아상

조엘 오스틴 목사님의 책 『긍정의 힘』[12]에는 칼리라는 실제 인물이 등장한다. 그녀의 인생은 어느 모로 보나 꼬여 있는 듯했다. 칼리는 뚱뚱했고, 한쪽 다리가 약간 짧아 절뚝거렸다. 게다가 남성 중심의 직장에

---

12. 조엘 오스틴, 『긍정의 힘』, 정성묵 역 (서울: 두란노, 2006).

서 유일한 여직원으로 일하며 매일 편견과 싸우며 자신의 몫을 챙겨야 했다. 그녀의 외모와 절뚝이는 모습을 보고 비웃는 사람도 있었다. 어떤 사람은 그녀의 등 뒤에서 손가락질을 했고, 어떤 사람은 그녀를 피하기까지 했다. 하지만 칼리는 이런 상황을 조금도 신경 쓰지 않았다. 그녀는 자신을 잘 알고 있었고, 자신의 일에 확신을 가지고 있었다. 그녀는 자신을 깔아뭉개려는 사람을 오히려 "정서적으로 장애가 있는 사람"이라고 생각하며 불쌍하게 여겼다. 이처럼 힘든 환경에도 불구하고 칼리는 승진에 승진을 거듭하며 결국 회사의 CEO가 되었다. 도대체 그녀의 비결은 무엇이었을까? 그것은 칼리가 놀라울 정도로 '긍정적인 자아상'을 가지고 있었기 때문이다. 독실한 그리스도인이었던 칼리는 자신이 하나님의 형상을 따라 지음받은 소중한 존재임을 굳게 믿었다. 그렇기 때문에 최악의 상황 속에서도 흔들리지 않았다. 그녀가 항상 입가에 미소를 띠고 있었던 이유도 바로 이 믿음 덕분이었다.

여러분이 만약 칼리와 같은 처지에 놓였다면 어떻게 했겠는가? 때로는 말을 함부로 하고, 여러분을 무시하는 사람들을 대해야 할 때 그 상황을 어떻게 해석하고 대처하겠는가? 칼리는 외모에 대한 편견과 주변 사람들의 시선에 크게 신경 쓰지 않았다. 또한 자신을 부정적으로 바라보지 않았다. 근무 환경이 열악하고 사람들의 눈총을 받아야 했지만, 그녀는 이를 이겨 냈다. 이는 칼리가 자신에 대해 하나님이 지으신 걸작품이라는 긍정적인 자아상을 가지고 있었기 때문이다.

칼리가 부정적인 환경을 극복할 수 있었던 이유는 주변 사람들의 평가보다 하나님의 평가를 더 중요하게 여겼기 때문이다. 그러므로 내가 누구의 평기를 의식하며 사느냐는 매우 중요한 문제다. 타인의 기준이 아닌, 나를 지으신 하나님의 기준으로 나를 바라볼 때 긍정적인 자아상을 가질 수 있다.

부정적인 자아상

내가 하나님의 걸작품으로 지음받았음에도 불구하고, 그것을 부정하거나 받아들이지 않는 사람이 있다. 하나님은 우리를 천하보다 귀한 걸작품으로 보시는데, 왜 나는 그렇게 생각하지 못할까? 이는 주로 어릴 때 가장 가까운 사람들로부터 부정적인 말을 들으며 자라왔기 때문이다. 때로 나를 가장 사랑해야 할 부모님이 가해자가 되기도 한다. 학교 선생님이 가해자가 되는 경우도 있다. "네가 공부하는 것을 보니 앞날이 훤하다. 바보 같은 녀석, 뭘 잘하는 게 있어야지?"라는 말을 들으며 성장했다면, 부정적인 이미지가 깊이 각인될 수 있다. 친구들이 나를 놀리며 부정적인 이미지를 심어 주는 경우도 많다.

이러한 환경 속에서 성장한 사람은 자신을 긍정적으로 보기가 쉽지 않다. "나는 할 수 없다. 못한다. 아는 게 없다. 무능하다. 나는 큰일을 할 수 없다"라는 생각이 자리잡게 된다. 이런 부정적인 생각에 사로잡히면, 사람은 부정적인 자아상을 가지게 된다. 더 나아가 부정적인 말을 자주 듣거나 스스로 그런 말을 하게 되면, 결국 그런 언어의 노예가 되어 버린다. 이는 생각이 말을 결정하고, 말이 행동을 결정하며, 반복되는 행동이 결국 자신의 운명을 결정하기 때문이다.

그러나 부정적인 말을 들었다고 해서 모든 사람이 부정적인 자아상을 가지는 것은 아니다. 그러한 말을 내가 어떻게 받아들이고 해석하느냐가 훨씬 더 중요하다. 예를 들어 알코올 중독자의 가정에서 자란 자녀들이 알코올 중독자가 될 가능성이 그렇지 않은 가정의 자녀보다 4배 높다는 연구 결과가 있다. 하지만 알코올 중독자의 가정에서 자란 자녀라도 아버지의 모습을 보며 자신은 절대로 아버지와 같은 사람이 되지 않겠다고 결심한다면, 알코올 중독에서 자유로울 수 있다.

이처럼 인간은 외부의 영향을 받을 수 있지만, 그 영향을 내가 어떻게 해석하고 결심하느냐에 따라 전혀 다른 결과에 이를 수 있다. 내가 나를 하나님의 시각으로 바라볼 때, 더 큰 일을 할 수 있다. 오늘 본문에 등장하는 기드온은 자신을 매우 부족한 존재로 인식했다. 그러나 하나님은 그런 기드온을 지지하고 격려하셨고, 결국 기드온은 이스라엘을 구원하는 일에 크게 쓰임 받았다.

기드온의 자아상

어느 날 천사가 기드온을 찾아왔다. "큰 용사여! 여호와께서 너와 함께 계시도다"(삿 6:7-16). 당시 이스라엘은 우상을 섬기던 탓에 미디안 족속에게 국토를 유린당하고 있었다. 이때 하나님은 기드온을 지도자로 세워 미디안 족속으로부터 이스라엘을 구원하고자 하셨다. 그런데 기드온은 이러한 하나님의 뜻에 대해서 사사기 6장 15절에서 이렇게 말했다. "오 주여 내가 무엇으로 이스라엘을 구원하리이까 보소서 나의 집은 므낫세 중에 극히 약하고 나는 내 아버지 집에서 가장 작은 자니이다". 하나님이 기드온을 바라보는 시각과 기드온이 자신을 바라보는 시각은 너무도 달랐다. 기드온은 자신을 향해 "나 같은 사람이 어떻게 이스라엘을 구할 수 있겠습니까?"라고 생각했다. 그러나 하나님은 "너는 큰 용사이다. 하나님이 함께하시면 얼마든지 이스라엘을 구해낼 수 있다"(삿 6:12)고 말씀하셨다. 여기서 기드온은 자신을 부정적으로 보았지만, 하나님은 그렇게 생각하지 않으셨다는 점이 중요하다. 우리도 때로 나 자신을 부족하거나 한심한 존재로 여길 때가 있다. 아는 것도 많지 않고, 집안 배경도 신통치 않아서 "내가 이 세상에서 무슨 일을 할 수 있을까?"라는 생각이 들 때가 있다. 그러나 중요한 것은 하나님은 그렇게 생각하지 않으신다는 사실이다. 아무리 미련하고 약한 사람일지라도, 하나님이 함께하시면 그 사람이 용사가 될 수 있다. 하나님은 약한 자를 들어 강한 자를 부끄럽게 하시는 분이시다. 하나님은 가난한 자를 들어 부유한 자를 부끄럽게 하시는 분이시다. 그러므로 자신의 연약함을 부정적으로만 바라봐서는 안 된다.

하나님이 함께하시면 능치 못할 것이 없다고 믿는 사람은 큰일을 해

낼 수 있다. 결국 하나님은 기드온과 그의 300명의 용사를 통해 10만 명이 넘는 미디안 군사를 물리치게 하셨다. 이것이 바로 하나님의 능력이다. 여러분은 자신에 대해 만족하지 못할지 모르지만, 하나님 보시기에 여러분은 하나님의 걸작품이다. 만약 내 안에 부정적인 자아상이 있다면, 하나님의 시각으로 나를 바라보며 긍정적인 자아상을 가져야 한다. 그렇게 할 때, 나는 타인의 시선에 흔들리지 않고, 무슨 일을 하든 자신감을 가지고 맡겨진 일을 잘 감당할 수 있다.

하나님의 가치 인정

누군가로부터 5만 원짜리 신권을 봉투에 넣어 용돈으로 받는다면, 기분이 아주 좋을 것이다. 만약 그 지폐를 꼬깃꼬깃하게 접어서 준다면, 받지 않을까? 그래도 받을 것이다. 심지어 상대방이 그 지폐를 발로 밟아 더럽힌 돈이라면, 그래도 받지 않을까? 기분은 조금 나쁠지라도 필요한 사람은 여전히 받을 것이다. 심지어 5만 원짜리에 오물이 묻어 있어도, 그 돈을 필요로 하는 사람은 기꺼이 받을 것이다. 아무리 꼬깃꼬깃하고 밟혀 더러워졌다 해도, 그 지폐는 여전히 5만 원의 가치를 가지고 있기 때문이다. 낡고 모양이 흉해졌어도 돈의 가치는 사라지지 않는다.

이처럼 우리를 향한 하나님의 시선으로 본 나의 가치는 변하지 않는다. 인생을 살다 보면 세상의 풍파에 시달려 찢기고 상한 심령이 될 때도 있고, 때로는 구겨지고 더러워진 지폐처럼 망가질 때도 있다. 그러나 이런 상태가 된다고 해서 나의 존재 가치가 없어지는 것은 아니다. 나의 가치는 내가 처한 상황이나 다른 사람의 평가에 의해 결정되는 것이 아니라, 나를 지으신 하나님에 의해 이미 걸작품으로 평가받았기 때문이다. 그러므로 다른 사람의 평가에 지나치게 신경을 쓸 필요가 없다. 때로는 나를 가장 사랑해야 할 부모님조차 나를 형편없이 평가할 때가 있다. 선생님이나 주변 사람들이 나의 가치를 몰라줄 때도 있다. 그럼에도 불구하고, 하나님은 여전히 우리를 소중하게 여기시고 변함없는 사랑으로 우리의 가치를 인정하신다. 더 나아가 하나님은 나를 향한 특별한 계획을 가지고 계신다.

하나님의 계획

세 나무 이야기에는 올리브나무, 떡갈나무, 소나무가 등장한다. 이 세 나무는 각자 특별하고 큰 꿈을 품고 있었다. 올리브나무는 화려한 보석상자가 되어 귀중한 보석들을 담는 꿈을 꾸었다. 떡갈나무는 위대한 왕을 태우는 웅장한 배가 되어 넓은 바다를 항해하는 꿈을 가졌다. 소나무는 높은 산 정상에서 자태를 뽐내며 세상에서 가장 아름답고 강인한 나무로 남고 싶어 했다. 그러나 현실은 그들의 꿈과는 전혀 달랐다. 올리브나무는 나무꾼에 의해 잘려나가 짐승의 먹이를 담는 초라한 구유가 되었다. 화려한 보석상자로 존귀하게 쓰임 받고 싶었던 꿈은 산산조각이 났다. 떡갈나무는 거대한 배로 만들어지길 기대했지만, 나무꾼은 그것을 조그만 낚싯배로 만들어 버렸다. 자신이 세상을 누빌 위대한 배가 되리라 믿었던 꿈은 그 자리에서 무너졌다. 소나무는 높은 곳에서 우뚝 서고 싶었지만, 어느 날 벼락을 맞아 쓰러져 버렸다. 쓰러진 나무는 아무 쓸모없는 잔해처럼 보였고, 소나무의 꿈 역시 산산조각이 나고 말았다.

그러나 하나님은 이 나무들을 위한 특별한 계획을 가지고 계셨다. 인간의 눈에는 가치 없고 쓸모없어 보이는 것들이었지만, 하나님은 그들을 가장 영광스러운 일에 사용하셨다. 시간이 흘러 아기 예수가 태어났을 때, 마리아와 요셉은 아기를 누일 장소를 찾지 못해 헤매다가 한 마구간을 발견했다. 그곳에 있던 구유는 바로 올리브나무로 만든 것이었다. 화려한 보석을 담고 싶었던 올리브나무는 이 세상에서 가장 귀한 보물인 하나님의 아들을 품는 영광을 얻게 되었다. 떡갈나무로 만들어진 초라한 낚싯배는 어느 날 복음을 전하시던 예수님을 태우는 배가 되었다. 떡갈나무는 세상의 왕을 태우고 싶어 했지만, 하나님은 그것을 통해 하나님의 아들을 태우는 더 위대한 계획을 이루셨다. 벼락 맞아 쓰러진 소나무는 나무꾼들에 의해 십자가로 만들어졌다. 예수님이 십자가에 달리셔서 온 인류의 죄를 대속하시는 고난을 당하실 때, 그 소나무는 예수님의 고난에 동참하는 영광을 누리게 되었다.

이 세 나무는 모두 자신의 가치를 상실했다고 여겼고, 세상에서도 그렇게 평가받았다. 그러나 하나님의 계획 속에서는 이 나무들이 세상에서 가장 놀라운 일에 쓰임 받았다. 우리의 삶에서도 때로는 꿈이 꺾이고, 가치가 없다고 여겨질지라도 하나님은 여전히 우리를 위한 특별한 계획을 가지고 계신다. 중요한 것은 하나님의 시각으로 우리의 삶을 바라보며, 그분의 계획 안에서 쓰임 받을 준비를 하는 것이다.

하나님의 시각으로 바라보기

나 자신을 비하하는데 가장 큰 장애물은 바로 나 자신이다. 부정적인 과거나 타인의 평가에 얽매이면 절대 크게 쓰임 받을 수 없다. 배가 넓은 대양을 항해하기 위해서는 선착장에 묶어 놓은 닻줄을 풀어야 한다. 그래야 더 넓고 큰 세계를 향해 나아갈 수 있다. 마찬가지로, 나를 부정적으로 보게 만드는 과거의 상처를 단절할 때, 우리는 더 큰 세상과 미래를 향해 나아갈 수 있다. 나를 붙잡고 있는 부정적인 과거의 끈을 끊어 내고, 나를 부정적으로 평가하는 시선을 극복해야 한다. 하나님은 나를 통해 새 일을 이루고자 하시지만, 내가 과거나 타인의 시선에 얽매여 있으면 아무것도 할 수 없다. 그러므로 나에 대한 부정적인 자아상과 신념을 깨뜨리고 하나님의 시각으로 나를 바라볼 때 자부심을 가지고 타인과 관계를 맺으며 살아갈 수 있다.

3. 생각의 씨앗 (롬 8:5-6)

스티븐 코비(Stephen R. Covey)는 『성공하는 사람들의 7가지 습관』[13]이라는 저서에서 "성공한 사람은 성공할 수밖에 없는 생각으로 가득 차 있고, 실패한 사람들을 보면 실패할 수밖에 없는 생각을 가지고 있다"고 했다.

대로우 밀러(Darrow Miller)도 『생각은 결과를 낳는다』[14]라는 책에서 그가 세계 여러 나라에서 기아대책 봉사를 하면서 발견한 중요한 사실을 다음과 같이 말했다. 가난한 국가는 가난한 이유가 있고, 성공한 국가는 성공한 이유가 있다는 것이다. 그는 그 이유를 그 나라 국민의 생각에서 찾았다. 가난한 나라 사람들은 부정적인 생각에 사로잡혀 살고 있기 때문에, 비록 자원이 많고 여러 여건이 괜찮아서 선진국으로 도약할 수 있음에도 불구하고 전혀 발전하지 못한다고 했다. 자기들은 가난하게 살아갈 운명으로 태어났다고 믿기 때문에 발전이 없다는 것이다. 반면에 나름 강성한 국가의 국민은 매사에 긍정적인 생각으로 가득 차 있다고 말했다.

생각의 중요성에 대해서 잠언 4장 23절에서는 "모든 지킬 만한 것 중에 더욱 네 마음을 지키라 생명의 근원이 이에서 남이니라"고 말씀하고 있다. 로마서 12장 2절에서도 "이 세대를 본받지 말고 오직 마음

---

13. 스티븐 코비, 『성공하는 사람들의 7가지 습관』, 김경섭 역 (서울: 김영사, 2003).
14. 대로우 밀러, 『생각은 결과를 낳는다』, 김홍래 역 (서울: 한국기아대책기구, 2004).

을 새롭게 함으로 변화를 받아 하나님의 선하시고 기뻐하시고 온전하신 뜻이 무엇인지 분별하도록 하라"고 가르치며, 우리의 생각과 마음을 바꾸는 것이 얼마나 중요한지를 강조하고 있다. 결국 우리의 생각이 인생의 방향과 결과를 결정한다. 그러므로 삶의 변화를 원한다면 먼저 생각을 변화시켜야 한다. 긍정적이고 믿음 있는 생각으로 우리의 삶을 채우고, 하나님께서 주시는 지혜와 소망으로 나아가야 한다.

생각이 언어를 좌우

예수님은 마태복음 12장 35절에서 "선한 사람은 그 쌓은 선에서 선한 것을 내고, 악한 사람은 그 쌓은 악에서 악한 것을 내느니라"고 했다. 이는 사람은 어떤 생각을 가지고 있느냐에 따라 그 사람이 표현하는 말이 달라진다는 것을 의미한다.

 모세가 가나안 땅을 정복하기 전에 12명의 정탐꾼을 선발했다. 그들이 40일 동안 가나안 땅을 정탐하고 돌아와서 보고한 내용은 정반대였다. 열 명의 정탐꾼은 가나안 땅에 있는 군대에 비하면 우리는 메뚜기와 같다고 하면서 부정적인 보고를 했다. 그러나 여호수아와 갈렙, 이 두 사람은 하나님이 우리와 함께하시면 그들은 우리의 밥이라고 보고했다. 똑같이 40일 동안 가나안 땅을 정탐하고 왔는데 왜 이렇게 보고한 내용이 정반대였을까? 그것은 그 상황을 보는 생각과 믿음이 서로 달랐기 때문이었다. 열 명은 처음부터 부정적인 생각을 가졌기 때문에 부정적인 것만을 보게 되었다. 그러나 여호수아와 갈렙은 하나님이 함께하시면 불가능한 것은 없다는 긍정적인 생각과 믿음이 있었기 때문에 긍정적인 보고를 했다. 이처럼 내 안에 어떤 생각의 씨앗이 있느냐가 중요한 것이다.

나는 군에서 소령으로 진급하지 못하다가 마지막 4차에 구제 케이스로 소령이 될 수 있었다. 당시에 소령 진급 후 평소 나를 아껴 주는 선배 목사님께서 이런 말씀을 하셨다. "자네는 중령 되기는 사실상 어려우니, 열심히 공부를 하여서 대학교 강단에 섰으면 좋겠다"는 것이었다. 그분은 나를 생각해서 조언을 해 준 것이었다. 막차에 소령 진급이 되었으니, 중령이 되겠다는 꿈은 접고, 그 시간에 학위 취득을 하여 교수를 할 수 있도록 준비하라는 조언이었다. 그 선배님은 나에 대한 애정으로 조언을 해 주었지만 오히려 내 마음속에는 "막차에 소령이 되었다고 중령이 되지 말라는 법이 어디 있나? 하나님께서 허락하시면 가능하다"라고 생각하면서 아내에게도 그런 나의 생각을 나누었다. 그로부터 몇 년이 지난 후 14명의 군목 동기 소령 중에서 두 명만 중령이 되었는데, 그중 한 사람으로 선발되었다. 상식적으로는 막차에 진급한 내가 중령이 되는 것은 불가능해 보였지만, 하나님께서 은혜를 주시면 가능하다는 생각과 믿음을 가졌다. 그리고 그러한 나의 생각과 믿음으로 했던 말에 책임을 지기 위해 나는 최선을 다했고, 그 결과 내 생각은 현실로 이루어졌다. 이처럼 생각은 그 사람의 언어와 행동에 영향을 미치게 된다.

생각이 감정을 좌우

우울증으로 힘들어하는 사람들의 대부분은 환경을 탓하며, 자신의 우울한 감정에 대해 여러 이유를 든다. 그러나 인지행동 심리학자들은 우울증을 가진 사람들이 다음과 같은 세 가지 부정적인 생각에 사로잡혀 있다고 설명한다. 첫째, 자신에 대해 부정적으로 생각하고, 둘째, 타인에 대해서도 부정적으로 생각하며, 셋째, 미래에 대해서 부정적으로 생각하는 경향이 강하다. 이를 인지 삼제(Cogniyive triad)라고 하는데, 이는 우울증 환자가 자동적으로 하는 세 가지 생각이라는 말이다. 기분이 좋을 때는 긍정적인 생각이 자연스럽게 떠오르고, 기분이 나쁠 때는 부정적인 생각이 지배한다. 감정이 생각에 영향을 미치기도 하지만, 반대로 생각이 감정에 영향을 주기도 한다. 부정적인 생각은 정신 건강과 신체 건강에도 전혀 도움이 되지 않는다.

생각이 부정적이면 감정도 부정적으로 변하고, 마음의 평안이 깨진다. 이러한 상태는 얼굴에 그대로 드러나기도 한다. 또한 부정적인 생각이 쌓이면 소화가 잘되지 않거나 신체 건강에도 문제가 생길 수 있다. 따라서 자신의 건강을 위해서라도 의도적으로 좋은 생각, 즐거운 생각을 하려고 노력하는 것이 중요하다.

내가 45세가 되었을 때, 간이식 수술을 받게 되었는데, 당시 의사에게 들었던 말이 지금도 생생하게 기억난다. "항상 즐겁게 살라"는 것이었다. 의사는 특히 TV를 볼 때 폭력적인 장면이나 슬프거나 공포스러운 장면이 나오면 채널을 바꿀 것을 권했다. 가능하면 재미있고 즐거운 예능 프로그램을 시청하라는 것이었다. 그러한 프로그램을 보면서 억지로라도 웃고 즐기는 것이 신체와 정신 건강에 도움이 된다는 것이었다. 긍정적이고 즐거운 것을 보면 그것이 감정에 영향을 미쳐 기분이 좋아진다. 반면, 부정적인 내용을 자주 접하면 자기도 모르게 마음이 불편해지고 기분이 나빠지기도 한다. 이처럼 긍정적인 생각을 할 수 있는 환경이나 자극은 내가 긍정적인 감정을 갖도록 하는 데 중요한 역할을 한다. 그러므로 내 안에서 부정적인 생각이 떠오르는 순간을 알아차리고, 즉시 긍정적인 생각으로 전환하려는 나의 노력이 중요하다.

생각이 행복과 불행을 좌우

조이스 마이어는 『마음 훈련』[15]이라는 책에서 "부정적인 생각을 가진 사람은 결코 행복할 수 없다"고 강조한다. 행복은 어디에서 올까? 어떤 이는 행복이 소유에서 온다고 생각한다. 만약 행복이 소유에서 온다면, 부자들은 모두 행복해야 하고, 가난한 사람들은 모두 불행해야 할 것이다. 그러나 반드시 그렇지는 않다. 행복은 소유에 있는 것이 아니기 때문이다. 부귀영화와 권력을 한 손에 쥐고 세계를 정복했던 나폴레옹조차 "나는 내 인생의 행복했던 엿새를 알지 못한다"라고 말했다. 또한, 솔로몬

---

15. 조지 마이어, 『마음 훈련』, 이명숙 역 (서울: 미션월드라이브러리, 2006).

왕도 부귀영화를 누렸지만, 행복보다는 인생의 허무를 느꼈던 사람이다.

그런가 하면 어떤 이는 행복이 환경에서 온다고 생각한다. 즉, 주변 환경이 좋으면 행복하고, 환경이 불우하면 불행하다고 여긴다. 그러나 이것 역시 반드시 맞는 말은 아니다. 사도 바울을 떠올려 보자. 그는 복음을 전하다가 감옥에 갇히는 상황에 처했다. 결코 행복할 수 없는 환경이었다. 그런데도 바울은 감옥 밖에서 자신을 염려하는 성도들에게 "항상 기뻐하라"고 권면했다. 어떻게 이런 일이 가능했을까? 바울에게는 복음을 전하다가 핍박받거나 감옥에 갇히는 일을 긍정적으로 해석하고 생각하는 능력이 있었다. 그는 감옥에 갇힌 괴로운 상황에 초점을 맞추기보다, 자신의 고난이 오히려 복음을 더욱 확장시키고, 이러한 시련을 통해 하늘의 면류관을 받을 것이라는 데 초점을 맞췄다. 그렇기 때문에 바울은 옥중에서도 기뻐할 수 있었고, 행복감을 누릴 수 있었다. 이처럼 인간의 행복은 자신을 둘러싼 환경이 아니라, 그 환경을 어떻게 바라보고 해석하느냐에 달려 있다.

생각이 운명을 좌우

사무엘 스마일즈는 "사람이 생각을 심으면 행동을 거두고, 행동을 심으면 습관을 거두고, 습관을 심으면 성품을 거두고, 성품을 심으면 운명을 거둔다"고 말했다. 한마디로, 생각이 그 사람의 운명을 좌우한다는 의미다. 본문 로마서 8장 5절은 다음과 같이 말한다.

> "육신을 따르는 자는 육신의 일을, 영을 따르는 자는 영의 일을 생각하나니 육신의 생각은 사망이요 영의 생각은 생명과 평안이니라."

육신의 생각은 영의 생각과 다르다. 육신의 생각은 먹고 마시고 즐기는 본능적이고 쾌락적인 삶을 추구하게 만든다. 사람이 육신의 생각만을 가지고 살면 탐욕에 빠지고 죄악을 좇게 되어, 결국 사망에 이르게 된다. 그러나 영의 생각은 하나님의 말씀을 영의 양식으로 삼기 때문에 성경 말씀을 사모하는 삶으로 이끌어 간다. 영의 생각을 하는 사람들은 "사람이 떡으로만 살 것이 아니요 하나님의 입으로부터 나오는 말씀으로 살 것이라"(마 4:4)는 말씀을 묵상하며 힘을 얻고 평안을 누린다.

육신의 생각이 이 세상의 성공과 행복만을 추구한다면, 영의 생각은 눈에 보이지 않는 영적인 가치와 하나님의 영광을 위해 사는 삶으로 나아가게 한다. 수년 전 K팝스타 2라는 대회에서 악동뮤지션이 우승했다. 우승 소감을 묻는 사회자의 질문에 그들은 가장 먼저 하나님께 감사한다고 답했다. 알고 보니, 악동뮤지션의 이찬혁과 이수현 남매는 몽골 선교사의 자녀였다. 그들의 비하인드 스토리를 알고 나니, 그들의 음악이 순수하고 위트 넘치며 창의적인 이유가 하나님의 지혜로 이루어진 것이라는 생각이 들었다. 우승의 순간에 하나님께 감사하는 그들의 모습에서 영의 생각을 하고 있다는 것을 느낄 수 있었다. 결국, 내가 어떤 생각을 가지고 살아가느냐가 내 삶의 색깔과 운명을 결정하게 되는 것이다.

부정적 생각의 이유

첫째, 성장 과정의 영향 때문이다. 성장하면서 부모로부터 비난을 많이 받거나, 폭력 혹은 방임을 경험한 사람일수록 부정적이고 공격적으로 변할 가능성이 크다. 자신을 비난하던 부모를 싫어하면서도, 어른이 된 후 부모와 같은 모습을 보이는 자신을 발견하고 실망하기도 한다. 이는 사람이 어떤 대상을 만나고 어떤 경험을 하느냐에 따라 무의식적으로 그것을 학습하기 때문이다.

둘째, 자존감이 낮은 사람일수록 부정적이다. 자존감이 낮은 사람은 아무리 긍정적인 말을 들어도 그것을 믿지 않고 부정적으로 해석하며 생각하는 경향이 있다. 이런 사람은 자신이 시험에서 100점을 맞아도 운이 좋았거나 문제가 쉬웠기 때문이라고 여기며, 자신의 노력을 과소평가한다. 반면, 자존감이 높은 사람은 주변에서 부정적인 말을 들어도 흔들리지 않고, 오히려 긍정적인 것을 보려고 노력한다.

셋째, 부정적인 생각을 계속하는 사람은 그것을 선택한 것이다. 무의식적으로 부정적인 생각이 떠오르는 것을 완전히 통제할 수는 없지만,

그 생각에 머무를 것인지 말 것인지는 본인의 의식적인 선택에 달려 있다. 우리의 머릿속에서는 긍정적인 생각과 부정적인 생각이 항상 떠오른다. 이때 어떤 생각을 선택할 것인지는 전적으로 자신의 결정에 달려 있다.

넷째, 믿음이 없으면 부정적으로 생각할 가능성이 크다. 예를 들어, 성경에 나오는 12명의 정탐꾼이 가나안 땅을 40일 동안 정탐했을 때, 그들은 두 부류로 나뉘었다. 10명은 부정적인 보고를 했고, 2명은 긍정적인 보고를 했다. 이 차이는 곧 하나님에 대한 믿음의 차이에서 비롯된 것이었다. 믿음이 있는 사람은 불가능 속에서도 가능성을 보고, 믿음이 없는 사람은 모든 일에서 부정적인 면을 본다.

결론적으로, 부정적인 사고는 성장 과정, 자존감, 생각의 선택, 그리고 긍정적인 믿음의 유무에 깊은 영향을 받는다. 그러므로 우리는 이러한 요소를 이해하고 긍정적인 삶을 선택하는 노력이 필요하다.

생각 바꾸기

존 맥스웰은 그의 책 『생각의 법칙』[16]에서 "생각은 저절로 바뀌지 않는다. 생각을 바꾸는 것은 정말 어려운 일이다"라고 말했다. 톨스토이는 "모든 사람이 세상을 바꾸겠다고 생각하지만, 정작 자기 자신을 바꿀 생각은 하지 않는다"고 말했다. 그렇다면, 우리가 스스로 생각을 바꾸

---

16. 존 맥스웰, 『생각의 법칙』, 조영희 역 (서울: 청림출판, 2003).

기 위해서는 어떻게 해야 할까?

첫째, 부정적인 생각을 쫓아내야 한다. 씨 뿌리는 비유에서 한 농부가 좋은 씨앗을 밭에 뿌렸지만, 밭에는 잡초와 가라지도 함께 자랐다. 그 이유는 사탄이 주인 모르게 와서 나쁜 씨앗을 뿌렸기 때문이다. 그러므로 우리는 내 마음에 부정적인 생각이 떠오르면 그때마다 그것을 잡초처럼 지속적으로 뽑아내야 한다.

둘째, 믿음의 생각을 붙잡아야 한다. 미국의 심리학자 셰드 헴스테더 박사는 인간이 하루에 수많은 생각을 하는데 그중 약 75%는 부정적인 생각이며, 긍정적인 생각은 단 25%에 불과하다고 한다. 이런 현실을 고려할 때, 우리는 마음속에서 일어나는 다양한 생각 중 믿음의 생각을 의도적으로 붙잡아야 한다.

셋째, 성령께서 내 마음을 다스리도록 기도해야 한다. 빌립보서 4장 6절은 "아무것도 염려하지 말고, 다만 모든 일에 기도와 간구로 너희 구할 것을 감사함으로 하나님께 아뢰라 그리하면 모든 지각에 뛰어난 하나님의 평강이 그리스도 예수 안에서 너희 마음과 생각을 지키시리라"고 말한다. 빛이 오면 어둠이 사라지듯이, 우리가 믿음의 생각을 하게 되면 부정적이고 불신앙적인 생각은 자연히 물러가게 된다.

이처럼 부정적인 생각을 쫓아내고, 믿음의 생각을 붙잡으며, 성령께 내 마음을 맡길 때 생각과 삶이 변화되는 놀라운 경험을 할 수 있을 것이다.

4. 마음 다스리기(잠 16:32)

사람들은 저마다 자신이 소중하다고 생각하는 가치를 가지고 있다. 어떤 이는 돈을 소중하게 여기고, 어떤 이는 관계를 소중히 여기고, 어떤 이는 명예를 더 소중히 여기기도 한다. 이처럼 사람들은 각자의 지위와 형편에 따라 자신이 지키고자 하는 소중한 가치를 가지고 있다. 그렇다면 그리스도인이 지켜야 할 것은 무엇일까?

청교도 요한 훼블(John Flavel)은 "기독교인에게 있어서 가장 위대한 사명이 있다면 그것은 우리의 마음을 지키고 바르게 관리하는 일이다"라고 말했다. 오늘 본문 말씀에도 "마음을 지키라"고 했다. 그 이유는 생명의 근원이 마음에서 나기 때문이다.

당신은 육체와 마음 중에서 어떤 것을 더 소중하게 여기는가? 이성적으로는 마음이라고 생각하지만, 실제로는 몸의 건강관리에 더 집중하는 경향이 있다. 사람들은 몸에 좋은 것이라면 전국을 찾아다니며 식도락을 즐기기도 한다. 그런데 마음 관리를 위해 그렇게 해 본 적이 있는가? 몸의 건강을 지키기 위해 매일 운동을 하기도 한다. 반면에 마음 건강을 위해 매일 무엇을 하고 있는가? 우리는 몸에 조금이라도 이상이 생기면 약국이나 병원을 찾는다. 그러나 마음 건강을 위해서는 얼마나 신경을 쓰는가?

기독교인이라면 찬양이나 기도를 통해 마음의 평안을 얻기도 한다.

하지만 대부분의 사람들은 속이 상해도 참고, 짜증이 나도 참고, 심지어 회가 나도 그냥 참는 경향이 있다. 시간이 지나면 마음이 괜찮아질 것이라고 생각하며 방치한다. 그러나 그렇게 하는 것은 자신의 마음을 돌보는 것이 아니다. 마음이 힘들고 고달플 때 관리를 하지 않으면 결국 신체 건강에도 영향을 미친다. 그러다가 더 이상 참기 어려울 정도가 되면 비로소 심리상담센터나 정신과를 찾는다.

몸에 병이 들어 죽게 되면 자기 혼자 죽으면 그만이다. 그러나 마음에 병이 생기면, 칼부림을 하거나 때로는 총기를 난사하며 수십 명의 생명을 빼앗기도 한다. 이처럼 마음이 건강하지 못하면 사회적으로 수많은 물의를 일으키기도 한다. 때로는 순간의 방심으로 해서는 안 될 말을 하여 곤욕을 치르는 정치인이나 유명인들도 있다. 해서는 안 될 말을 왜 할까? 그것은 평소에 자신의 마음을 지키는 일에 깨어 있지 않기 때문이다. 그렇다면 마음을 지킨다는 것은 어떤 의미일까?

유혹에 흔들리지 않는 것

'여자의 마음은 흔들리는 갈대와 같다'는 말이 있지만, 여자만 그런 걸까? 나는 남자도 예외가 아니라고 생각한다. 우리 주변에는 우리를 유혹하는 것들이 참 많이 있다. 스마트폰이 보급되기 전에는 도박장에 직접 가야 했는데, 이제는 스마트폰 하나만 있으면 도박을 할 수 있다. 내 손에 스마트폰만 있어도 수많은 중독의 유혹에 빠져들 수 있다. 그렇다고 해서 모든 사람이 그런 유혹에 흔들리는 것은 아니다. 평소에 자신의 마음을 지키는 사람은 유혹에 흔들리지 않는다. 그러나 깨어 있지 않은 사람은 쉽게 유혹에 빠질 수밖에 없다.

나는 예전에 "솔로몬처럼 자기가 하고 싶은 일을 다 해 보았다"고 말한 사람을 만나 본 적이 있다. 그는 도로공사에서 30여 년간 근무하다가 은퇴한 후 프리랜서로 세 군데의 직장에서 자문으로 일하며 봉급을 받는다고 자랑했다. 자신이 개발한 특허도 가지고 있어서 은퇴 후에 더 많은 돈을 벌 수 있었다고 했다. 그러다 보니 자기는 안 해 본 것이 없다고 자랑하기도 했다.

취미로 사진 찍는 것을 좋아해서 고급 카메라를 7대나 소유하고 있었고, 자신이 찍은 사진으로 전시회를 열 정도로 사진 찍는 일에 일가견이 있었다고 한다. 전국을 돌며 수석을 100점 이상 모았고, 고미술에도 관심이 있어서 많은 것을 수집하기도 했다. 도로공사에 근무하면서 전국을 돌아다니며 좋다는 음식을 다 먹어 보았다고 했다. 또 다도에 심취하여 수천만 원을 투자했다. 그뿐 아니라 골프를 비롯해 안 해 본 운동이 없었다고 했다. 그러다가 마지막으로 회사 여직원과 바람을 피운 일까지도 자랑삼아 이야기했다. 돈이 너무 많다 보니 자신의 욕구와 본능이 원하는 대로 다 해 보았던 것이다. 이처럼 그는 죄를 짓는 유혹에도 자신의 모든 마음을 내어 주었다.

그렇게 마음을 지키지 못했던 그 사람의 결론은 솔로몬의 고백과 같았다. 그는 솔로몬처럼 자신이 하고 싶은 것을 다 해 보았지만, 인생이 헛되고 공허하다고 했다. 육신의 정욕, 안목의 정욕, 그리고 이생의 자랑으로 인해 마음이 흔들려서 자신에게 남는 것은 헛되고 공허한 것밖에 없다는 것이다. 유혹에 흔들리지 않도록 마음을 지켜야 하는 이유가 바로 이런 이유 때문이다.

공격으로부터 자신 보호

인생은 전쟁터와 같다. 전쟁터와 같은 세상에서 살다 보면 부상을 입기도 하고, 마음의 상처를 받기도 한다. 내가 잘해 줘도 나를 비난하고 헐뜯으며 공격하는 사람들이 있다. 사소한 말 한마디에 상처를 받고 괴로워할 때도 있다. 그래서 이러한 외부의 공격으로부터 더 이상 상처를 받지 않으려고 자연인처럼 산속에 들어가 살기도 하고, 두문불출하며 사람 만나는 것을 거부하기도 한다. 그런데 그렇게 한다고 상처가 해결될까? 그렇지 않다. 더 이상의 상처를 받지 않을 수는 있겠지만, 관계 단절로 인한 외로움 때문에 더 힘들어지게 된다.

그런가 하면 가족이나 가까운 사람으로부터 계속 상처를 받으면서도 그냥 버티는 사람도 있다. 이것도 사실은 바람직하지 않다. 마음의 상처를 받으면서도 무방비로 참고 견디기만 한다면, 마음의 병이 심해지고 결국 몸까지 망가지게 된다. 결국 내 마음이 상처를 받지 않도록 내가 자신을 스스로 보호해야 한다. 대체로 내 마음에 상처를 주고 공격하는 사람들은 멀리 있는 사람이 아니다. 나와 가까운 가족, 친구, 혹은 직장 동료일 때가 많다. 그렇다면 어떻게 대처하는 것이 자신의 마음을 지키고 보호하는 방법일까?

먼저, 상처가 되는 말 때문에 마음이 아프면 그것을 표현해야 한다. 상처를 받으면서도 아무 소리 하지 않으면 상대는 그렇게 해도 되는 줄 알고 계속 상처가 되는 말과 행동을 반복하게 된다. 분명히 의사 표시를 했음에도 계속 상처를 준다면, 그런 사람과 거리를 두는 것이 자신을 보호하는 것이다. 그렇지 않으면 나만 계속 상처를 받게 된다. 또한, 상처받은 내 마음을 내가 위로하고 감싸 주면서 회복을 위해 기도해야 한다. 그렇지 않으면 내 마음이 더욱 힘들어지게 된다. 손이나 발에 상처를 입으면 약국에 가거나 병원에서 처치를 받는다. 그런데 마음이 아픈데도 가만히 있는 것은 내 마음을 돌보는 것이 아니다. 외부 공격을 받지 않도록 나를 보호하고, 혹시 상처를 받았더라도 빠르게 회복할 수 있도록 내 마음을 돌보고 위로하는 것이 내 마음을 지키는 것이다.

감정을 잘 다스리는 것

화난 감정을 다스리지 못해 관계가 원만하지 못한 사람들도 많다. 이런 경우, 어떻게 해야 할까? 잠언 16장 32절에는 "노하기를 더디하는 자는 용사보다 낫고, 자기의 마음을 다스리는 자는 성을 빼앗는 자보다 나으니라"라고 했다. 똑같은 상황에서 어떤 사람은 지지와 격려를 하고, 또 다른 사람은 화를 내며 비난하기도 한다.

예를 들어, 자녀가 학교에서 한 문제를 틀려서 99점을 맞았을 때 어떤 부모는 "100점을 못 받은 것이 아쉽기는 하지만, 그래도 잘했어"라고 하며 잘한 부분을 칭찬하고 지지해 준다. 그러나 어떤 부모는 "야! 99점이 뭐야? 한 개만 더 맞으면 되는데! 100점 맞기가 그렇게 어려워? 그런 식으로 하려면 공부고 뭐고 집어치워"라며 자녀에게 화를 낸다. 부모로부터 지지와 격려를 받은 자녀는 더욱 열심히 노력할 것이다. 반면에 비난과 꾸지람을 받은 자녀는 부모에 대해 부정적인 감정을 품을 수 있다. 이러한 상황에서 자녀에게 화를 내면서 비난하기보다는, 자신의 감정을 조절하면서 격려하는 부모가 바로 자신의 마음을 다스리는 사람이다.

화가 난 감정을 해가 지기 전에 푸는 것도 마음을 다스리는 것이다. 어떤 부부가 상담을 요청해 왔다. 가장 큰 문제는 부부간에 다툼이 발생하면 남편이 한 달 이상 말을 하지 않아 아내가 너무 힘들어한다는 점이었다. 이처럼 부부가 다툰 후에 감정을 풀지 않으면 서로가 힘들게 되므로, 자신의 감정을 다스려 하루해가 지나기 전에 완화시킬 수 있어야 한다.

특히 사소한 일에도 습관적으로 화를 내고 욱하는 사람은 반드시 상담 전문가를 통해 자신의 내면을 탐색해 봐야 한다. 화를 잘 내는 사람은 상대방 탓을 자주 하는 경향이 있다. 자신은 화를 내고 싶지 않았지만, 상대방이 자극해서 어쩔 수 없이 화를 냈다고 자신을 합리화하기도 한다. 그 말이 어느 정도 일리가 있어 보이지만, 최종적으로 화를 낼지 말지 결정하는 것은 본인 자신이다. 그러므로 화를 내고 그것을 배우자나 상대방 탓으로 돌리는 사람은 자신의 감정을 다스리지 못하는 사람이다.

습관적으로 욱하는 사람에게 나는 네 가지를 제안한다.

첫째, 이 일이 과연 화를 낼 만한 일인지 생각해 보라.
둘째, 내가 화를 낸다고 이 문제가 해결될 것인지 생각해 보라.
셋째, 화를 낸 후에 후회하지 않을 것인지 생각해 보라.
넷째, 화가 난 상황에서 어떻게 하면 지혜롭게 말할 수 있을지 생각해 보라.

화가 나는 상황에서 이런 생각을 자동적으로 할 수 있다면, 화를 다스리는 데 큰 도움이 된다. 또한 전문가의 도움을 받거나, 스스로 깨어 훈련하는 노력도 필요하다. 나의 마음을 지키기 위해서 조심해야 할 때가 있는데, 다음과 같다.

모든 일이 잘될 때

모든 일이 잘될 때일수록 우리는 더 큰 경각심을 가져야 한다. 방심하면 마음을 지키는 일에 소홀해질 수 있다. 일들이 순조롭게 풀릴 때, 마치 모든 것이 내 손안에 있는 것처럼 느껴질 수 있다. 그러나 그 순간이야말로 가장 위험한 때일 수 있다. 교만은 사람을 눈멀게 하고, 자신의 한계를 보지 못하게 만든다.

웃시야 왕은 언제 범죄했을까? 역대하 26장 16절에 이렇게 기록되어 있다. "그가 강성하여지매 그의 마음이 교만하여 악을 행하여 그의 하나님 여호와께 범죄하되 곧 여호와의 성전에 들어가서 향단에 분향하려 한지라"라고 했다. 웃시야 왕은 강성해지고 권력을 쥐었을 때, 마음이 교만해져 하나님의 명령을 어기는 큰 죄를 범했다. 그의 범죄는 단순히 우연한 사건이 아니라, 교만한 마음에서 비롯된 문제였다. 내가 뭔가를 이루었다고 생각하고, 내 능력으로 이 모든 것을 성취했다고 착각할 때 교만의 씨앗이 싹트는 법이다. 이런 이유로 성경은 이렇게 경고한다. "선 줄로 생각하는 자는 넘어질까 조심하라"(고전 10:12)라는 말씀이다.

성공은 우리에게 기쁨과 만족을 가져다 주지만, 동시에 교만이라는 시험을 안겨 준다. 웃시야 왕이 강성해질 때 교만에 빠졌던 것처럼, 우리도 성공의 순간에 마음을 지키지 않으면 쉽게 넘어질 수 있다. 그러므로 일이 잘 풀리고 성공을 경험할 때일수록 하나님 앞에서 더 겸손히 엎드려야 한다. 겸손은 단순히 고개를 숙이는 행동이 아니라, 우리의 마음을 하나님께 향하게 하는 자세다. 성공의 순간에도 하나님이 주신 은혜와 도움을 기억하며 감사하는 마음을 가지는 것이 겸손이다. 성경은 "하나님이 교만한 자를 물리치시고 겸손한 자에게 은혜를 주신다"(약 4:6)라고 말한다.

결국, 모든 일이 잘될 때 방심하지 않고 겸손하게 하나님을 의지하는 것이야말로 마음을 지키는 가장 중요한 열쇠다. 우리는 성공이 우리 자신의 힘이 아니라 하나님의 은혜로 이루어진 것임을 항상 기억하며, 더 큰 은혜를 기대하며 살아가야 한다.

곤고한 날이 임할 때

바울 사도는 고린도후서 4장 8-9절에서 이렇게 말했다.

> "우리가 사방으로 욱여쌈을 당하여도 싸이지 아니하며 답답한 일을 당하여도 낙심하지 아니하며 박해를 받아도 버린 바 되지 아니하며 거꾸러뜨림을 당하여도 망하지 아니하고."

하지만 고난이 계속될 때, 우리가 마음을 지키는 일은 결코 쉬운 일이 아니다.

내가 간이식 수술로 병원에 입원해 있을 때, 휠체어에 축구공을 매달아 발로 차는 환우를 본 적이 있다. 왜 그렇게 하는지 물어보니, 발에 힘이 없어서 재활치료를 한다고 했다. 그 환우는 수술 후 11개월째 퇴원을 못 하고 있었다. 간이식을 받고 퇴원을 이틀 앞둔 시점에 뇌 감염이 생겨 양쪽 다리에 힘이 빠지며 혼자 설 수 없게 된 것이다. 그는 신앙이 깊은 사람이었지만, 긴 병원 생활로 인해 믿음이 흔들리고 있었다. "하나님은 왜 나에게 이런 시련을 주시는가? 왜 내 기도를 들어주시지 않는가?"라는 의문이 마음을 짓눌렀다. 믿음이 있더라도 고난이 지속되면 누구든 흔들릴 수밖에 없다. 그러므로 고난의 때에는 하나님의 뜻을 발견하려는 노력이 필요하다. 이는 우리의 정신적·신체적 건강뿐 아니라 영성을 유지하는 데도 중요하다.

마음을 다스린다는 것은 단순히 감정을 억누르는 것이 아니라, 부정적이고 악한 생각의 씨앗을 제거하고 올바른 생각으로 채우는 적극적인 행위다. 이는 자신의 감정을 억제하거나 외면하는 것이 아니라, 나의 생각과 감정을 하나님의 평강으로 채우는 것이다.

모펫이라는 사람은 이렇게 말했다. "우물을 청소하기보다 마음을 청소하는 데 더 주의를 기울이라. 집을 방어하기보다 마음을 지키기에 더 힘쓰라. 돈을 지키기보다 마음을 지키는 데 더 힘쓰라." 사탄의 주된 공격 목표는 바로 우리의 마음이다. 가룟 유다는 마음을 사탄에게 내어 주었기에 은 삼십에 예수님을 팔고 비참한 최후를 맞았다. 반면 사도 바울은 마음을 하나님께 드렸기에 수많은 고난 속에서도 흔들리지 않고 담대한 삶을 살았다. 사탄은 우리의 마음을 불안과 걱정, 두려움으로 흔들어 놓는다. 그러나 하나님의 영은 우리의 마음을 평강으로 지켜 준다.

성경은 이렇게 말한다.

"모든 지각에 뛰어난 하나님의 평강이 그리스도 예수 안에서 너희 마음과 생각을 지키시리라"(빌 4:7).

결국 우리가 가장 힘써 지켜야 할 것은 돈이나 물질이 아니라 우리의 마음이다. 마음은 모든 삶의 출발점이며, 생명의 근원이기 때문이다. 마음을 지키고 다스리는 것은 단순한 선택이 아니라 반드시 실천해야 할 삶의 원리다. 마음을 잘 다스리고 감정을 적절히 조절할 때 우리는 불안과 염려 대신 평강과 기쁨을 누릴 수 있다.

5. 마음의 쓴 뿌리(히 12:15-16)

사람들이 무서워하는 병 중 하나로 종양, 즉 암이 있다. 양성 종양은 간단히 수술로 제거할 수 있지만, 문제는 악성 종양이다. 악성 종양은 사람의 생명에 치명적일 수 있으며, 우리 몸의 어느 곳에나 생길 수 있다. 그런데 이러한 종양은 몸에만 생기는 것이 아니라, 마음에도 생길 수 있는데, '마음의 쓴 뿌리' 혹은 트라우마라가 그것이다. 히브리서 12장 15절에는 "쓴 뿌리가 나서 괴롭게 하여, 많은 사람이 이로 말미암아 더럽게 되지 않게 하며"라고 기록되어 있다. 내 마음에 쓴 뿌리가 생기면 그것은 나 자신을 힘들게 할 뿐 아니라, 주변 사람들까지도 힘들게 만든다.

예를 들어, 과거에 돈 많은 사람의 집만 골라 다니며 절도 행각을 벌인 도둑이 있었다. 그는 부자들을 증오하는 마음의 쓴 뿌리를 가진 사람이었다. 또 다른 예로, 애인에게 배신당한 사람은 그 마음의 쓴 뿌리로 인해 이성을 의심하거나 폭력적인 성향을 보이기도 한다. 아버지에게 받은 상처로 인한 트라우마가 있는 사람은 아버지와 같은 권위자를 볼 때마다 반항적인 태도를 보이기도 한다. 이처럼 마음의 쓴 뿌리는 자기 자신을 괴롭게 할 뿐 아니라, 타인에게도 고통을 준다. 마음의 쓴 뿌리로 인해 나타나는 증상에는 어떤 것들이 있을까?

열등감

청소년들에게 열등감을 느끼게 하는 세 가지 주요 요소가 있다. 그것은 외모, 성적, 그리고 경제적 환경이다. 또한 실패를 반복해서 경험하면 그것이 마음의 쓴 뿌리가 되어 열등감으로 나타나기도 한다.

우리가 잘 아는 박지성 선수도 축구와 관련된 마음의 쓴 뿌리를 가지고 있었다고 한다. 그는 어떤 포지션에서도 그 역할을 훌륭히 소화해 내는 멀티 플레이어로 알려져 있다. 하지만 박지성에게도 자신 없는 한 가지가 있었다. 그것은 바로 페널티킥이었다. 그는 자서전에서 과거에 중요한 경기에서 결정적으로 실수했던 경험이 자신의 쓴 뿌리가 되었음을 고백했다. 그는 수원공고 3학년 때 강릉에서 열린 금강대기 8강전 패배를 떠올렸다. 4강에 올라가야 대학에 지원할 수 있었기 때문에 그 경기는 반드시 이겨야 하는 중요한 경기였다. 그러나 그날 박지성은 승부차기를 실축했고, 결국 팀은 패배했다. 그 순간, 동료들은 물론 응원하러 온 학부모들의 싸늘한 시선이 그에게 큰 상처로 남았다. 그로 인해 그는 가능하면 페널티킥을 피하려 했다고 한다.

이처럼 한 번의 실축 경험이 프리킥에 대한 두려움을 낳았고, 결과적으로 본인이 프리킥을 차는 것에 대해서 열등감을 갖게 되었다.

원망과 분노

마음의 쓴 뿌리는 종종 원망과 분노로 나타나기도 한다. 애인에게 배신당한 상처로 인해 복수심을 품는 사람들이 종종 있다. 어릴 때 주일학교에 다니다가 선생님께 한 번 야단맞은 기억 때문에 평생 교회를 멀리하는 사람도 보았다. 이는 모두 마음의 쓴 뿌리로 인해 나타나는 현상이다. 만일 마음의 쓴 뿌리를 해결하지 않으면 그것은 수십 년, 혹은 평생 나를 괴롭히기도 한다.

상담 전공 대학원생을 대상으로 강의를 하던 중, 나이가 60이 넘은 한 학생이 자신의 이야기를 꺼냈다. 그는 어린 시절의 경험 때문에 지난 수십 년간 힘들게 살았지만, 상담 공부를 통해 치유를 얻었다고 말했다. 자신은 집안의 셋째 딸로 태어났는데, 아버지가 딸이라는 이유로 너무 실망한 나머지 갓 태어난 자신을 엎어 놓으라고 아내에게 지시했다고 한다. 그 사실을 20세가 되던 해 어머니에게 듣게 되었고, 아버지의 그 행동이 큰 상처가 되어 자신을 40년간 괴롭혔다고 고백했다. 그는 "자신의 존재를 지우려 했던 아버지에 대한 상처"가 증오로 남아 있었다고 말했다.

그의 이야기를 듣던 또 다른 학생도 자신이 셋째 딸이었다며 출생에 얽힌 경험을 공유했다. 그 학생은 태어나자마자 부모님이 방에 연기를 가득 피워 자신을 질식시키려 했다는 사실을 알게 되었다고 했다. 그러나 이 학생의 반응은 이전의 사례와는 매우 달랐다. 자신을 죽이려 했던 부모님을 원망하거나 분노하기보다는, 오히려 이 세상에서 어떻게든 살아남기 위해 악착같이 살아야겠다고 결심했다고 했다.

두 사람이 비슷한 경험을 했지만, 한 사람은 상처로 인해 부모를 원망하며 괴로워했고, 다른 사람은 삶에 대한 의지를 불태우며 살아갔다. 이렇게 전혀 다른 반응을 보인 이유는 무엇일까? 그것은 자신이 경험한 마음의 쓴 뿌리, 즉 트라우마를 어떻게 바라보고 해석했느냐의 차이였다. 나의 상처를 어떻게 바라보고 해석하느냐에 따라 삶의 방향은 크게 달라질 수 있다.

해석의 차이

챨스 R. 스윈돌 목사는 인생이란 '나에게 무슨 일이 일어났는가?'에 대한 10%의 사건과, '그 일을 어떤 시각으로 해석하고 바라보고 반응하는가?'에 대한 90%의 태도로 구성된다고 했다. 부모가 자녀를 야단칠 때 그것을 자기를 사랑하기 때문에 그런 것이라고 받아들이면, 크게 상처가 되지 않는다. 그러나 부모가 자신을 미워해서 야단치는 것이라고 생각하면, 그로 인해 부모와의 관계는 점점 멀어지게 된다. 나에게 일어난 사건도 중요하지만, 그것을 어떻게 해석하느냐가 더욱 중요하다. 어떤 사람은 자신이 받은 상처를 문학, 신앙, 또는 다른 방법으로 승화시키기도 한다.

문학가 박완서 씨도 그런 사람 중 한 명이었다. 그는 1970년, 마흔의 나이에 어류 장편소설 『나목』[17]으로 등단했다. 박완서 씨가 발표한 수많은 작품은 한국 전쟁의 체험을 바탕으로 형상화되었다고 한다. 그녀는 그 작품에서 전쟁 속에서 오빠들을 잃고 남은 가족들이 겪어야 했던 죄책감과 피해 의식을 숨김없이 드러냈다. 그의 전쟁 경험이 한 작품에서 끝나지 않고 끊임없이 재생산된 이유는, 아마도 『나목』한 권으로는 그 상처가 온전히 치유되지 않았기 때문일 것이다.

마음의 쓴 뿌리를 승화시켜 아름다운 문학 작품을 만들어낸 사람이 있는가 하면, 반대로 그 쓴 뿌리를 해결하지 못해 과거의 트라우마에 얽매여 살아가는 사람들도 있다. 이처럼 마음의 쓴 뿌리를 내가 어떻게 바라보고 해석하느냐에 따라 삶의 방식이 크게 달라질 수 있다. 구약 성경에 나오는 요셉은 자신이 경험했던 일들이 마음의 쓴 뿌리가 되어 분노와 좌절감을 느낄 수도 있었겠지만, 그는 오히려 자신이 겪었던 고난을 하나님의 섭리로 바라보면서 역경을 극복하고 형들을 용서할 수 있게 되었다.

요셉의 상처

요셉은 17세에 형들에게 버림받아 애굽에 노예로 팔려 갔다. 형들에 의

---

17. 박완서, 『나목』 (서울: 세계사, 2024).

해 노예로 팔려 가는 요셉에게는 엄청난 충격이었을 것이다. 설상가상으로, 그는 보디발의 집에서 주인의 아내로부터 억울한 누명을 뒤집어쓰고 왕의 죄수들만 갇히는 옥에 갇혔다. 보디발의 아내는 요셉에게 씻을 수 없는 상처를 주었다. 그러나 그의 고통은 여기서 끝나지 않았다. 감옥에서 술 맡은 관원장의 꿈을 해석해 주며 자신을 기억해 달라고 부탁했지만, 2년이 지나도록 관원장은 그를 기억하지 않았다. 이러한 일들이 요셉에게 마음의 쓴 뿌리로 남아 있었다면, 요셉은 배신감과 분노로 인해 사람을 믿지 못하게 되면서 매우 힘들었을 것이다.

그러나 요셉은 계속되는 배신감과 억울함 속에서도 실망하여 좌절하거나 분노하지 않았다. 요셉은 계속되는 고난 속에서도 하나님의 섭리로 모든 사건을 바라보며 묵묵히 자신의 일에 충실했다. 그랬기 때문에 그는 감옥에서도 성실하게 자신의 책무를 다했고, 때가 되매 바로 왕의 꿈을 해석할 기회를 얻게 되었다. 결국 요셉은 그의 꿈대로 애굽의 재상이 되었다. 도대체 요셉은 어떻게 이러한 고난 속에서도 마음의 쓴 뿌리를 극복할 수 있었을까?

고난을 해석하는 영성

강가의 암초도 물이 넘치면 배가 좌초되지 않는 것처럼, 요셉은 넘치는 영성으로 고난을 바라보았다. 요셉은 자신이 받은 고통을 하나님의 섭리로 재해석하며, 마음의 쓴 뿌리를 극복하고 형들을 용서할 수 있었다.

"당신들은 나를 해하려 하였으나 하나님은 그것을 선으로 바꾸사 오늘과 같이 많은 백성의 생명을 구원하게 하시려 하셨나니"(창 50:20).

요셉은 자신의 고난을 단순히 억울하고 고통스러운 사건으로 받아들이지 않았다. 대신, 그것을 하나님의 계획 속에서 해석하며, 자신을 통해 이루실 더 큰 선한 목적을 바라보았다. 이러한 영적 통찰력은 요셉이 형들을 향한 원망과 분노를 내려놓고 용서로 나아가게 했다. 중요한 것은 요셉은 자신이 겪게 된 고난을 트라우마로 여기지 않고, 오히려 고난을 통해서 하나님의 뜻을 이루어가는 과정으로 본 것이다. 이러한 태도를 취할 때 하나님은 우리의 상처와 고난 속에서도 선한 목적을 이루어 가신다. 하나님은 우리의 아픔을 사용해 더 큰 축복과 유익으로 변화시키며, 이를 통해 우리의 삶에 새로운 의미와 희망을 불어넣으신다.

꿈의 성취와 치유

요셉의 꿈이 성취된 것은 그의 형들에 대한 트라우마를 치유하는 데 결정적인 영향을 주었다. 요셉은 애굽의 재상이 되는 꿈의 성취를 통해 하나님께서 자신을 통해 이루실 특별한 계획을 알게 되었다. 요셉의 꿈은 단순히 개인의 성공을 예고한 것이 아니었다. 그것은 하나님의 섭리가 담긴 약속이었으며, 요셉 자신과 그의 가족, 더 나아가 온 민족을 구원하기 위한 하나님의 계획의 일부였다. 그의 꿈이 성취되었을 때, 요셉은 자신의 고난이 단순히 형들의 악의 때문만이 아니라, 하나님께서 더 큰 선을 이루시기 위한 도구였음을 깨닫게 되었다.

요셉은 애굽의 재상이 되어 형들이 자신 앞에 엎드리는 장면을 경험하면서 과거의 고통을 다른 시각으로 바라보게 되었다. 그는 형들을 향한 복수나 원망 대신, 하나님의 섭리를 통해 그들의 행위가 결국 많은 생명을 구하는 일에 쓰였음을 인정했다. 그는 말하기를 "당신들은 나를 해하려 하였으나 하나님은 그것을 선으로 바꾸사 오늘과 같이 많은 백성의 생명을 구원하게 하시려 하셨나니"(창 50:20)라고 하였다. 이 말은 그의 트라우마가 하나님께서 주신 꿈의 성취와 함께 해소되었음을 보여 준다. 자신의 고난을 하나님의 더 큰 계획 안에서 의미를 찾았기 때문에, 요셉은 형들을 온전히 용서하고 그들에게 긍휼을 베풀 수 있었다.

하나님의 위로와 치유

하나님의 말씀이나 혹은 찬송가의 가사를 통해 위로와 치유를 경험할 수 있다.

> "찬송하리로다! 그는 우리 주 예수 그리스도의 하나님이시요, 자비의 아버지시며, 모든 위로의 하나님이시며"(고후 1:3).
> "여호와는 마음이 상한 자를 가까이하시고, 충심으로 통회하는 자를 구원하시는도다"(시 34:18).

"나는 가수다"에서 1등을 차지했던 김범수 씨가 2006년 필자가 근무하던 항공부대에 전입해 와서 찬양 콘서트를 열며 자신의 신앙 고백을 나누는 시간을 가졌다. 그는 찬양 "너는 나의 사랑하는 아들이라 오늘날 내가 너를 낳았도다"를 부르기 전에, 자신이 겪었던 가장 힘든 과거 이야기를 꺼냈다. 고등학교 시절, 그는 스스로 문제아였다고 고백했다. 특히 2주라는 짧은 기간 동안 일어난 세 가지 사건을 언급했다.

첫 번째 사건은 자신이 훔친 오토바이를 타고 다니다 경찰 검문에 걸린 일이었다. 그로 인해 아버지가 경찰서에 호출되었고, 아버지가 그 자리에서 "부자지간의 인연을 끊자"고 했던 충격적인 말이 그의 첫 번째 큰 상처가 되었다. 두 번째는 술과 담배로 인해 폐렴 증세가 발생하여 갑작스럽게 입원한 일이었다. 그리고 세 번째는 가장 친했던 친구가 오토바이 사고로 목숨을 잃은 일이었다. 이 모든 사건은 고등학생이 감당하기에는 너무도 버거운 아픔이었다. 그런 와중에 그는 교회에 가자고 하는 친구의 전도를 계속 뿌리쳤다. 그러나 어느 날, 결국 교회에 나가게 되었고, 그곳에서 들었던 찬양 "너는 나의 아들이라"는 가사가 그의 마음에 깊은 울림을 주었다. 그 찬양의 가사를 듣는 순간, 그는 자신의 잘못을 낱낱이 고백하며 하나님께 나아갔다.

육신의 아버지는 자신과의 관계를 끊자고 말했지만, 하나님은 "너는 나의 사랑하는 아들"이라며 그를 품어 주셨다. 이 찬양의 가사는 그에게 큰 위로와 감동을 주었고, 아버지에게서 받은 상처가 치유되는 계기가 되었다. 그 이후로 김범수 씨는 하나님을 더욱 신실하게 믿게 되었고, 마음의 쓴 뿌리를 치유받게 되었다고 간증했다.

상처받으신 치유자, 예수

성경에는 상처받은 사람들의 이야기가 많이 나온다. 요셉은 형들로 인해 상처를 받았고, 다윗은 자신을 죽이려는 사울 왕으로 인해 큰 고통을 겪었다. 에서도 동생 야곱이 장자의 축복을 가로채는 일로 마음의 상처를 입었다.

그러나 이들보다 더 크고 견디기 힘든 상처를 받은 분은 바로 예수님이시다. 예수님은 형제들로부터 '미쳤다'는 말을 듣기도 했고, 제자들은 위기 상황에서 예수님을 부인하고 도망쳤다. 심지어 가룟 유다는 예수님을 은 30에 팔아넘기기도 했다. 이러한 일들은 예수님께 마음의 쓴 뿌리가 될 만한 큰 상처들이었다. 그래서 인성을 가지신 예수님은 십자가에서 고통스러운 나머지 하나님을 향해 "나의 하나님, 나의 하나님, 어찌하여 나를 버리셨나이까"(마 27:46)라고 외쳤다. 하지만 이러한 예수님의 고난은 온 인류를 구원하는 영광의 상처였다. 그리고 예수님이 겪으신 십자가의 고난은 결국 사망 권세를 이기신 부활의 승리로 치유되었다.

오늘날 현대인들은 마치 찌그러진 캔 콜라처럼 많은 상처를 지닌 채 살아가고 있다. 여기에는 남녀노소, 빈부귀천이나 그리스도인도 예외가 아니다. 그래서 트라우마로 인한 마음의 쓴 뿌리로 휘둘리며 사는 사람도 있고, 그러한 마음의 쓴 뿌리를 승화시켜서 극복하는 이들도 있다. 요셉과 예수님처럼 고통의 재해석과 성취의 경험, 그리고 하나님의 위로를 통해 마음의 쓴 뿌리를 치유할 수 있기를 바란다.

6. 열등감 극복하기(출 4:10-17)

이 세상에 열등감 없이 살아가는 사람이 얼마나 될까? 겉으로 보기에는 완벽해 보이는 사람에게도 자신만이 아는 열등감이 있다는 사실을 알게 되면 놀랄지도 모른다. 사람은 저마다 외모나 학력, 혹은 자신의 출신 배경에 대한 열등감 때문에 힘들어하기도 한다.

맥스웰 멀쯔라는 성형외과 의사는 『신 사이코사이버네틱스』[18]라는 책에서 성형수술을 받은 사람들의 경험을 담았다. 그는 사람들이 얼굴을 바꾸니 마음도 생각도 달라지고, 삶의 의욕이 생겼다고 하지만 어떤 사람은 얼굴을 바꾸었는데도 여전히 불만족스러워했다는 사례도 있다고 말하였다. 그는 또 다른 연구를 수행하였는데, 그 연구에 의하면 마음속에 있는 자신의 얼굴을 바꾸지 않는 한, 외모를 아무리 바꾸어도 효과가 없다는 사실이었다. 마음속의 얼굴이란 내가 나를 바라보는 주관적인 자화상을 가리킨다. 사람은 두 개의 얼굴을 가지고 있다. 하나는 외형적인 얼굴이고, 다른 하나는 내면적인 얼굴이다.

---

18. 맥스웰 몰츠, 『신 사이코사이버네틱스』, 김수민 역 (서울: 나무생각, 2015).

내면의 얼굴이 중요

당신은 이 두 얼굴 중 어떤 얼굴이 더 중요하다고 생각하는가? 물론 두 얼굴 모두 아름다우면 좋겠지만, 둘 중 하나를 선택해야 한다면 내면적인 얼굴이 더 중요하다는 것을 알아야 한다. 외모는 시간이 지남에 따라 매력이 점점 줄어들기 마련이다. 그러나 내면의 얼굴, 즉 주관적인 자아상이 잘못 형성되어 있다면 이는 삶을 힘들게 만든다. 내면의 자아상이 삶의 질에 영향을 미치기 때문에, 건강한 자아상을 가진 사람은 외모가 조금 부족하더라도 건강한 삶을 살 수 있다. 반면, 부정적인 자아상을 가진 사람은 외모가 뛰어나더라도 남들이 자신을 어떻게 볼지 고민하며 늘 긴장 속에서 살아간다는 점이 문제다. 이들은 좋은 환경 속에서도 감사보다는 불평과 불만을 토로하기도 한다.

더욱이 그리스도인 중에서도 이러한 열등감 때문에 힘들어하는 경우가 있다는 사실은 우리를 더욱 안타깝게 만든다. 이는 나를 창조하신 하나님에 대한 모독이자, 불신앙적인 모습이라 하지 않을 수 없다. 하나님의 자녀는 두 가지 측면에서 열등감을 가져서는 안 된다.

첫째, 하나님은 인간을 지으신 후 "하나님 보시기에 심히 기뻐하셨다"고 말씀하셨다는 사실을 기억해야 한다. 이는 '나'라는 존재가 이 땅에 태어날 때부터 하나님의 걸작품이라는 점에서 나에 대해 불평하거나 열등감을 가져서는 안 된다는 것을 뜻한다.

둘째, 예수를 믿은 이후 우리는 죄인의 신분에서 왕 같은 제사장으로 바뀌었다는 점을 잊지 말아야 한다. 새로운 피조물로 신분이 변화된 것에 대한 자긍심을 가져야 한다.

이와 같이 그리스도인은 자신이 하나님의 걸작품이라는 것과 왕 같은 제사장이라는 신분, 이 두 가지만으로도 충분히 자부심을 가질 수 있어야 한다. 그럼에도 불구하고 자신을 열등한 존재로 인식한 나머지 부정적인 자아상을 가지고 살아가는 그리스도인들이 여전히 존재한다. 물론 우리는 하나님 앞에서 부족한 점과 연약한 점이 있는 불완전한 존재라는 것을 부인할 수 없다. 때로는 나보다 더 잘난 사람과 비교하며 열등감을 느낄 때도 있지만, 그렇게 사는 것은 결코 행복한 인생을 사는 것이 아니다.

닉 부이치치라는 인물이 그 좋은 예가 될 수 있다. 『닉 부이치치의 허그』[19]에 의하면 그는 신체적 열등감을 극복한 대표적인 인물로 널리 알려져 있다. 선천적으로 두 팔과 두 다리가 없이 태어났다는 사실은 그의 삶에 큰 장애로 작용했다. 어릴 때 괴물같이 생긴 자신의 모습을 보며 절망한 나머지 자살을 시도하기도 했다는 점에서 그가 얼마나 고통스러운 시간을 보냈는지 알 수 있다. 그러나 그는 성장하면서 예수님을 만나게 되었고, 요한복음 9장 1-3절 말씀을 통해 인생에 극적인 변화를 경험했다. 닉 부이치치는 이 말씀을 통해 하나님께서 자신을 통

---

19. 닉 부이치치, 『닉 부이치치의 허그』, 최종훈 역 (서울: 두란노서원, 2010).

해 일하실 계획을 발견했다. 이후 그는 자신과 같은 장애를 가진 사람들에게 희망을 주고자 했다는 점에서 사명감을 느꼈다. 자신의 신체적 한계를 극복하고 다양한 도전에 나서며 대학도 졸업하고 가정을 이루었다는 점은 우리 모두에게 깊은 감동을 준다.

열등감은 자신을 과소평가하게 만드는 심리적 질병이자 우리를 파괴하는 사탄의 전략이다. 자기 자신을 과대평가하거나, 자신을 열등하게 인식하며 사는 것은 자신에게도 적절하지 않을 뿐 아니라 하나님도 기뻐하지 않으시는 일이다. 우리는 자신을 하나님의 시각으로 바라볼 필요가 있다. 자신의 열등감 때문에 하나님을 답답하게 했던 인물이 본문에 나오는 모세이다.

모세의 열등감

모세는 태어날 때부터 외모가 준수하고 뛰어난 사람이었다. 그는 40년 동안 애굽의 궁중에서 엘리트 교육을 받고 자랐다. 그는 애굽 왕 바로의 딸이었던 공주의 양아들로 성장하면서 남부러울 것이 없는 삶을 살았다. 그러나 모세의 마음 한구석에는 자신의 뿌리가 애굽에서 노예 생활을 하고 있는 히브리 민족이라는 사실을 기억하고 있었다. 자신의 출생과 관련하여 모세는 애굽 사람들과 비교하면서 내면적으로 어떤 위축감도 있었을 것이다. 이러한 것들이 열등감으로 작용한 사건이 발생했다. 어느 날 모세는 자기 동족 히브리 사람이 애굽 사람과 다투는 장면을 목격하고 다툼에 끼어들어 애굽 사람을 죽이게 되었다. 그 사건으로 인해 모세는 애굽을 떠나 광야로 도망쳤다. 그렇지만 하나님은 그런 모세를 광야에서 40년 동안 훈련시키신 후 이스라엘을 구원할 지도자로 세우셨다.

그러나 하나님이 모세를 부르셨을 때, 그는 여전히 자신을 열등한 존재로 인식하며 하나님의 말씀에 부정적인 답변을 했다. 출애굽기 3장 10절에서 하나님께서 모세에게 말씀하셨다.

> "이제 내가 너를 바로에게 보내어 너에게 내 백성 이스라엘 자손을 애굽에서 인도하여 내게 하리라."

그러나 모세는 "내가 누구이기에 바로에게 가며 이스라엘 자손을 애굽에서 인도하여 내리이까"(출 3:11)라고 대답하며 자신이 없는 대답을 했다. 그럼에도 불구하고 하나님은 모세에게 이스라엘 백성의 장로들에게 가서 하나님의 뜻을 전하라고 명령하셨다. 이때도 모세는 "그들이 나를 인정하지 않으면 어떻게 합니까"라고 말하며 또다시 부정적인 반응을 했다.

하나님은 짜증이 날 만도 했지만 인내하시며 "걱정하지 말아라. 내가 너와 함께할 것이다"라고 말씀하셨다. 그런데도 모세는 "오 주여 나는 본래 말을 잘 하지 못하는 자니이다 주께서 주의 종에게 명령하신 후에도 역시 그러하니 나는 입이 뻣뻣하고 혀가 둔한 자니이다"라고 하며 자신의 말주변이 없음을 핑계로 댔다. 여기에 그치지 않고 모세는 출애굽기 4장 13절에서 "오 주여, 보낼 만한 자를 보내소서"라고 하며 하나님의 제안을 거절했다. 이에 인내하시던 하나님께서 더 이상 참지 못하고 모세를 향해 크게 화를 내시며 다음과 같이 말씀하셨다.

"레위 사람 네 형 아론이 있지 아니하냐 그가 말 잘 하는 것을 내가 아노라 그가 너를 만나러 나오나니 그가 너를 볼 때에 그의 마음에 기쁨이 있을 것이라"(출 4:14).

하나님은 이미 모세의 부족함을 아시고 그의 형 아론을 돕는 사람으로 붙여 주시겠다고 약속하셨다. 하지만 모세는 하나님의 말씀을 믿지 못하고 무조건 못하겠다고 했기에, 하나님의 분노를 사게 된 것이다.

사실 우리에게도 모세와 같은 모습이 있을 수 있다. 하나님의 말씀을 신뢰하기보다는 나의 부족함을 바라보며 열등감 때문에 모세처럼 자신 없는 태도를 취하기도 한다. 하나님께서 "내가 너와 함께하겠다"고 약속하셨음에도 그 말씀을 믿지 못하고 불순종하기도 한다. 그러나 그리스도인은 하나님께서 나와 함께하신다고 말씀하시면, 비록 자신감이 없어도 내게 주어진 일을 감당할 수 있다는 믿음을 가져야 한다. 그렇지 않고 우리가 계속 열등감에 사로잡혀 있다면 어떤 일이 생기겠는가? 이는 나를 향하신 하나님의 말씀에 불순종하는 모습을 보이는 것일 뿐 아니라, 더 크고 위대한 일을 할 기회를 놓치게 될 것이다.

열등감의 부정적 영향

첫째, 열등감이 우월감을 추구하게 만들기도 하지만, 대체로 자신의 능력이 부족하다고 생각하는 사람은 어떤 목표를 세우는 것조차 생각하지 않고 시도조차도 하지 않는다. 그 결과, 현재보다 더 나은 성장을 이룰 기회를 스스로 차단하게 된다. 뿐만 아니라, 자신의 내면에 잠재된 능력을 개발하지 못하게 된다. "나는 할 수 없다"거나 "나는 잘하는 게 없다"라는 생각이 마음을 지배하면, 그 생각대로 아무것도 하지 못하는 사람이 되고 만다.

둘째, 열등감은 대인관계에도 전혀 도움이 되지 않는다. 자신을 열등한 존재로 인식하면 대인관계에서 자신감이 부족해져 자기표현을 하지 못한다. 억울한 상황에서도 자신의 입장을 이야기하지 않고, 혼자 참고 지내는 일이 반복된다. 뿐만 아니라, 자신의 마음을 표현하지 않기 때문에 상대방은 내 마음을 알지 못하여, 오해가 쌓일 수 있다. 그 결과 대인관계가 원만하지 못하게 된다.

셋째, 열등감은 좋은 기회를 놓치게 한다. 하나님은 모세를 지도자로 세우고자 하셨지만, 모세는 "저는 못해요", "저는 할 수 없어요, 다른 사람을 시키세요"라며 반복해서 뒤로 물러섰다. 이러한 태도는 하나님께서 주시는 좋은 기회를 놓치게 만든다. 하나님이 원하시는 사람은 완벽한 사람이 아니라, 부족하고 연약해도 하나님의 말씀을 믿고 순종하는 사람이다. 하나님은 그런 사람을 통해 역사하신다. 그렇다면, 열등감을 극복하려면 어떻게 해야 할까?

창조 신앙

본문 출애굽기 4장 11절에는 "여호와께서 그에게 이르시되 누가 사람의 입을 지었느냐 누가 말 못 하는 자나 못 듣는 자나 눈 밝은 자나 맹인이 되게 하였느냐 나 여호와가 아니냐"라고 기록되어 있다. 이 말씀은 모든 인간의 존재와 능력이 하나님의 창조와 계획에 기인한다는 것을 상기시켜 준다.

모든 제품은 어떤 회사에서 만들었느냐에 따라 가치가 달라지는, 이른바 브랜드 가치라는 것이 있다. 그런데 우리는 만군의 여호와 하나님께서 직접 만드신 Made in God 걸작품이다. 그렇기에 우리는 나를 하나님의 시각으로 바라보며, 내가 하나님의 걸작품이라는 사실을 믿는 자긍심을 가져야 한다. 이것이 바로 창조 신앙이다. 사실 이 세상에 완전한 사람은 없다. 누구나 정도의 차이는 있을지언정 약점과 부족함을 가지고 살아간다. 그러나 나를 지으신 하나님께서 나와 함께하신다면, 나의 약점이나 열등감조차도 극복할 수 있다고 믿는 것이 창조 신앙이다.

하나님을 신뢰하기

출애굽기 4장 12절에는 하나님은 모세가 부족한 점을 이미 알고 계셨기 때문에 모세에게 어떤 말을 해야 할지 직접 알려 주시겠다고 하셨다. 이때 중요한 것은 하나님의 말씀을 믿고 순종하는 것이다. 사도 바울도 고린도후서 12장 9절에서 자신의 연약함 때문에 하나님을 의지하게 되고, 하나님을 의지하기에 놀라운 기적을 체험할 수 있다고 간증했다.

반포에서 목회하시는 목사님으로부터 초등학교 학력을 가진 집사님이 어떻게 구역장을 하게 되었는가에 대한 간증을 들은 적이 있다. 그 구역장 집사님은 대부분의 구역 식구들이 자기보다 높은 학력을 가진 이들이어서 큰 열등감을 느끼고 있었다고 한다. 그러나 어느 날 하나님께 기도하던 중 "세상의 약한 것들을 택하사 강한 것들을 부끄럽게 하려 하신다"는 고린도전서 1장 27절의 말씀에 확신이 생겨서 구역장을 시작하게 되었다. 그 구역장은 자신의 부족함을 알기에 간절한 마음으로 기도하고 말씀을 준비하여 구역 예배를 인도했다. 그런데 놀랍게도 대학을 졸업한 구역 식구들까지 그 집사님의 구역 예배 인도를 통해 은혜를 받았다. 구역원 중에는 전문대 강사도 있었고, 일부 교수들까지 포함되어 있었다. 나중에는 구역원들이 그 구역장을 '총장님'이라고 부르기까지 했다.

구역장은 매우 민망해하며 그렇게 부르지 말라고 했지만, 구역원들은 "총장은 대학 교수를 거느리는 사람인데, 우리 구역장님이 바로 그런 분 아니냐"고 하면서 구역장을 지지했다고 한다. 학력의 열등감을 극복하기 위해 기도하면서 말씀을 준비했던 구역장도 훌륭하지만, 자기들보다 학력이 낮은 구역장의 예배 인도에 은혜를 받으면서 그에게 지지와 격려를 아끼지 않았던 구역원들도 훌륭한 사람들이었다. 연말이 되었을 때 구역원들은 목사님께 "내년에도 우리 구역장님 그대로 맡겨 주세요"라고 부탁했다고 한다. 만약 그 구역장이 학력 콤플렉스 때문에 구역장을 계속 거부했다면, 이러한 놀라운 일들을 경험하지 못했을 것이다.

나의 재능 활용

출애굽기 4장 17절에서 하나님은 모세에게 "너는 이 지팡이를 손에 잡고 이것으로 이적을 행할지니라"라고 말씀하셨다. 하나님은 모세가 가지고 있던 보잘것없는 지팡이를 통해 놀라운 기적을 행하셨다. 모세가 바로 앞에 가서 지팡이를 내려놓자 그것이 뱀이 되었고, 그 뱀을 다시 잡자 지팡이로 변하는 기적을 보여 주셨다. 모세가 지팡이로 홍해를 가리켰을 때, 홍해가 갈라져 이스라엘 백성이 그 길을 통해 출애굽하는 놀라운 일이 일어났다. 백성들이 물이 없어 고통스러워할 때, 모세가 지팡이로 반석을 치자 반석에서 생수가 터져 나오는 기적도 체험하게 하셨다. 이처럼 하나님은 모세가 가진 평범한 지팡이를 사용하셔서 놀라운 일들을 이루셨다.

나에게는 어떤 지팡이가 있는가? 하나님께서 함께하시면 내 삶에도 놀라운 기적이 일어날 수 있다. 내가 해야 할 일은 나의 열등감에 사로잡히지 않고, 하나님의 능력에 초점을 맞추며 순종하는 것이다. 나는 비록 부족하더라도 하나님께서 함께하시면 능치 못할 것이 없다는 믿음으로 순종할 때, 모세와 그 구역장처럼 열등감을 극복하고 놀라운 기적을 경험할 수 있을 것이다.

7. 말한 대로 된다 (잠 18:21)

하나님께서 인간에게 주신 많은 선물이 있지만, 그중 하나가 언어라고 생각한다. 말, 곧 언어생활이 얼마나 중요한지에 대한 속담이나 명언이 많이 있다. "가는 말이 고와야 오는 말이 곱다"부터 시작해서 "말 한마디에 천 냥 빚을 갚는다"라는 우리나라 속담도 있다. 셰익스피어는 "행운을 망치고 싶지 않다면 말을 다듬어라"고 말했다. 나폴레옹은 "평화를 원한다면 상대를 자극하는 말부터 고쳐야 한다"고 말했다. 말 한마디에 힘이 나기도 하지만, 말 한마디에 좌절하기도 한다. 이처럼 말에는 능력이 있다.

오늘 본문의 말씀에는 "죽고 사는 것이 혀의 힘에 달렸나니, 혀를 쓰기 좋아하는 자는 혀의 열매를 먹으리라"(잠 18:21)고 했다. 이 말씀은 내가 어떤 말의 씨앗을 뿌리느냐에 따라 그 열매를 거둔다는 의미다. 부정적인 말을 끊임없이 하는 사람은 그 말대로 부정적인 열매를 거둔다. 긍정적인 말을 주로 하는 사람은 긍정의 열매를 거두게 된다. 이처럼 뿌린 대로 거두는 원리는 언어생활에도 적용된다. 말에는 다음과 같은 두 가지 능력이 있다.

말의 두 가지 능력

어떤 말에는 창조의 능력이 있는가 하면, 어떤 말에는 파괴의 능력이 있다. 창세기 1:3에는 "하나님이 이르시되 빛이 있으라 하시니 빛이 있었다"고 했다. 이 말씀은 하나님의 말씀이 창조의 능력이 있음을 보여 주는 사례이다. 반면, 예수님께서 열매는 없고 잎사귀만 무성한 무화과나무를 저주했을 때, 그 나무는 뿌리까지 말라 버렸다(막 11:12-25). 이 장면은 예수님의 말씀이 파괴의 능력이 있다는 것을 보여 주는 예다. 이처럼 하나님의 말씀에는 창조의 능력과 더불어 파괴의 능력이 있다. 그런데 하나님의 말씀만 이런 능력을 지닌 것이 아니라, 사람의 말에도 이러한 힘이 있다.

1950년대, 미국 위스콘신대학에는 전국 각지에서 우수한 문학 지망생들이 모였다. 이들은 남자 그룹과 여자 그룹으로 나뉘어 정기적으로 자작시나 소설을 발표하고 서로 평가하는 모임을 가졌다. 남자 그룹에서는 "우리는 잘하는 것은 언급하지 말고 부족한 점만 혹독하게 지적하자"라는 규칙을 정했다. 이에 따라 발표자가 아무리 잘했어도 칭찬은 없었고, 부족한 점만 신랄하게 비판받았다. 반면 여자 그룹에서는 "우리는 잘못한 점은 언급하지 말고 잘한 점만 칭찬하고 격려하자"는 규칙을 정했다. 여자 그룹의 모임에서는 서로를 끊임없이 칭찬하고 격려했다.

그로부터 10년 후, 어떤 결과가 나타났을까? 남자 그룹에서는 우수한 문학 지망생들이 모였음에도 불구하고, 그 시대에 주목할 만한 작가는 배출되지 못했다. 원래 창의력이 뛰어났던 학생들도 끊임없는 비판에 스스로 주저앉아 버렸다. 반면, 평범했던 여자 그룹에서는 그 시대의 걸출한 인물들이 더 많이 나왔다. 이는 계속된 칭찬과 격려가 그들의 장점을 계발하도록 도왔기 때문이었다. 이러한 결과는 말이 사람의 능력에 얼마나 강력한 영향을 미치는지를 잘 보여 준다.

이 실험 결과가 말해 주듯, 사람의 말에는 창조의 능력과 더불어 파괴의 능력이 있다. 여기서 볼 수 있는 또 하나의 사실은 모든 일은 말한 대로 이루어진다는 것이다. 칭찬과 격려의 말을 계속 들으면, 그 말은 사람의 능력을 점점 계발하게 한다. 그러나 아무리 열심히 해도 비난과 지적만 받으면, 그 말이 사람 안에 있는 잠재력을 파괴한다.

사또 도미오라는 일본 사람은 『인생은 말하는 대로 된다』[20]라는 책을 썼다. 그의 주장에 따르면, 성공한 사람들을 연구해 보면 그들의 배경에는 성공으로 이끈 말이 있었고, 실패한 사람들에게는 실패를 유도한 말이 있었다. 매트 버드라는 미국인은 『말하는 대로 이루어진다』[21]라는 책에서, 사람이 마음속으로만 생각하고 표현하지 않는다면 아무것도 이루어질 수 없다고 말했다. 그는 일단 "내가 반드시 해낼 거야! 끝까지 해내고 말 거야"와 같은 말을 하면서 행동에 나서면, 자신이 한 말에 책임을 지기 위해 최선을 다하게 되고, 결국 그 말이 현실

---

20. 사또 도미오, 『인생은 말하는 대로 된다』, 이예린 역 (서울: 북뱅크, 2005)
21. 매트버드 & 래리 로드스타인, 『말하는 대로 이루어진다』, 이상원 역 (서울: 청림출판, 2001).

로 실현된다고 주장했다. 그렇다면 우리는 어떤 말을 하면서 살아야 할까?

축복의 말

우리의 언어 습관은 가정에서 시작된다. 그러므로 부모가 자녀들에게 어떤 말을 하는가는 매우 중요하다. 롤프 가복은 『하루에 한 번 자녀를 축복하라』[22]는 책에서, 부모가 어릴 때부터 자녀에게 축복의 말을 하면 그대로 이루어진다고 말했다. 부모로부터 축복의 말을 들으며 성장한 자녀는 축복된 인생을 살 가능성이 높다. 반면에 부모가 자녀를 비난하거나 조롱하고 저주한다면, 그 자녀는 결코 건강하게 성장할 수 없다고 강조했다.

어떤 부모는 가장 사랑해야 할 자녀에게 "네가 하는 꼴을 보니 고생문이 훤히 열렸다", "그렇게 하다가 거지 된다!", "너만 보면 한숨만 나온다. 나가 뒈져라"와 같은 말을 서슴없이 한다. 부모가 이렇게 말하면서 자녀가 잘 되기를 바라는 것은 큰 착각이다. 자녀가 정말 잘 되기를 바란다면, 자녀에게 축복의 말을 해야 한다. 비록 공부를 잘하지 못하고 장난꾸러기일지라도, 하나님이 주신 고유한 재능이 자녀에게 있다는 것을 믿고 자녀를 축복해야 한다. "하나님이 너를 사랑하셔. 아빠

---

22. 롤프 가복, 『하루에 한 번 자녀를 축복하라』, 김명희 역 (서울: 두란노서원, 2003).

엄마는 너를 너무너무 사랑해.", "아버지는 너만 생각하면 든든하고 자랑스러워!", "하나님께서 너를 내 아들로, 내 딸로 주신 것이 얼마나 감사한지 몰라.", "하나님께서 네 앞길을 인도해 주실 거야." 이런 축복의 말을 듣고 자란 아이가 행복하고 건강한 모습으로 성장하게 된다.

빌리 그레이엄 목사님이 어렸을 때 말도 못할 정도로 장난꾸러기였다고 한다. 동네 사람들은 "빌리가 커서 뭐가 되겠냐? 저거 깡패나 되겠지"라고 말했지만, 그의 할머니는 손자에게 늘 축복의 말을 해 주었다. "빌리! 네가 말을 잘하는 것을 보니, 너는 훌륭한 인물이 될 거야. 하나님께서 너를 귀하게 쓰실 거야." 이렇게 꾸준히 칭찬하고 격려하며 축복했다. 결국 빌리 그레이엄은 세계적인 부흥 목사가 되었다. 그는 어릴 적부터 할머니로부터 축복의 말을 들으며 자란 결과, 그렇게 성장할 수 있었다. 내가 사랑하는 가족과 지인들에게 비난이나 저주 대신 축복의 말을 하는 것은 이처럼 중요한 일이다.

긍정의 말

긍정의 언어는 단순히 낙관주의를 넘어, 신앙 안에서 하나님의 능력을 신뢰하고 선포하는 행위다. 민수기 13장에는 열두 명의 정탐꾼이 가나안을 정탐한 후 돌아와 보고하는 내용이 기록되어 있다. 40일간의 정탐을 마친 후, 열 명의 정탐꾼은 부정적인 보고를 했다. 민수기

13장 31-33절에 "그 백성을 치지 못하리라 그들은 우리보다 강하니라 하고 이스라엘 자손 앞에서 그 정탐한 땅을 악평하여 이르되 우리가 두루 다니며 정탐한 땅은 그 거주민을 삼키는 땅이요 거기서 본 모든 백성은 신장이 장대한 자들이며 거기서 네피림 후손인 아낙 자손의 거인들을 보았나니 우리는 스스로 보기에도 메뚜기 같으니 그들이 보기에도 그와 같았을 것이니라"고 했다.

이들은 믿음이 부족했거나, 부정적인 말만 듣고 성장했던 사람들일 가능성이 높다. 그러나 여호수아와 갈렙은 민수기 14장 8-10절에서 이렇게 말했다.

"여호와께서 우리를 기뻐하시면 우리를 그 땅으로 인도하여 들이시고 그 땅을 우리에게 주시리라 이는 과연 젖과 꿀이 흐르는 땅이니라. 다만 여호와를 거역하지는 말라. 또 그 땅 백성을 두려워하지 말라. 그들은 우리의 먹이라. 그들의 보호자는 그들에게서 떠났고 여호와는 우리와 함께 하시느니라. 그들을 두려워하지 말라."

이들은 믿음의 눈으로 가나안 땅을 바라보며 긍정적인 보고를 했다. 그러나 두 가지 보고를 들은 백성들은 열 명의 부정적인 보고에 영향을 받아 두려움에 사로잡혔다. 민수기 14장 1절에 "온 회중이 소리를 높여 부르짖으며 백성이 밤새도록 통곡하였더라"고 했다. 백성들은 모세를 원망하고, 심지어 하나님을 불신하며 애굽으로 돌아가자고 주장했다. 이러한 상황을 모두 지켜보신 하나님은 그들의 원망하는 소리를 들으시고, 민수기 14장 28절에 "너희 말이 내 귀에 들린 대로, 내가 너희에게 행하리라"고 말씀하셨다. 이는 하나님께서 그들이 말한 대로 갚겠다는 뜻이었다. 결국 부정적인 보고를 했던 사람들과 그 말에 동조하며 원망했던 사람들은 가나안 땅에 들어가지 못했다. 반면에 여호수아와 갈렙은 믿음의 보고대로 가나안 땅에 들어갔다. 이처럼 긍정적인 언어는 신앙과 삶에서 현실을 변화시키는 강력한 도구가 된다. 여호수아와 갈렙은 믿음의 눈으로 가나안을 바라보며 긍정적인 언어로 하나님의 약속을 선포했고, 결국 그들의 말대로 가나안 땅에 들어갈 수 있었다. 이는 말이 현실에 영향을 미치며, 신앙 안에서 믿음의 말이 얼마나 중요한지를 보여 주는 사례이다.

격려와 칭찬의 말

동화 작가 안데르센은 어릴 때 글 쓰는 재주가 없었다고 한다. 그래서 그가 쓴 글은 아무도 인정해 주지도 않았고, 봐주는 사람도 없었다. 하지만, 그의 어머니는 달랐다. 안데르센이 글을 쓸 때마다 그것을 읽고 적절하게 칭찬을 해 주었다. 칭찬을 받은 안데르센은 더 많은 칭찬을 받기 위해 계속해서 글을 쓰다가 결국은 세계적인 동화 작가가 되었다.

이처럼 칭찬은 사람이 갖고 있는 잠재력을 최대한 발휘하도록 하는 촉진제와 같다. 그런데, 칭찬에 인색한 사람이 있다. "마음으로만 알아 주면 되지 구체적으로 칭찬할 필요가 있느냐"고 한다. 그러나 칭찬은 마음 속에 담아 두는 것이 아니라 반드시 언어로 표현되어야 한다.

예수님도 믿음의 사람을 볼 때 칭찬하셨다. 귀신 들린 딸을 고치기 위해 예수님을 찾아온 가나안 여인의 요구를 계속 거절하셨다. 그러나 그 여인이 물러서지 않고 끝까지 구했을 때, 그 여인에게 "여자여! 네 믿음이 크도다. 네 소원대로 되리라"(마 15:28)고 하셨다. 예수님은 중풍병 걸린 하인을 낫게 하려고 찾아온 백부장의 믿음도 칭찬하셨다. 백부장이 예수님께 "주여 내 집에 들어오심을 나는 감당하지 못하겠사오니 다만 말씀으로만 하옵소서 그러면 내 하인이 낫겠사옵나이다 나도 남의 수하에 있는 사람이요 내 아래에도 군사가 있으니 이더러 가라 하면 가고 저더러 오라 하면 오고 내 종더러 이것을 하라 하면 하나이다"(마 8:8-9)라는 믿음의 고백을 했을 때 예수님은 그 백부장의 믿음을 보시고 "이스라엘 중에 아무에게서도 이만한 믿음을 보지 못하였노라"(마 8:10)고 하시면서 칭찬하셨다.

사람들이 칭찬과 격려를 잘 하지 못하는 이유는 무엇일까?

첫째, 성장 과정에서 주 양육자로부터 충분한 칭찬과 격려를 받지 못해서일 수도 있다.

둘째, 평소에 칭찬에 대한 자신의 기준이 높은 사람이라면, 웬만한 일에 대해서 칭찬하는 것이 쉽지 않아서일 수도 있다.

셋째, 타인에 대한 관심이 부족하다면, 역시 칭찬과 격려를 하는 것이 어려울 수 있다.

넷째, 시기와 질투로 가득 차 있는 사람이라면, 칭찬과 지지에 인색할 수밖에 없다.

이처럼 칭찬과 격려를 잘 하지 못하는 데는 여러 이유가 있지만, 칭찬과 격려의 중요성을 깨달은 후에 훈련을 통해 얼마든지 변화될 수 있다.

말조심 해야 할 이유

지금까지 말에는 창조의 능력도 있지만, 파괴의 능력이 있음을 알아보았다. 똑같은 칼이라도 의사가 사용하면 사람을 살리는 수술용 칼이 되지만, 강도가 그것을 사용하면 사람을 죽이는 흉기가 될 수 있다. 언어의 사용도 마찬가지다. 말을 어떻게 사용하느냐에 따라서 사람을 살리기도 하고, 때로는 사람을 죽이기도 한다. 이처럼 언어는 관계를 이어 주기도 하지만, 관계를 끊어 버릴 수도 있다. 그러므로 우리는 말을 지혜롭게 잘 할 수 있어야 한다. 잠언 6장 2절 말씀에 "네 입의 말로 네가 얽혔으며 네 입의 말로 인하여 잡히게 되었느니라"고 했다. 어떤 언어를 사용할 것인가는 나의 선택이지만, 그 말이 나를 성장하게도 하고 내 발목을 잡기도 한다.

 2002년 11월에 연예인 박경림 씨가 한 번의 농담으로 거액의 소송에 휘말린 적이 있었다. 박 씨는 모 TV방송 토크쇼에서 영화배우 김 모 씨와 대화 중에 "우리 모두 화장품 광고를 찍었다는 공통점이 있다"고 말하면서 "하지만 내가 화장품 광고를 찍고 나서 그 회사는 망했다"고 농담조로 말했다. 박 씨는 약 6개월 동안 그 회사 화장품 광고모델로 활동한 적이 있었는데, 박경림 씨가 그 말을 한 뒤에 화장품 회사 측은 방송이 나간 뒤 "회사가 진짜 망했느냐"는 문의를 수도 없이 받아 영업에 차질을 빚게 되었다. 결국 평균 10억 원에 이르던 월 매출액이 2억 원에도 못 미치게 되자, 토크쇼 내용이 자사에 손해를 끼쳤다며 출연자 박 씨를 비롯해서, 담당 PD 등을 상대로 30억 원의 손해배상 청구소송을 냈었다. 다행히 서로 화해하여 고소를 취하하였는데, 말실수로 큰 어려움을 겪은 한 예이다.

 하나님은 인간에게 서로 소통하며 살 수 있도록 언어를 선물로 주셨다. 그 언어로 하나님을 찬양하고, 그 말로 서로 사랑하고 축복하며, 격려하며 살기를 원하신다. 야고보서 3장 9-10절에서는 "이것으로 우리가 주 아버지를 찬송하고 또 이것으로 하나님의 형상대로 지음을 받은 사람을 저주하나니 한 입에서 찬송과 저주가 나오는도다"라고 경고하면서, 우리의 말이 하나님을 기쁘시게 하는 방향으로 사용되어야 함을 강조한다. 그러나 우리는 자신의 욕망과 공격성 때문에, 언어의 축복을 제대로 활용하지 못하고, 파괴적인 곳에 사용하는 어리석음을 범하기도 한다. 에베소서 4장 29절에서는 "무릇 더러운 말은 너희 입 밖에도 내지 말고 오직 덕을 세우는 데 소용되는 대로 선한 말을 하여 듣는 자들에게 은혜를 끼치게 하라"고 말씀하셨다. 그러므로 우리는 긍정의 말, 은혜가 되는 말, 믿음의 말, 축복의 말, 격려와 칭찬의 말을 하면서 사람을 세워 주고 살릴 수 있어야 한다. 내가 어떤 언어를 선택하여 사용하느냐에 따라 나와 타인과의 관계가 친밀해질 수도 있고, 반대로 단절될 수도 있기 때문이다.

타인과의 관계

chapter 1.   관계를 만드는 존중
chapter 2.   사랑의 5가지 언어
chapter 3.   다툼 속에서 길을 찾다
chapter 4.   갈등을 기회로
chapter 5.   행복한 부부의 원리
chapter 6.   좋은 부모 역할
chapter 7.   효도하는 자녀되기

> 4장　　　　　　　　　　　　　　　　　　　타인과의 관계

1. 관계를 만드는 존중(삼상 2:30)

나는 종종 탈북자가 운영하는 유튜브를 보면서 도전을 받고, 많은 것을 깨닫게 된다. 목숨을 걸고 탈북한 사람들이 인천 공항에 도착했을 때, 국정원 직원들이 그들을 맞이하며 처음 건네는 말이 "대한민국에 온 것을 환영합니다"라고 한다. 그 말을 듣는 순간, 평생 남한을 적대 국가로 여겨 왔던 탈북자들은 "어떻게 나를 환영할 수 있는가"라는 생각에 감동을 받는다고 한다.

　한국에 정착해 살면서 그들은 고속도로에 "이곳은 야생동물이 지나가는 곳입니다"라는 팻말이 있는 것을 보고 또 한 번 놀란다고 한다. 북한에서는 야생동물을 잡아먹는 것이 당연했지만, 대한민국은 들짐승까지 소중히 여기는 나라라는 사실이 그들에게는 큰 충격이라는 것

이다. 자신들이 북한에서 살 때는 인권은 커녕 짐승 취급을 받았지만, 대한민국에 와서 비로소 인간으로 대접받는다는 생각에 매 순간 감사와 감동을 느낀다고 한다.

이처럼 인간이 하나의 인격체로 대접받고 존중받고 싶어 하는 욕구는 탈북민뿐 아니라 우리 모두에게 보편적으로 존재한다. 심리학자 마슬로우는 이러한 인간의 욕구를 '자존감의 욕구'라고 말했다. 이러한 존중받고자 하는 욕구가 충족이 되면 치유가 일어나고, 관계가 개선되는 변화가 일어난다. 존중에는 다음과 같은 능력이 있다.

치유의 능력

강준민 목사님은 그의 저서 『존중의 능력』[23] 서문에서 어린 시절 자신이 매우 가난했기 때문에 무시를 당하며 살았던 이야기를 소개한다. 초등학교 시절, 육성회비(수업료)를 내지 못하면 선생님이 미납자 이름을 게시판에 적어 놓거나, 조회 시간에 공개적으로 창피를 주었다고 했다. 가난하다는 이유로 강 목사님은 항상 열등감 속에서 살 수밖에 없었다. 그러다가 교회를 나가 예수님을 만나게 되면서 새로운 경험을 하게 되었다.

세상 사람들은 가난하다고 자신을 무시했지만, 예수님은 자신을 존귀한 존재로 여겨 주셨다. 또한 교회에 나가면서 자신을 존중히 여겨

---

23. 강준민, 『존중의 능력』 (서울: 두란노서원, 2011).

주는 많은 사람을 만나게 되었다. 그들은 어린 시절의 자신에게 "내가 괜찮은 사람이구나"라는 자부심을 갖게 해 주었다고 간증했다. 그 결과 목사님의 열등감은 치유되고 미래에 대한 꿈을 갖게 되었다. 존중을 받으면서 자존감이 향상되고, 대인관계에서도 자신감을 갖게 되었다고 고백했다.

사람은 성장 과정에서 주 양육자로부터 자신이 소중한 존재임을 느끼며 사랑을 받게 되면 자존감이 높아진다. 그렇게 존중을 받으면 자존감이 높아져 치열한 세상 속에서 크고 작은 상처를 받더라도 그것을 잘 극복할 수 있다. 열등감 속에 살아가던 사람도 주변 사람들로부터 지속적으로 존중을 받게 되면 자신을 보는 시각이 달라지면서 자연스럽게 열등감을 극복하게 된다. 이처럼 존중은 치유의 능력이 있다.

관계 개선의 능력

존중은 치유의 능력일 뿐만 아니라, 좋은 관계를 형성하는 능력이기도 하다. 남편이 아내를 존중히 여기면, 아내도 남편을 존중하게 되는 긍정적인 상호작용의 선순환 속에서 부부는 친밀한 관계를 유지할 수 있다. 그러나 부부가 서로 존중하지 않고 무시하게 되면 그런 태도들이 상처가 되어 부부 관계에 금이 가게 된다.

결혼한 지 3년 된 젊은 부부가 부부 갈등으로 상담을 요청했다. 아내는 남편이 교인들 앞에서 "아내가 일주일에 계란말이를 한 개도 안 해 준다"는 식으로 창피를 주어 너무 속상했다고 호소했다. 그러면서 아내는 평소 남편에게 차려 주었던 반찬 사진을 보여 주며 남편의 말이 거짓이라고 했다. "내가 이렇게 사진을 찍어 놓지 않았다면 내가 어떻게 되겠어요?"라며 억울함을 토로했다. 나는 남편에게 "아내의 말에 의하면, 평소 식탁에 신경을 많이 쓰는 것 같은데 왜 그렇게 말하셨어요?"라고 물었다. 남편은 "제가 그때 미쳤나 봐요"라며 아내에게 용서를 구했다고 했다.

그래서 또 다시 "아무리 정신이 나갔다고 하더라도 이유가 있을 것 같은데, 솔직히 말씀해 주실 수 있나요?" 그러자 남편은 "사실 저도 아내에게 할 말이 많습니다. 제가 조금만 잘못해도 아내가 시댁이나 친정 어머니께 고자질하니까 저도 힘들거든요. 아내에 대해 안 좋은 감정이 쌓이다 보니 저도 모르게 그렇게 말했던 것 같습니다."

이 부부는 무엇이 문제였을까? 서로를 먼저 존중하지 않았기 때문에 그런 태도가 상대방의 마음에 상처를 남기고, 결국 상대를 무시하는 언행으로 이어졌던 것이다. 이처럼 내면적으로는 존중받고 싶어 하면서도 상대를 무시하게 되면 결국 자신도 존중받지 못하게 되는 악순환이 반복되기 마련이다. 사무엘상 2장 30절에서 하나님은 "나를 존중히 여기는 자를 내가 존중히 여기고"라고 말씀하셨다. 내가 하나님을 존중한다면 하나님이 내게 주신 부모님, 배우자, 그리고 자녀를 마땅히 존중할 수 있어야 한다. 누구를 어떻게 존중해야 할까?

부모 존중하기

자녀가 부모를 공경하고 존중하는 것은 하나님의 명령이다. 그러나 부모를 존중하지 않는 자녀들이 종종 있다. 요즘에는 부모에 대한 효도만 강조할 것이 아니라, 부모도 효도를 받을 수 있도록 행동해야 한다고 주장하는 자녀들도 있다.

대학원에서 상담을 공부하던 60대의 한 여성이 자신이 40년 동안 품어 왔던 아버지에 대한 원망을 털어놓았다. 그녀는 20살이 되던 어느 날, 어머니로부터 자신의 출생 당시 이야기를 들었다고 했다. 셋째 딸로 태어나던 때, 아들을 기대했던 아버지가 실망한 나머지 갓 태어난 핏덩이를 엎어놓았다는 것이다. 어린아이를 엎어 놓으면 어떻게 되겠는가? 숨이 막혀 죽으라는 의미가 아니겠는가? 그 이야기를 듣는 순간, 세상에 태어난 자신이 환영받지 못하고 거부당했다는 생각에 아버지에 대한 원망이 생겼다고 한다.

그 이후로 40년 동안 그 마음을 품고 살았는데, 60세가 되어 상담을 공부하며 비로소 치유되었다고 했다. 예전에는 자녀가 부모를 공경해야 한다는 말에 의문을 품는 사람이 그리 많지 않았다. 그러나 최근에는 자녀에 대해 부모로서 책임을 다하지 못하는 모습들이 매스컴에 보도되면서 효도에 대한 인식이 조금씩 바뀌는 것 같다. 예를 들어, 자녀를 낳기만 하고 양육을 포기하며 방임하는 부모들이 있는가 하면, 자녀를 비난하고 학대하며 저주하는 부모들도 있다. 자식에게 "엄마라고 부르지 말라"고 하는 무정한 엄마가 있는가 하면, 심지어 가난하다는 이유로 자식을 살해하는 부모도 있다. 이런 부모를 어떤 자녀가 효도하며 존중할 수 있겠는가? 부모가 존중받으려면, 부모 역시 자녀의 생명을 소중히 여기고 그들의 의견을 존중할 수 있어야 한다.

자녀 존중하기

어떤 부모는 자녀를 사랑한다고 말은 하면서도, 실제로는 자녀의 의견을 무시하고 비난하며 자녀를 존중하지 않기도 한다. 왜 이런 일이 생길까? 그런 부모는 자녀를 자신의 소유물이라고 생각하기 때문에 마치 물건 대하듯 자기 마음대로 해도 된다고 여긴다. 그래서 부모가 자녀를 존중하지 않고 함부로 통제하거나 학대하면 결국 자녀들에게 문제가 생기게 된다.

명문대를 나온 아버지를 둔 한 남자 대학생을 상담한 적이 있다. 그 학생 역시 명문대를 다니는 우수한 학생이었다. 그러나 그의 아버지는 아들이 자신이 다녔던 S 대학교에 입학하기를 원했지만, 아들은 아버지의 기대를 충족시키지 못했다. 그 결과, 아버지는 아들에게 "나가 뒈져라! 너는 내 자식도 아냐"라는 막말을 했다. 사실 아들이 좋은 대학에 입학했음에도 불구하고, 아버지는 자신이 원하는 대학에 들어가지 못했다는 이유로 아들을 비난하며 모욕적인 언행을 반복하면서 부자

관계는 점점 소원해지기 시작했다. 그때부터 그 아들은 집에 들어가도 아버지에게 인사하지 않고, 밥도 같이 먹지 않았다. 아버지 역시 그런 아들을 쳐다보지도 않았다. 아버지가 자녀의 노력을 인정하지 않고 무시한 결과, 아버지와 아들의 관계는 불편한 관계로 변했다.

그뿐만 아니라, 그 학생의 자존감은 바닥을 치며 심리적으로 위축되고 우울감을 겪었다. 그는 원만하지 못한 교우 관계로 어려움을 겪으며 학교생활에도 부적응 상태가 되었다. 이처럼 아버지로부터 존중받지 못하고 무시당하면서 그 학생은 정신적으로 피폐해졌다. 부모는 자녀를 무조건적으로 사랑할 수 있어야 한다. 부모 말을 잘 들으면 칭찬하고 기대에 미치지 못하면 비난하는 것은 자녀를 조건적으로 사랑하는 것이다. 부모의 기대에 미치지 못하거나 실수를 하더라도 자녀를 존중하는 것이 진정한 사랑이다.

정신과 의사 김정일은 『이런 부모가 자녀를 정신병자로 만든다』[24]라는 책에서 부모가 자녀를 방임하거나 심각하게 통제하면 자녀들은 질식할 것 같아 가출한다고 말했다. 그러므로 부모는 자녀의 존재 자체에 감사하며 그들을 존중해야 한다고 강조했다. 어릴 때뿐 아니라 성인이 된 후에도 부모는 자녀의 의견을 존중해야 한다. 때로 자녀들이 실수하거나 기대에 미치지 못하더라도 그들을 무조건 비난하지 말고 그들의 인격을 존중하며 건강하게 소통해야 한다. 부모로부터 그런 사랑과 존중을 받으며 성장한 자녀는 결코 잘못된 길로 가지 않는다.

---

24. 김정일, 『이런 부모가 자식을 정신병자로 만든다』 (서울: 박영률출판사, 2002).

배우자 존중하기

부부 집단상담에서 젊은 아내가 성인 아이 같은 남편에 대해 하소연을 했다. 집안에 가전제품을 구입해야 하는 상황이 되었을 때 그것을 사용하게 될 아내에게 가장 큰 결정권이 있어야 할 것이다. 그러나 마마보이였던 남편은 "어머니! 와이프가 이런 냉장고를 사겠다고 하는데, 어머니는 어떻게 생각하세요?"라며 어머니에게 전화를 걸었다. 시어머니는 "니 와이프는 왜 그렇게 비싼 것을 산다고 하냐? 좀 더 작은 것으로 사라고 해라"라고 훈계를 했다. 결국 남편은 자기 어머니의 의견은 존중하고, 아내의 의견을 무시하게 되면서 부부간의 갈등은 심화되었다. 성경은 자녀가 부모를 떠나 하나가 되라고 했는데, 이는 더 이상 부모에게 의존하지 말고 부부가 서로를 존중하며 의사결정을 하라는 의미다. 그럴 때 부모는 그런 자녀들을 존중해 주어야 한다.

동치미라는 TV 프로그램에서 현역 야구 코치의 아내가 특별 게스트로 출연하여 남편과 6개월째 별거 중이라고 하면서 고부간에 있었던 이야기를 내놓았다. 남편이 미국에 전지훈련을 간 사이, 시어머니가 "며느라! 너 혼자 있지? 내가 잠시 들를게!"라고 전화가 왔길래 며느리는 "네 어머님, 오세요"라고 대답했다. 그런데, 그다음 날 시어머니가 이삿짐 센터 차에 짐을 한가득 싣고 왔다. 며느리에게 의사를 묻지도 않고 일방적으로 이삿짐을 싸서 들이닥친 시어머니의 행동에 며느리는 매우 당황했다. 며느리는 시어머니로부터 전혀 존중받지 못한다고 느꼈는데, 남편에게도 큰 실망을 하게 되었다. 아내는 남편이 전처와의 사이에서 테어난 딸에게 양육비를 보낸다는 사실을 알고 있었지만, 그 액수가 자신이 알고 있는 것과 달라서 큰 배신감을 느꼈다고 했다. 게다가 남편은 사업자금을 마련하려던 목돈을 아내의 만류에도 불구하고 주식에 몰빵해 모두 날렸다. 결국 집안에서 시어머니와 남편에게 존중받지 못한다고 생각한 아내는 별거를 결심하게 되었다는 내용의 이야기였다.

행복한 부부가 되려면 서로가 존중해야 한다. 그런데 사람들은 왜 서로를 존중하지 못할까? 인간에게는 원죄라고 하는 죄성이 있는데. 그 죄성에는 자기중심적 이기주의와 탐욕, 그리고 타인을 무시하는 교만한 마음이 포함되어 있다.

그런데, 타인을 존중하지 않는 이러한 태도도 인간의 죄성이라고 할 수 있다. 사람들은 처음 만난 상대를 무의식적으로 위아래로 살피며 탐색하다가 나보다 뭔가 부족하다는 판단이 들면 그 사람을 하대하려는 경향이 있다. 겉으로는 예의를 갖춘 척하지만, 속으로는 무시하기도 한다. 반면에 나보다 괜찮아 보이는 사람에게는 존중을 표하기도 한다. 그렇기 때문에 나보다 부족해 보이는 사람을 진심으로 존중하는 것은 쉽지 않다. 왜 그럴까? 존중은 인간의 본성이 아니기 때문이다.

하나님의 성품

존중은 인간의 성품이 아니라, 하나님의 성품이다. 하나님이 인간을 지으신 후 자유의지를 주신 것은 인간의 생각과 판단을 존중하겠다는 의미가 포함된 것이다. 예수님도 빈부귀천, 남녀노소를 가리지 않고 심지어 장애인이나 병든 사람까지 포함해 모든 영혼을 소중히 여기며 존중하셨다.

예수께서 수가성 우물가에서 한 여인에게 물을 달라고 하셨을 때, 사마리아 여자는 "당신은 유대인으로서 어찌하여 사마리아 여자인 나에게 물을 달라 하시나이까"(요 4:9)라고 말했다.

당시 유대인은 사마리아 사람을 존중하지 않고 철저히 무시했기 때문에 그 지역으로 지나가지도 않고 말도 걸지 않았다. 그러나 예수님은 우물가의 사마리아 여자에게 말을 걸으셨는데 이는 예수님이 사마리아 여자를 한 인격체로 존중하는 모습이다.

이와 같이 타인에 대한 존중은 갈등을 넘어 화해로 이어지게 하여 관계를 회복하는 놀라운 능력이 있다. 그러므로 우리가 가정과 교회, 그리고 세상 속에서 좋은 관계를 갖기 위해서는 자신과 타인을 존중하는 하나님의 성품을 닮아가는 것이 필요하다.

2. 사랑의 5가지 언어(고전 13장)

당신은 죽음에 임박한 사람들이 가장 후회하는 것이 무엇이라고 생각을 하는가?

호스피스 전문의 오츠 슈이치가 『죽을 때 후회하는 스물다섯 가지』[25]라는 책을 썼는데, 이 책에는 실제로 죽음을 앞둔 1천 명의 말기 암 환자들이 남긴 마지막 후회를 모은 내용이 실려 있다. 그중 몇 가지를 살펴보면, 자기 몸을 소중히 여기지 않았던 것, 담배를 끊지 않았던 것, 자신을 제일이라고 믿고 살아온 것, 결혼을 하지 않았던 것, 종교를 갖지 않고 살아온 것 등이 있었다.

그리고 오늘의 주제와 관련된 내용으로는, 감정에 좌지우지되어 일생을 보내 버린 것, 사람들에게 친절하지 못했던 것, 사랑하는 사람에게 "사랑해요, 고마웠어요"라고 말하지 못하고 이별한 것 등을 언급하고 있다.

큐블러 로스가 쓴 『인생수업』[26]이라는 책도 임종을 앞둔 환자들의 이야기를 담고 있다. 그곳에서도 가장 후회하는 것 중 하나가 '사람들을 사랑하지 못했던 것'이라고 했다. 사실 성경에서도 가장 강조하는 핵심 가치 중 하나가 사랑이다. 고린도전서 13장 1-2절에 의하면, 우리

---

25. 오츠 슈이치, 『죽을 때 후회하는 스물다섯 가지』, 황소연 역 (서울: 21세기북스, 2009).
26. 큐블러 로스 & 데이비드 케슬러, 『인생 수업』, 류시화 역 (서울: 이레, 2006).

가 예언하는 능력이 있고 산을 옮길 만한 믿음이 있다고 하더라도 사랑이 없으면 아무것도 아니라고 했다. 그렇다면, 우리가 서로 사랑해야 할 이유는 무엇일까?

사랑해야 할 이유

예전에 '레미제라블'이라는 영화를 본 적이 있다. 레미제라블의 뜻은 '불쌍한 사람들'이라는 의미로, 영화의 주인공은 장발장이다. 장발장은 한 조각의 빵을 훔친 죄로 5년간 감옥살이를 하게 되었으나, 4번의 탈옥을 시도하다가 결국 19년간의 감옥살이를 마치고 중년이 되어 출옥했다. 전과자라는 신분 때문에 어디에도 갈 곳이 없던 장발장은 미리엘 주교의 집에서 하룻밤 숙식을 제공받았다. 그러나 그는 그곳에서 은식기를 훔쳐 도망가다가 헌병에게 체포되어 끌려왔다. 그때 미리엘 주교는 은식기를 자신이 준 것이라고 말하며 오히려 은촛대 한 세트를 더 얹어 주었다. 장발장은 주교의 사랑에 큰 감동을 받았고 자신을 돌아보게 되었다.

그 후, 장발장은 마들렌이라는 새 이름으로 사업을 일구어 한 도시의 시장이 될 정도로 성공했다. 그러던 중, 어떤 사나이가 장발장으로 오인되어 체포되고 벌을 받게 되었다는 소식을 듣고 괴로워하던 그는 스스로 법정에 출두했다. 결국 그 사나이를 구해 주고 자신이 감옥에 들어갔다가, 다시 탈옥한 후 어려운 사람들을 도우며 살아갔다. 그러나 자베르리는 경찰은 끈질기게 장발장의 뒤를 추적했다.

그러던 중 프랑스에 폭동이 일어나, 자베르는 민중들에 의해 체포되어 죽게 될 처지에 놓였다. 그때 장발장은 자베르를 자신이 직접 죽이겠다고 말하며 다른 곳으로 데려간 뒤, 그를 다른 사람들이 모르게 놓아주었다. 평생 자기를 쫓아다니던 자베르를 죽일 수 있는 절호의 기회였지만, 장발장은 그렇게 하지 않았다. 왜 그랬을까? 이는 과거에 자신이 미리엘 주교로부터 받았던 사랑의 빚이 생각났기 때문이었다. 우리가 서로 사랑해야 할 이유는 무엇일까? 우리는 지금까지 살아오면서 부모와 이웃 그리고 하나님으로부터 말할 수 없이 많은 사랑을 받은 자로서 사랑의 빚을 진 자이기 때문이다. 그렇다면, 우리는 어떻게 사랑해야 할까?

사랑의 5가지 언어

게리 채프먼은 위기에 빠진 부부들이 『5가지 사랑의 언어』[27]를 통해 행복한 삶을 살아갈 수 있다고 제안했다. 어느 날, 한 남편이 아내의 생일을 맞아 사랑을 표현하기 위해 꽃 100송이를 선물했다. 그러나 아내는 쓸데없는 곳에 돈을 낭비했다고 남편에게 핀잔을 주었다. 아내가

---

27. 게리 채프먼, 『5가지 사랑의 언어』, 장동숙 역 (서울: 생명의 말씀사, 2001).

원했던 사랑은 꽃 100송이가 아니라, 생일날 남편이 함께해 주는 것이었다. 이 부부는 서로 사랑의 언어가 달랐던 것이다. 그러므로 행복한 부부가 되려면, 부부가 자주 사용하는 5가지 사랑의 언어를 알고 배우자에 맞는 사랑의 언어를 사용해야 오해 없이 소통할 수 있다. 이런 사랑의 다섯 가지 언어는 성경적인 가르침과도 맞닿아 있다.

함께 하는 것

첫 번째 사랑의 언어는 '함께 하는 것'이다. 우리는 누군가를 사랑하면 그 사람과 함께하고 싶어 한다. 특히 상대방이 어려운 상황에 처했을 때 함께하는 것은 사랑의 중요한 표현이다.

주말마다 골프를 치러 가는 남편 때문에 속이 상한 한 아내가 상담을 요청했다. 평소에도 주말 부부로 지내는 이 아내는 주중에는 혼자 지냈는데, 남편이 주말에 집에 와서도 아내와 함께하는 시간을 보내지 않고 사업상의 핑계로 골프를 치러 나가는 것 때문에 '남편이 과연 나를 사랑하는가'라는 의심이 생겼다. 아내는 "내가 일주일 내내 혼자 있는데 주말에 와서까지 골프를 치러 나가면 나는 뭐냐?"며 남편에게 불평을 했다. 그때마다 남편은 "자신도 아내와 함께하고 싶지만 비즈니스 차원에서 여러 사람들과 교제해야 되므로 어쩔 수 없다"고 했다.

이런 상황에서 남편은 아내가 진정으로 원하는 사랑의 언어가 무엇인지를 모른 것이다. 이러한 일로 인해서 그 아내는 남편이 혹시 나를 사랑하지 않는 것이 아닌가라는 의심이 점점 강하게 다가 왔다. 필자도 종종 아내에게 종종 듣는 질문이 있다. "여보, 내가 아플 때 내 옆에 있어줄 거지?"라는 것이다. 아내에게 평생 원망을 듣는 남편들 중에는 아내가 해산의 고통을 겪을 때 직장 일을 핑계로 함께하지 못한 경우가 있다. 그런 경우 아내들 중에는 가장 힘든 순간에 남편이 옆에 있지 않았다며 남편이 과연 나를 정말로 사랑하는가라고 의문을 품기도 한다. 이들에게 사랑의 언어는 힘들 때 배우자와 함께 하는 것이다.

하나님도 이스라엘 백성들에게 함께 하시겠다는 '사랑의 언어'를 다양한 상황에서 말씀하셨다(창 26:24, 출 3:12, 수 1:5, 사 41:10, 렘 1:8). 예수님께서도 마태복음 28장 20절에서 제자들에게 "내가 세상 끝날까지 너희와 함께하리라"고 말씀하셨는데 이는 제자들을 그만큼 사랑한다는 뜻이다. 배우자뿐 아니라, 우리 주변의 소외된 자와 고통받는 자와 '함께하는 것'이 곧 사랑의 언어이다.

인정하는 말

두 번째 사랑의 언어는 '인정하는 말'을 하는 것이다. 부부나 가족, 혹은 지인들 간에 서로 사랑하게 되면 상대방을 지지하고 격려하거나 칭찬하는 말을 하게 된다. 사랑은 언어를 통해 표현되어야 하며, 이는 곧 상대를 인정하거나 칭찬하는 말이다.

나는 과거에 연세대학교 OO학과를 다니던 한 남학생을 상담한 적이 있다. 상담센터에 들어오던 그 학생은 어깨가 축 처져 있었고, 의욕 없는 표정으로 힘겨워 보였다. 그가 호소한 주된 문제는 아버지와의 관계 때문에 힘들다는 것이었다. 아버지가 보기 싫어서 집에 들어가기조차 싫었고, 집에 들어가도 아버지께 인사조차 하지 않으며, 밥도 같이 먹지 않았다고 했다. 그는 늘 우울한 상태로 지낼 수밖에 없었다. 사실 연세대학교 OO학과에 입학할 정도면 공부를 매우 잘하는 학생이었다.

그러나 그는 아버지로부터 한 번도 칭찬을 받아 본 적이 없었다. 자기보다 공부를 못하는 친구들 중에는 서울에 소재한 대학만 들어가도 부모님께 잘했다고 인정을 받았지만, 그는 아버지로부터 인정받지 못했다. 이유는 단 하나였다. 그가 아버지가 원하는 서울대학교에 입학하지 못했기 때문이었다. 아버지의 기준에 미치지 못한 그는 아버지로부터 칭찬 대신 비난과 책망과 외면을 받았다. 그런 아버지의 태도에 아들은 크게 상처를 받았고, 그런 아버지를 점점 멀리하게 된 것이다. 명문대에 입학했음에도 아버지에게 인정받지 못한 그는 우울한 상태에서 벗어날 수 없었다.

만약 아버지가 평소에 공부를 잘하던 아들에게 칭찬과 격려를 아끼지 않았다면, 그 학생은 오히려 자신감을 얻어서 더 나은 성과를 냈을 것이다. 그렇지만 아버지는 아들의 존재 자체를 사랑하기 보다는 아들의 실력으로 평가하려 했기 때문에 아들을 인정하지 못했다. 부모

자식뿐 아니라, 부부 사이에, 혹은 직장이나 교회 안에서 서로를 지지하고 격려하며 인정하는 말을 건네는 것은 곧 그를 사랑한다는 의미를 표현하는 행위이다.

선물하기

세 번째 사랑의 언어는 '선물하기'이다. 사랑은 말뿐 아니라, 정성이 담긴 선물을 통해서 전달되기도 한다. 여러분이 기억하는 최고의 선물은 무엇인가?

나는 큰아들로부터 간을 공여받은 것이 내 인생의 가장 큰 선물이라고 생각한다. 내가 간경화로 매우 힘든 상황에서 아들로부터 간을 공여받아 이식 수술을 받지 못했다면 나는 지금 살아 있지 못했을 것이다. 그래서 나는 지금도 아들에게 늘 고마운 마음을 가지고 있다. 자신의 간 2/3를 떼어 주고 아버지를 살렸는데, 그것보다 더 큰 사랑의 선물이 어디 있겠는가? 그런데, 사랑의 선물은 거기에서 그치지 않았다. 간이식 후 내가 병원에 입원해 있으면서 잊을 수 없는 또 하나의 선물을 받았다. 지금으로부터 20년 전, 간이식 수술에는 1억 원 정도의 비용이 들었다. 당시에 내가 현역 군목으로 재직 중이었기 때문에 수술비 마련을 위해 한국 군종 목사단을 비롯한 특전사령부 간부들, 심지어 신부와 법사님들까지 봉급에서 계급별로 일괄 공제해 수술비를 지원하기 위한 모금을 해 준 것도 사랑의 선물이었다.

어느 날 당시 군인교회 안수집사님 부부가 간이식을 한 내 소식을 듣고 병원을 방문했다. 그분들은 나를 위해 기도해 주시고 봉투 하나를 놓고 가셨다. 봉투를 열어 보고 나는 깜짝 놀랐다. 그 안에는 100만 원짜리 수표 10장이 들어 있었다. 그 집사님 부부는 그런 액수를 줄 만큼 여유가 있는 분들이 아니었다. 그분을 포함해 여기에서 다 언급할 수 없는 여러 성도의 수술비 후원은 평생 잊을 수 없는 사랑의 선물이자 마음의 빚으로 남아 있다. 이처럼 개인뿐 아니라 부부간에 선물을 주고 받는 것은 사랑을 표현하는 중요한 언어라고 할 수 있다.

봉사와 헌신

네 번째 사랑의 언어는 '봉사와 헌신'을 하는 것이다. 부부간에 서로 사랑의 언어를 알아보기 위해 직접 물어보거나 혹은 간편 심리검사를 해 보는 것도 큰 도움이 된다.

어느 날 나는 아내에게 "여보, 내가 당신에게 봉사한다고 생각하는 것들 중 기억나는 게 있어?" 라고 물었더니 아내가 "화장실 청소해 달라고 하면 청소해 주고, 아침에 간단히 식사를 준비해 달라고 하면 그것도 해주고, 몸이 아파서 병원에 가 달라고 하면 운전해 주잖아." 그런데 그다음에 하는 아내의 말이 더 와닿았다. "내가 부탁할 때만 해 주는 것보다 알아서 해주면 더 고맙지. 그런데 남자들은 그게 잘 안된다고 하더라고. 그러니까 필요할 때마다 이야기할게! 그래도 당신은 잘하는 편이야."라고 하면서 나를 인정하는 말까지 곁들여 주었다.

부부 상담을 하다 보면 배우자를 위해 봉사와 헌신하는 것을 당연하게 여기고 고맙다는 표현을 하지 않는 경우가 많다. 그런가 하면, 배우자가 원하는 봉사와 헌신에 무감각한 남편도 있다. 부부 상담을 왔던 어떤 아내는 남편이 출근하려고 나가는 길에 분리수거를 해 달라고 요청했는데 그걸 안 해 준다고 속상해 하는 경우도 있었다. 어떤 아내는 남편이 집안에서 손 하나 까딱하지 않고 소파에 누워서 물 떠와, 리모컨 가져와 하며 시킨다고 불만을 털어놓기도 한다. 어떤 아내는 퇴근 후에도 독박육아를 하며 남편이 아이를 돌보지 않는 것에 대해 불평을 털어 놓기도 한다. 사실 봉사와 헌신은 부부관계를 넘어 직장이나 교회, 공동체 안에서도 반드시 필요한 요소다. 특히 지역사회를 위해 자원봉사를 하는 사람들은 공동체를 진정으로 사랑하는 마음이 없으면 그 일을 지속할 수 없다. 이런 점에서 봉사와 헌신은 사랑의 언어임에 틀림없다.

스킨십

다섯 번째 사랑의 언어는 '스킨십'이다. 스킨십은 피부와 피부의 접촉을 통해 사랑을 느끼는 것이다. 사랑한다고 하면서도 전혀 스킨십이 없다면 부부간의 친밀감이 떨어질 것이다. 젊은 아내인데도 남편이 가까이 오는 것도 싫어하며 각방을 쓰는 경우도 있다. 이런 부부의 경우 평소에 스킨십을 통해 애정을 표현하는 부부보다는 친밀감이 덜 할 것이다.

스킨십은 꼭 부부만 하는 것이 아니다. 친구들 간에 악수를 하거나, 오랜만에 만난 지인과 허그를 하거나, 어린아이의 머리를 쓰다듬는 것도 일종의 스킨십이다. 스킨십의 핵심은 이러한 신체적 접촉을 통해 상대방에게 나의 따뜻한 마음을 전달하는 것이다. 심지어 반려견도 쓰다듬어 주면 자신이 사랑받고 있다고 느낀다. 그런데 부부지간에 문제가 되는 것은 한쪽이 스킨십에 대한 트라우마가 있을 때이다. 이런 경우는 그 트라우마를 우선 치유해야 한다. 그렇지 않고, 지속적으로 스킨십을 한쪽이 거부하면 그러한 부부의 친밀감은 떨어지게 된다. 실제로 부부간의 스킨십이 떨어지거나 심지어 각방을 사용하게 되면, 그러한 부부는 심리적 거리감도 멀어져서 행복한 결혼생활을 지속하는데 큰 장애물이 되기도 한다. 그러므로 스킨십이라는 사랑의 언어를 거부하거나, 충족되지 않는 부부는 이 부분에 대한 상담심리전문가의 도움을 받아 볼 필요가 있다.

언제 사랑할까?

독일의 철학자 임마누엘 칸트는 매사에 신속한 결단을 내리지 못하는 우유부단한 성격이었다고 한다. 한번은 한 여인과 사귀게 되었는데, 사랑하면서도 도무지 사랑한다고 고백하거나 구혼하지 않았다. 결국 그 여자가 먼저 청혼을 했다. "당신을 사랑합니다. 저와 결혼해 주세요." 이 말을 들은 칸트는 "한번 생각해 보겠습니다."라고 대답하고 청혼받은 그날부터 도서관으로 향했다. "사랑이란 무엇인가? 결혼이란 무엇인가? 사랑하면 결혼해야 하는가? 결혼 후에 사랑이 식으면 어떻게 해야 하는가?" 칸트는 결혼에 대한 찬성론과 반대론을 읽으며 연구에 몰두했다.

오랜 시간을 고민한 끝에 그는 그 여인과 결혼하기로 최종 결론을 내렸다. 그리고 그 여인의 집을 찾아가 말했다. "나와 결혼해 주십시오. 내가 당신을 사랑합니다." 그러나 여인의 아버지가 나와서 이렇게 말했다. "너무 늦었소. 내 딸은 이미 세 아이의 어머니가 되었소." 사랑은 연구해서 하는 것이 아니다. 지금 바로 사랑의 다섯 가지 언어를 잘 활용하여 배우자 간에 사랑을 실천할 수 있기를 바란다.

3. 다툼 속에서 길을 찾다(약 4:1-3)

김남준 목사는 『개념 없음』[28]이라는 그의 저서에서 하나님의 백성들이 고난을 당하는 이유는 하나님 말씀대로 살지 못하기 때문일 수도 있지만, 많은 경우 자신의 실수로 어려움을 겪는 것이라고 말했다. 문제는 자신의 잘못된 처신으로 고난을 당하면서도 그 원인을 하나님께 돌리는 사람이 있는데, 바로 그런 사람들이 개념이 없는 그리스도인이라고 했다. 삶의 태도는 하나님의 은혜가 담기는 그릇과도 같다. 삶에 대한 잘못된 태도를 가진 사람은 신앙생활에서도 그릇된 모습을 드러내기 때문에 자신의 삶의 태도를 통찰하는 시간은 매우 중요한 일이라고 할 수 있다.

저자는 그 책에서 그리스도인이 좋은 관계를 맺기 위해 가져야 할 개념 있는 태도 10가지를 제시했다. 그중 일부는 다음과 같다. 예를 들어, 고난당하거나 위기에 처한 사람을 찾아가 위로하는 것, 진취적인 태도를 취하는 것, 잘못한 일이 있을 때 먼저 사과하는 것, 상대방의 약점을 들추어내지 않는 것, 그리고 용서하는 것 등이 있다. 특히 그중 하나가 '다투지 않는 것'이라고 했다.

다툼은 두 사람 이상이 모인 곳이라면 어디서든 발생할 수 있다. 다툼을 통해 서로를 알아가는 순기능도 있지만, 관계를 악화시키는 역기

---

28. 김남준, 『개념없음』 (서울: 생명의 말씀사, 2010).

능도 존재한다. 부부 관계를 비롯해 학교나 직장 내에서도 다툼은 종종 일이닌다. 심지어 교회 안에서도 죄성이 있는 인간의 모임이기에 언제라도 다툼이 발생할 여지가 있다. 그럴 때 지혜롭게 대처하는 것이 매우 중요하다. 만약에 사람들 사이에 발생하는 다툼을 지혜롭게 대처하지 못하면 관계가 악화되고 단절될 수도 있다. 이는 개인적으로는 정신건강에 문제가 되고, 공동체 안에서는 덕이 되지 않으며, 나아가 하나님의 영광을 가리는 일이 된다. 그렇다면 사람들이 다투는 이유는 무엇일까?

욕심과 정욕

사람들이 다투는 원인은 다양하지만, 내면적으로는 자기중심적으로 생각하고 자기 뜻대로 하고자 하는 욕심 때문인 경우가 많다. 플라톤은 "모든 전쟁의 근원에는 욕심에 있다"고 말했다. 심리학은 사람들이 다투는 이유를 '욕구의 충돌'로 설명하기도 한다. 잠언 28장 25절에는 "욕심이 많은 자는 다툼을 일으킨다"고 기록되어 있다. 야고보서 4장 1절에서도 "너희 중에 싸움이 어디로부터, 다툼이 어디로부터 나느냐. 너희 지체 중에서 싸우는 정욕으로부터 나는 것이 아니냐"고 했다.

여기서 말하는 정욕이란 다른 사람을 고려하지 않고 자신의 욕구 충족만을 우선적으로 생각하고 주장하는 비생산적 욕망이라고 할 수 있다. 정욕은 무언가를 소유하거나 쾌락을 추구하거나 상대를 통제하려는 모습으로 나타난다. 이런 욕망은 결국 상대방의 욕구와 충돌하여 다툼을 일으킨다.

안타깝게도 이러한 욕망은 끝이 없기 때문에 이러한 욕망을 지혜롭게 다스리지 못하면, 대인관계나 공동체 안에서 갈등과 다툼이 발생하게 된다. 야고보서 1장 15절에는 욕심이 잉태한즉 죄를 낳고 죄가 장성한즉 사망을 낳느니라"라고 했다. 이처럼 욕심은 다툼의 원인이자 죄를 짓게 만드는 근원이 되기도 한다.

혈기와 분노

혈기의 사전적 의미는 사람의 혈과 기운, 또는 그것에서 나오는 씩씩한 기운이나 힘이라고 한다. 하지만 감정적으로 통제되지 않는 분노나 성급함을 표현하기도 한다. 혈기는 죄성에서 나오는 충동적인 감정(분냄)을 가리키기도 한다. 갈라디아서 5장 20절에는 "우상 숭배와 주술과 원수 맺는 것과 분쟁과 시기와 분냄과 당 짓는 것과 분열함과 이단" 등의 행위를 육체의 일로 언급하면서, 분냄이 분쟁과 같은 다툼과 연관이 있음을 보여 준다. 즉, 자신의 감정을 자제하지 못하고 표현하는 사람은 사소한 일에도 공격적으로 덤벼드는 경향이 있기 때문에 상대방과 다툴 가능성이 크다. 그러한 태도는 상대방에게 상처를 주고, 결국 다툼을 일으키게 된다. 누구나 마음속에서 욱하고 치밀어 오르는 혈기가 있을 수 있다. 그렇지만 성숙한 사람은 그러한 감정을 절제하여 표현하기 때문에 다툼의 여지를 줄일 수 있다. 누구라도 쉽게 화를 내거나 다혈질적인 사람과 친밀하게 지내고 싶은 마음은 없을 것이다. 사람들은 대체로 부드럽고, 관대하며 따뜻한 사람에게 끌리고 그런 사람과 관계를 지속하고 싶어 한다. 잠언 15장 18절에는 "분을 쉽게 내는 자는 다툼을 일으켜도 노하기를 더디 하는 자는 시비를 그치게 하느니라"고 했다. 그러므로 다툼을 일으키지 않으려면 충동적인 감정을 표현하는 자가 아니라, 자신의 감정을 절제하면서 표현할 수 있어야 한다. 만약 우리가 감정 조절을 하지 않고, 충동적으로 사람들과 다투면서 살아간다면 어떻게 될까?

관계의 악화와 단절

다툼은 사람들 간의 감정을 상하게 하여 관계를 악화시키며 결국 단절에 이르게 하는 주요 원인이 된다. 비록 작은 다툼이라도 해결되지 않고 반복되면 불신과 오해가 쌓이게 되고, 결국 서로를 피하게 된다. 특히 감정적 상태에서 터져 나오는 비난과 공격은 상대방을 방어적이고 적대적으로 만들며, 더 큰 갈등으로 번질 수 있다. 한 번 깨진 신뢰는 쉽게 회복되지 않기 때문에, 다툼이 지속될수록 서로의 관계는 되돌리기 어려운 상태로 악화된다. 또한, 다툼이 지속되면 상대방과의 긍정적인 추억이나 감정보다 부정적인 경험이 더 크게 남아 관계를 포기하고 싶어지게 된다. 다툼을 통해 감정의 골이 깊어지면 대화의 빈도수가 줄어들고 결과적으로 관계는 더 이상 회복하기 어려운 수준으로 악화되며, 단절된다. 따라서 관계를 건강하게 유지하기 위해서는 상대방의 입장을 이해하려는 태도와 감정을 절제하는 노력이 필요하다.

정신적 에너지 소모

다툼은 감정적, 정신적 에너지를 심각하게 소모시킨다. 사람이 다툼에 휘말리게 되면 분노, 실망, 억울함과 같은 부정적인 감정이 격렬하게 일어나며 마음의 평안을 잃게 된다. 이런 감정적 소모는 일상생활에 집중력을 떨어뜨리고, 작은 일에도 예민하게 반응하게 만든다. 또한 다툼을 지속적으로 떠올리며 불안하거나 스트레스를 느끼게 되는데, 이는 정신적 피로감을 가중시킨다. 감정적으로 소진된 상태가 지속되면 우울감이나 무력감을 경험할 수 있고, 대인관계에 대한 두려움이나 회피 심리가 생기기도 한다.

정신적 에너지가 소모되면 문제를 해결할 힘이 줄어들고, 이로 인해 일상이나 직장에서도 생산성이 크게 떨어진다. 또한 다툼은 수면을 방해하거나 건강에 악영향을 미쳐 신체적 피로로 이어질 수도 있다.

특히 감정적 소모는 상대방과의 갈등 해결보다는 더 큰 오해와 적대감을 유발해 갈등의 악순환을 만들기 쉽다. 결국, 다툼은 정신적으로 건강한 삶을 방해하며 불필요한 에너지를 소모시키는 감정적 낭비로 이어진다. 따라서 마음의 평안과 정신적 균형을 유지하기 위해 다툼을 피하고 감정을 절제하는 것이 중요하다.

경건 생활에 방해

다툼은 하나님의 영광을 가리고 경건한 생활에 방해가 된다. 그리스도인에게 주어진 중요한 사명은 화평케 하며 하나님의 사랑과 은혜를 드러내는 삶을 사는 것이다. 그러나 다툼은 이러한 사명을 흐리게 하고, 신앙인으로서의 모범을 보이지 못하게 만든다. 다툼 속에서는 분노와 비난이 앞서게 되며, 이는 성경이 가르치는 온유와 겸손의 태도와 정반대되는 모습이다. 또한 다툼은 그리스도인 개인뿐 아니라 교회 공동체에도 부정적인 영향을 미친다. 신앙 공동체 안에서 발생하는 다툼은 분열과 상처를 일으키며, 세상에 그리스도의 사랑을 전해야 할 교회의 사명을 훼손한다. 이는 믿지 않는 사람들에게 신앙의 진정성을 의심하게 하고, 하나님의 영광을 가리는 결과를 초래한다.

경건한 생활은 마음의 평안과 하나님과의 친밀한 관계를 바탕으로 이루어진다. 그러나 다툼은 마음을 어지럽히고 죄책감과 미움을 품게 하여 기도와 말씀에 집중하지 못하게 만든다. 결국, 다툼은 그리스도인의 영적 성장을 가로막고 하나님과의 관계를 멀어지게 한다. 따라서 다툼을 피하고 화평을 추구하는 삶이 하나님의 영광을 드러내고 경건한 생활을 유지하는 길이다. 그렇다면 다툼과 갈등으로 어려워진 관계를 지혜롭게 해결했던 성경의 인물은 어떤 사람이 있을까?

아브라함: 양보를 통한 화평

아브라함은 그의 조카 롯과 함께 많은 가축을 가지고 있었는데, 가축들을 방목할 만한 땅을 확보하기 위해서 목자들 간에 다툼이 발생했다. 이때 아브라함은 먼저 나서서 롯에게 화해를 제안하며 양보하는 태도를 보였다. "네가 좌하면 나는 우하고, 네가 우하면 나는 좌하리라"(창 13:9). 아브라함은 자신의 권리를 주장하지 않고 상대방에게 선택권을 주어 다툼을 피하고 화평을 이루었다. 이는 상대를 배려하고 양보함으로써 갈등을 해결하는 좋은 본보기가 된다.

로이드 존스 목사님은 "믿지 않는 가족들과 평화롭게 지내고 복음을 전하기 위해서는 본질적이지 않은 작은 일들에 있어서 언제나 양보하십시오. 언제나 손해 보고 희생하십시오. 그것이 불신 가족과 평화를 이루며 복음을 전하는 길입니다."라고 했다. 만약 그리스도인이 불신자들과 사소한 일로 다투게 된다면, 그들에게 천사의 말을 한다 해도 마음을 닫아 버릴 것이다. 그러므로 죽고 사는 일이 아닌 작은 일에서는 충분히 양보하고 희생할 수 있어야 한다.

소학이라는 책에도 "평생 길을 양보해도 백 보에 지나지 않을 것이며, 평생 밭 두렁을 양보해도 한 마지기를 넘지 않을 것이다."라는 말이 있다. 이처럼 작은 양보는 결코 큰 손해가 아니며, 오히려 평화와 신뢰를 가져다 준다. 아브라함이 그런 마음으로 살았고, 그의 아들 이삭도 아버지처럼 양보하며 살았다. 그 결과 하나님의 영광을 나타냈을 뿐 아니라, 하나님께서 그런 모습을 보시고 아브라함과 그의 후손들을 하늘의 별처럼 많아지도록 축복하셨다.

모세: 온유함으로 다툼 해결

모세는 이스라엘 백성을 이끄는 지도자였지만, 그의 형제인 미리암과 아론이 모세를 비방하는 일이 발생했다. 그들은 모세가 이방인인 구스 여인을 아내로 맞이한 것을 이유로 비난을 쏟아 냈다. 하지만 모세는 감정적으로 대응하거나 보복하지 않았다. 성경은 모세에 대해서 "온유함이 지면의 모든 사람보다 더하더라"(민 12:3)라고 기록했다. 모세는 자신을 향한 비난에도 맞서 싸우지 않고 조용히 하나님께 맡기고 기도했다. 결국 하나님께서 직접 개입하셔서 미리암에게 나병을 허락하셨지만, 모세는 그 순간에도 미리암을 위해 중보 기도를 드리며 그녀의 회복을 간청할 정도로 온유함을 드러냈다.

우리도 다툼이 발생했을 때 감정적으로 대응하기보다는 모세와 같이 기도하면서 온유한 태도로 대처할 수 있는 지혜가 필요하다. "유순한 대답은 분노를 쉽게 하여도 과격한 말은 노를 격동하느니라"(잠 15:1)고 했듯이 다툼이 일어날 때 온유한 태도를 취하는 것이 지혜이다. 삶의 여정 가운데서 발생하는 갈등과 다툼 가운데서 온유한 태도를 취할 때 상대방의 분노를 가라앉히며 궁극적으로 관계가 회복될 수 있다. 만약 기질적으로 온유한 마음을 유지하기 어려운 경우는 이러한 문제를 놓고 하나님 앞에 기도하며 자신을 다스릴 수 있는 지혜를 구해야 할 것이다.

솔로몬: 지혜로 다툼을 중재

솔로몬이 두 여인 사이에서 일어난 갈등과 다툼을 하나님이 주신 지혜로 해결했다. 열왕기상 3장 16-28절에 의하면 어느 날 솔로몬 앞에 두 여인이 찾아와 한 아기를 두고 다투게 된다. 두 여인은 같은 집에 사는 사람들이었고, 각자 아기를 낳았지만 그중 한 아기가 밤에 죽게 되었다. 두 여인은 모두 살아 있는 한 아기를 자신의 아이라고 주장하면서 격렬하게 다투었다. 이때 솔로몬은 상황을 지혜롭게 해결하기 위해 다음과 같이 명령했다.

"왕이 이르되 산 아이를 둘로 나누어 반은 이 여자에게 주고 반은 저 여자에게 주라"(왕상 3:25).

이 말을 들은 진짜 어머니는 아이를 살리기 위해 울부짖으며 말했다.

"내 주여 산 아이를 그에게 주시고 아무쪼록 죽이지 마옵소서"(왕상 3:26).

반면 거짓 어머니는 아이를 나누라고 주장하며 무정한 태도를 보였다. 솔로몬은 이 반응을 통해 진짜 어머니가 누구인지를 분별해 냈고, 산 아이를 진짜 어머니에게 돌려주었다.

두 여인이 자녀 문제로 다툼이 발생했을 때 솔로몬은 인간적인 감정이나 충동으로 대응하지 않고, 먼저 하나님께 지혜를 구했다. 오늘날 우리도 이와 같은 솔로몬의 지혜가 필요하다. 하나님은 우리에게 "너희 중에 누구든지 지혜가 부족하거든 모든 사람에게 후히 주시고 꾸짖지 아니하시는 하나님께 구하라 그리하면 주시리라"(약 1:5)고 약속하였다. 그러므로 우리도 다툼의 여지가 있을 때 솔로몬과 같이 하나님의 지혜를 힘입어서 얼마든지 다툼의 상황을 잘 해결할 수 있기를 소망한다.

다툼을 대하는 태도

하나님은 때로 다툼을 통해 우리의 모난 성품을 다듬으시고, 더 좋은 방법으로 우리를 인도하시기도 한다. 세상을 살아가면서 갈등은 피할 수 없겠지만, 그런 상황에서 자신의 마음을 다스리며 온유하고 성숙한 태도로 지혜롭게 대처하는 것이 중요하다. 그렇게 할 때 우리는 관계가 훼손되거나 단절되지 않고, 하나님의 의를 이루고 하나님의 영광을 드러낼 수 있다. 잠언 20장 3절은 "다툼을 멀리하는 것이 사람에게 영광이거늘, 미련한 자마다 다툼을 일으키느니라"고 말한다. 다툼의 순간에 큰 소리로 화를 내며 자신의 주장을 내세우는 것이 이득인 것처럼 보일 수 있다. 그러나 그것은 결과적으로 미련하고 어리석은 모습일 뿐이다. 오히려 갈등의 상황을 온유하고 지혜롭게 해결하는 것이 나의 정신건강에도 도움이 되고, 교회에 덕이 될뿐 아니라, 나아가 하나님께도 영광을 돌려드리는 길이 된다.

4. 갈등을 기회로(행 15:36-41)

하루하루 살아가다 보면 우리는 때로 다양한 갈등을 경험하게 된다. 우리가 겪는 갈등을 살펴보면 크게 두 가지로 나눌 수 있다.

첫째는 관계에서 오는 갈등이다. 이러한 갈등은 주로 상대방의 생각, 가치관, 혹은 의견 차이에서 비롯되는 경우가 많다. 단순히 나와 생각이 다르다고 해서 반드시 갈등이 생기는 것은 아니다. 하지만 갈등이 발생하는 주된 이유는 대개 일방적으로 자신의 주장을 고집하기 때문이다.

둘째는 내면적인 갈등이다. 이것은 무엇이 최선의 선택인지 고민하며 생기는 갈등이다. 예를 들어, 선을 행하고자 하는 마음과 악을 행하고자 하는 마음 사이에서 갈등하거나, 예수를 믿을지 말지, 어떤 장소에 갈지 말지, 혹은 특정 사람과 교제를 할지 말지를 놓고 고민하는 상황을 들 수 있다. 이런 내면적 갈등은 우리의 삶에서 끊임없이 선택의 기로에 서게 만든다.

본문에는 바울 사도와 바나바라는 두 사람이 서로 다른 의견으로 인해 갈등을 겪게 된 사건이 나온다. 두 사람은 선교 여행을 계획하는 과정에서 마가라고 하는 요한을 데리고 갈 것인가 말 것인가의 문제로 의견이 엇갈렸다. 바울은 마가를 과거 선교 여행 중에 중도에 포기한 적이 있었기 때문에 데리고 갈 수 없다고 했다. 반면, 바나바는 마가를 다시 한번 믿고 데리고 가야 한다고 주장했다. 두 사람은 적절한 타협점을 찾지 못한 끝에 의견 차이가 다툼으로 번졌고, 결국 서로 갈라서게 되었다. 성령이 충만했던 바울과 바나바처럼 신실한 사람들이 주의 일을 하다가 다툼 끝에 헤어졌다는 사실은 쉽게 이해하기 어려운 면도 있다.

사실, 바울은 다메섹 도상에서 예수님을 만나 변화된 후, 바나바의 도움을 받았다. 바울이 회심했지만, 과거에 예수를 믿는 사람들을 핍박했던 경력 때문에 다른 사도들이 그를 경계하며 가까이하지 않았다. 이때 바울을 변호하며 그의 변화를 인정해 준 사람이 바로 바나바였다. 바울에게 바나바는 매우 고마운 존재였으며, 이런 인연으로 두 사람은 동역자가 되었다(행 15:35).

하지만 이번에는 바울이 신앙의 선배라 할 수 있는 바나바의 의견을 받아들이지 않았다. 이로 인해 바나바는 다소 당황스러웠을 것이다. 반면, 바울의 입장에서는 중도에 그만둔 경험이 있는 마가를 선교 여행에 데리고 가는 것이 적절하지 않다고 판단했을 것이다. 결국, 두 사람은 각자의 길을 선택했다. 바울은 실라를 데리고 선교 여행을 떠났고, 바나바는 마가를 데리고 다른 선교 여행을 떠났다.

이러한 갈등 상황은 오늘날에도 우리 삶 속에서 충분히 일어날 수 있다. 그러므로 오늘은 우리 주변에서 언제든지 발생할 수 있는 다양한 갈등 상황에 대해 지혜롭게 대처하는 방법을 함께 고민해 보는 시간이 되었으면 한다.

바울과 바나바의 갈등

과거에 바울이 전도 여행을 했을 때 마가라고 하는 요한도 동행했었다. 그러나 어떤 이유에서인지 마가는 중도에 포기했다. 이에 대해 여러 가지 설이 있다. 향수병 때문이라는 추정도 있고, 애인에 대한 그리움 때문이라는 주장도 있으며, 어머니의 건강 때문이라는 가설도 있다. 또한, 베드로와 함께 일하고 싶어서 그랬다는 추측도 있다. 이유야 어찌 되었든, 마가는 선교 사역 도중에 중도 하차한 경력이 있었다. 이번 선교 여행에서 바나바는 마가를 다시 데리고 가기를 원했다. 사실 마가는 바나바와 조카와 삼촌 사이의 친척 관계였다. 이러한 개인적 배경도 작용했겠지만, 바나바는 무엇보다 마가에게 다시 한번 기회를 주고 싶어 했다. 그러나 바울은 단호하게 중도에 포기한 사람을 다시 데리고 갈 수 없다고 주장했다. 결국, 마가를 이번 선교 여행에 데리고 갈 것인가 말 것인가 하는 문제로 바울과 바나바는 의견 차이를 보였다. 이로 인해 두 사람은 갈등을 겪다가 끝내 헤어지게 되었다.

여러분이라면 바울의 입장을 지지하겠는가, 아니면 바나바의 의견을 따르겠는가? 누구의 말이 옳다고 생각하는가? 그러나 이 문제는 단순히 옳고 그름의 차원으로 판단하기 어렵다. 두 사람의 주장에는 각각 나름대로 타당한 이유가 있었기 때문이다. 우리의 일상생활이나 하나님의 일을 하다 보면, 이처럼 의견 차이로 인한 갈등이 언제든지 발생할 수 있다. 중요한 것은 그러한 갈등을 어떻게 해결하느냐 하는 문제다. 갈등 자체를 근본적으로 없애는 것은 쉽지 않을 수 있지만, 갈등을 해결할 수 있는 능력을 갖추는 것은 가능하며 매우 중요하다. 먼저 사람들은 주로 어떤 상황에서 갈등하게 되는지 살펴보기로 한다.

성격 차이

갈등의 원인 중에는 성격의 차이에서 비롯되는 경우가 많다. 가정 상담 전문가이자 『화성에서 온 남자, 금성에서 온 여자』[29]의 저자인 존 그레이는 남자와 여자 사이에는 화성과 금성만큼 큰 차이가 있다고 말했다. 두 남녀는 처음에는 자신과 다른 이성의 모습에 매력을 느껴 사랑에 빠지지만, 결혼 생활을 이어 가면서 서로 다른 그 모습 때문에 어려움을 겪게 된다.

    이럴 때 남편은 아내에게 자신의 스타일을 강요하거나, 자신이 원하는 방식으로 행동하도록 통제하려고 한다. 반면, 아내는 남편에게 "아내를 이해하지 못하는 남자"라고 불평하며 갈등을 겪기도 한다. 이러한 갈등이 반복되면서 두 사람은 서로의 다름을 점차 인식하고 있는 그대로 받아들이기도 한다. 그러나 나와 다른 배우자, 그리고 내 뜻대로 통제할 수 없는 배우자와의 결혼생활을 더 이상 이어 갈 수 없다고

---

29. 존 그레이, 『화성에서 온 남자, 금성에서 온 여자』, 김경숙 역 (서울: 동녘라이프, 1993).

판단하여 결국 갈라서는 경우도 생긴다. 진정한 사랑이란 서로의 다름을 인정하고, 있는 그대로 받아들이는 것이다. 나와 다른 성격을 나와 같은 모습으로 변화시키려 하거나 통제하려고 한다면 두 사람은 갈등을 겪게 되어 좋은 관계를 유지하기 어려울 것이다.

일 중심과 관계 중심

일 중심의 사람은 말 그대로 일을 통해 만족을 느끼는 업무지향적인 사람이다. 이들은 일이나 업무를 수행하는 것을 우선으로 초점을 맞추기 때문에, 그 과정에서 관계가 훼손되는 것도 감수하는 경향이 있다. 이러한 성향 때문에 일을 잘한다는 평가는 받을 수 있지만, 원만한 관계를 맺는 데는 어려움을 겪기도 한다.

반면, 관계 중심의 사람은 일보다 사람과의 관계를 더 중요하게 생각하다보니 업무를 신속하게 추진하는 능력이 다소 떨어지는 경향이 있다. 어떤 일을 추진할 때 관계가 손상될 것을 우려해 싫은 소리를 하기 어려워하기 때문이다. 관계를 더 중요하게 여기다 보니 업무를 효율적으로 처리하는 데 종종 어려움을 겪기도 한다.

본문에 등장하는 두 사람, 바울과 바나바도 이러한 성향 차이를 보였다. 바울은 일 중심의 사람이었다. 그는 선교 사역이라는 하나님의 일을 잘 수행하기 위해 마가와의 관계가 소원해지는 한이 있더라도, 그와 함께 동역하기를 원하지 않았다. 반면, 바나바는 관계 중심의 사람이었다. 그는 하나님의 일도 중요하게 여겼지만, 마가가 다시 한번 기회를 달라고 요청했을 때 이를 거절할 수 없었다. 이처럼 일 중심의 사람과 관계 중심의 사람은 우선순위가 다르기 때문에 갈등을 겪을 수밖에 없다.

소통 방식의 차이

"가는 말이 고와야 오는 말이 곱다"는 속담이 있는가 하면, "말 한마디로 천 냥 빚을 갚는다"는 속담도 있다. 이는 말 한마디가 얼마나 큰 능력을 가지고 있는지를 보여 주는 말이다. 더 나아가, 어떻게 말을 하느냐에 따라 갈등이 생기기도 하고, 관계가 더욱 좋아지기도 한다. 갈등이 발생하면 이를 해결하는 방식은 사람마다 다르다. 어떤 이는 강압적으로 상대방을 제압하여 자신의 의도대로 상황을 이끌어가기도 하고, 어떤 이는 갈등을 키우지 않으려 회피적인 태도를 취하기도 한다. 또 어떤 이는 타협을 통해 문제를 해결하려 하거나, 건강한 의사소통을 통해 협력적인 방법을 찾기도 한다. 결국, 사람은 의사소통 방식에 따라 갈등을 지혜롭게 해결하거나, 반대로 갈등을 더욱 악화시키기도 한다.

그렇다면 갈등을 해결할 수 있는 건강한 의사소통이란 무엇일까? 그것은 바로 '나 전달법' 대화를 통해 일치형 의사소통을 하는 것이다. '나 전달법' 대화란, 갈등의 요인이 있을 때 상대방을 먼저 비난하기보다는 공감적인 반응을 하고, 그 후에 자신의 생각과 의견을 진솔하게 표현하는 것이다. 하지만 이러한 '나 전달법' 대화는 성장 과정에서 이를 모델링할 기회를 갖지 못한 사람에게는 쉽게 이루어지지 않는다. 따라서 일정한 훈련을 통해 습득하는 과정이 필요하다. 다양한 사람들이 서로 다른 성격과 가치관을 가지고 더불어 살아가다 보면 갈등이 발생할 수 있다. 이 세상에서 내 마음에 꼭 맞는 사람을 만나서 산다는 것은 정말 쉽지 않기 때문이다. 그렇다면 갈등이 발생할 수 있는 상황을 어떻게 대처하는 것이 좋을까? 갈등을 근본적으로 차단할 수는 없지만, 그러한 갈등을 최소화할 수 있는 갈등대처 능력을 키우는 것이 필요한데, 다음과 같다.

유연한 대처

갈등 상황에서 유연하게 대처하는 것은 매우 중요하다. 이는 나의 방식만이 최선이라고 여기는 경직된 태도에서 벗어나, 상대방의 방식을 수용할 수 있는 넓은 마음을 갖는 것이다. 갈등 상황에서 심리적으로 유연한 사람은 그렇지 못한 사람보다 갈등을 해결할 가능성을 훨씬 더 많다.

믿음의 조상 아브라함도 조카 롯과 갈등을 겪은 적이 있다. 아브라함과 롯의 가축이 점점 많아지자, 그 가축을 돌보던 목자들끼리 좋은 풀밭을 차지하기 위해 자리다툼을 벌이는 갈등이 생겼다. 이때 아브라함은 넓은 마음으로 조카 롯에게 해결책을 제시했다. 만약 아브라함이 욕심이 많았다면, 일방적으로 자신의 뜻을 통보했을지도 모른다. 그러나 아브라함은 갈등의 문제를 평화롭게 해결하기 위해 롯을 불러 대화를 나눴다. 이는 아브라함이 조카 롯에게 자신의 권위를 내세우는 경직된 태도가 아니라, 양보를 통한 유연한 태도로 갈등의 문제를 해결한 것이다.

대화를 통한 해결

유연한 태도를 가진 사람은 갈등 상황을 해결하기 위해 다양한 방법을 찾는다. 그중에서도 열린 마음으로 대화를 통해 문제를 해결하려고 한다. 아브라함도 목자들의 다툼을 해결하기 위해 먼저 그 문제를 가지고 롯과 대화를 나눴다. 그는 롯에게 "우리는 한 친족이라 나나 너나 내 목자나 네 목자나 서로 다투게 하지 말자"(창 13:8)라고 제안했다.

갈등이 있을 때 그것을 회피하려는 태도는 결코 문제 해결에 도움이 되지 않는다. 갈등을 해결하려면 적극적으로 대화에 나서야 한다. 물론 대화를 한다고 해서 모든 갈등이 해결되는 것은 아니다. 중요한 것은 상대의 입장을 고려하고 배려하면서 의사소통을 이어 가는 것이다. 듣는 사람도 말하는 사람의 의도를 잘 알아듣고 수용하려는 자세를 가져야 한다. 특히 경청은 대화의 핵심적인 요소가 된다.

양보를 통한 해결

"평생토록 길을 양보해도 백 보에 지나지 않으며, 평생토록 밭두렁을 양보해도 한 마지기를 잃지 않는다"라는 동양 철학의 가르침이 있다. 이는 갈등을 해결하는 데 있어서도 매우 중요한 미덕이다. 아브라함은 조카 롯에게 대안을 제시하며 양보의 태도를 보였다. 창세기 13장 9절에 아브라함은 롯에게 "네 앞에 온 땅이 있지 아니하냐 나를 떠나가라 네가 좌하면 나는 우하고 네가 우하면 나는 좌하리라"고 말했다. 아브라함이 이처럼 양보할 수 있었던 이유는 그렇게 하는 것이 하나님의 영광을 드러내는 것이라고 믿었기 때문이다. 또한, 그가 양보를 하더라도 하나님께서 모든 필요를 채워 주실 것이라는 확신이 있었기 때문에 가능한 일이었다. 이처럼 아브라함은 유연한 태도로 롯과 대화를 나누며, 양보의 미덕을 통해 갈등을 해결할 수 있었다.

갈등을 성장의 기회로

미국의 준 헌터 박사는 "갈등이라는 과정 없이는 성장이 없다"고 말했다. 그는 "특히 영적 갈등은 하나님이 성장으로 이끄시는 축복의 손길이다"라고 강조했다. 위대한 믿음의 사람들은 영적 갈등의 시간을 통해 믿음을 성장시킨 사람들이라고 할 수 있다.

사도 바울도 갈등을 통해 균형 잡힌 사람으로 변화했다. 그는 과거에 일 중심적인 삶을 살았지만, 시간이 지나면서 관계의 중요성을 깨닫게 되었다. 바울은 관계보다는 하나님의 일을 우선으로 할 정도로 단호하게 경직되어 있었는데, 후일에는 그가 관대한 마음을 가질 정도로 유연하게 변화된 모습을 볼 수 있다. 바울은 빌립보서 4장 5절에서 "너희 관용을 모든 사람에게 알게 하라"고 말하며, 사람들이 상처받지 않도록 하라고 권면했다. 이는 과거의 모습과는 다른, 성숙한 바울의 태도를 보여 준다. 바울은 주의 일을 하며 겪었던 갈등이라는 걸림돌을 성숙의 디딤돌로 삼았다. 바울은 빌립보서 1장 15-18절에서 "어떤 이들은 투기와 분쟁으로, 어떤 이들은 착한 뜻으로 그리스도를 전파하나니… 무슨 방도로 하든지 전파되는 것은 그리스도니 이로써 내가 기뻐하고 또한 기뻐하리라"고 말했다. 그는 바나바와 의견 차이로 갈라서긴 했지만, 그 결과 두 개의 선교 팀이 생겨 더 많은 곳에서 복음을 전할 수 있었다.

어느 날, 한 사람이 스펄전 목사를 찾아와 말했다. "목사님, 문제없는 교회, 갈등 없는 교회를 소개해 주십시오." 이에 스펄전 목사는 이 세상에 갈등이 없는 교회는 없다고 했다. 중요한 것은 갈등이 없는 세상이 아니라, 그것을 해결할 수 있는 능력을 키우는 일이다. 또한, 갈등을 통해 자신을 돌아보고, 그 문제를 해결하는 과정을 통해 자신을 성장시키며 신앙적으로 성숙해 가는 것이 중요하다고 하겠다.

5. 행복한 부부의 원리(창 2:24-25)

오은영 박사가 진행하는 '금쪽같은 내새끼'라는 TV 프로그램에서 8살 정도 되는 손녀에게 야단을 치며 손찌검까지 하는 할머니가 있었다. 할머니는 손녀에게 버섯을 먹으라고 강요했고, 손녀는 먹기 싫다고 했지만 억지로 먹게 하려고 애를 썼다. 잠시 뒤 두 살 위 오빠가 "버섯도 맛있다"고 말하자, 여동생은 싫은 기색 없이 받아먹었다. 식사 중에 손녀가 손에 묻은 밥풀을 식탁보에 닦자, 할머니는 다시 야단을 치며 손찌검을 했다. 이때 손녀는 "할머니, 때리지 마! 괴롭히지 마! 할머니는 엄마랑 살아! 나는 오빠랑 살래. 오빠, 할머니 좀 혼내 줘!"라고 말했다. 이러한 장면들 속에서 할머니가 손녀를 사랑스럽게 여긴다는 느낌을 전혀 받을 수 없었다. 어린 시절부터 할머니로부터 충분한 사랑을 느끼기보다 비난을 받으며 성장한다면, 앞으로 어떤 모습으로 대인관계를 하게 될지 염려가 되었다.

사회적으로 물의를 일으키는 범죄 사건에 연루된 사람들의 어린 시절을 살펴보면, 가정에서 폭행, 방임, 혹은 편애로 인해 힘든 경험을 한 경우가 많다. 그래서 '가화만사성(家和萬事成)'이라는 말이 있다. 가정이 화목하고 행복해야 모든 일이 잘 이루어진다는 뜻이다. 가정 안에서 부부가 서로 사랑하며 행복한 모습을 자녀들에게 보여 주어야 하는 이유이기도 하다. 그러나 자녀가 가정에서 행복감이나 사랑을 느끼지 못하고, 매사에 비난과 야단을 맞으며 성장한다면 건강한 모습으로 자라기 어려운 것은 사실이다.

건강하지 못한 가정

건강하지 못한 가정에는 몇 가지 특징이 있다.

첫째, 가족의 비밀이 많은 가정이다. 건강하지 못한 가정은 집안에 자살한 사람이 있거나 범죄 행위, 혹은 가족 간의 폭력이나 이혼이 있을 때, 그것을 비밀로 여기고 외부에 개방하지 않으려고 한다. 가정 내의 어두운 가족사에 대해 솔직하게 소통하며 문제를 정리하고 넘어가야 하지만, 그렇게 하지 않기 때문에 발생하는 오해와 긴장이 가족들 사이에서 계속되기도 한다.

둘째, 대화가 단절되었거나 비난하는 방식의 의사소통을 주로 한다. 한 지붕 아래에서 살아도 서로 대화가 거의 없다. 심지어 어떤 가정은 얼굴도 보기 싫고 말하기도 싫어서 쪽지로 소통하기도 한다. 대화를 나누는 경우에도 칭찬, 지지, 격려로 웃음이 넘치기보다는 비난과 호통이 가득해 가정의 분위기가 무거워진다. 이런 환경에서 성장한 자녀들은 정서적으로 불안정해지고, 행복감을 느끼지 못한다.

셋째, 비합리적인 가족 규칙이 존재하는 가정이다. 예를 들어, "저녁 8시까지는 반드시 귀가해야 한다", "남자는 넘어져도 울면 안 된다", "밥 먹을 때는 조용히 먹어야 한다"와 같은 다양한 규칙으로 가족 구성원을 통제하기도 한다. 그러나 이런 통제적인 가족 규칙은 가족을 행복하게 만들기보다는 관계를 경직되게 만들고, 규칙을 어길 경우 서로를 비난하게 만든다.

행복한 가정의 특징

반면에 행복한 가정은 다음과 같은 특징이 있다.

첫째, 행복한 가정은 부부 관계가 원만하다. 불행한 가정은 안타깝게도 아내보다 남편이 문제인 경우가 많아 보인다. 남편이 바람을 피우거나 알코올에 중독되어 있거나, 도박에 빠져 있거나, 폭력적이기도 하다. 그럴 경우, 가장인 아버지가 변화되어야 한다. 부부가 행복하게 살아가는 가정에서 성장한 자녀들은 그런 모습을 보면서 행복한 가정을 꿈꾸게 된다.

둘째, 행복한 가정에는 건강한 소통이 있다. 결혼한 지 수년이 지났는데도 부부 간에 속 깊은 대화를 나누지 못한다는 아내의 이야기를 들은 바 있다. 사실 부부 사이는 어떤 이야기라도 할 수 있는 친밀한 관계여야 하며, 어떤 이야기를 하더라도 수용하고 공감할 수 있어야 한다. 이렇게 소통하는 부부가 건강하게 의사소통을 하는 부부라고 할 수 있다.

셋째, 행복한 가정에서는 구성원들이 모두 자기 역할에 충실하다. 가정에 문제가 생겼을 때 서로를 탓하기보다는 공동의 책임을 지는 태도를 보인다. 어떤 남편은 돈만 벌어다 주면 자신의 역할을 다 한 것으로 생각하고, 모든 자녀 교육을 아내에게 맡긴다. 자녀가 잘못되면 아내를 탓하기도 하는데, 이는 잘못된 생각이다. 또한 행복한 부부는 갈등이 없는 부부가 아니라, 갈등을 서로 노력하며 해결하는 부부다.

한국리서치의 2024년 가족인식조사에 따르면 가족 관계에 만족한다는 응답은 47%, 보통이라는 응답은 44%, 불만족한다는 응답은 8%로 나타났다. 한국인의 주관적 행복도 조사에서는 '행복하다'는 응답이 57%, '행복하지 않다'는 응답이 13%, '어느 쪽도 아니다'라는 응답이 28%로 조사되었다. 나의 경험적 관찰에 의하면 부부의 행복 여부를 알 수 있는 한 가지 지표가 있다. 그것은 대체로 행복한 부부일수록 SNS에 부부 사진을 많이 게시하는 경향이 있는 점이다. 반면에 부부 사이가 원만하지 못한 경우에는 배우자와 함께 찍은 사진을 올리는 것을 거의 본 적이 없다. 여러분도 한번 확인해 보기를 바란다. 그렇다면 행복한 부부가 되기 위한 성경적인 원리는 무엇일까? 다음과 같은 네 가지로 요약해 볼 수 있다.

떠남의 원리

창세기 2장 24절에 "이러므로 남자가 부모를 떠나"라고 말씀하고 있다. 결혼은 남자가 부모를 떠나는 것이다. 결혼이란 지금까지 부모에게 의존하며 살아왔던 삶에서 육체적, 정신적, 경제적, 정서적으로 부모로부터 독립하는 것이다. 우리나라는 유교의 영향 때문에 이 부분이 잘 이루어지지 않는다. 어떤 부모는 자식이 결혼을 해도 계속 통제하려고 한다. 그러나 그렇게 하면 자녀가 행복한 가정생활을 유지하기 어렵다. 성경은 부모를 떠나라고 한다. 이는 자녀들이 결혼한 뒤에 부모를 모른 척하라는 말이 아니라, 더 이상 부모에게 의존적인 관계를 지속해서는 안 된다는 의미다.

반면에 부모들은 결혼한 자녀의 가정에 더 이상 사사건건 간섭해서는 안 된다는 뜻이기도 하다. 물론 중요한 결정을 할 때 부모님의 의견을 참고할 수는 있지만, 최종적인 결정은 부부 간에 내려야 한다. 만약 배우자의 의견을 무시하고, 매사에 시댁이나 친정 부모의 뜻에 따라 의사결정을 한다면, 배우자는 큰 스트레스를 받을 것이다. 결혼을 통해 독립적인 가정을 이루었기 때문에, 시행착오가 있더라도 부부가 상의하며 결정을 내리면서 성장해 가야 한다. 그렇지 않고 각자의 부모 의견에 지나치게 의존하여 문제를 해결하려고 한다면, 그 부부는 아직 부모를 떠나지 못한 성인 아이라고 할 수 있다. 물론, 부모 입장에서 자녀를 떠나보내는 일은 심리적 고통이 따른다. 그러나 결혼은 그동안 의존적인 관계를 맺어 온 심리적인 탯줄을 끊어 내는 것이다. 자녀를 진정으로 사랑한다면, 부모는 자녀의 행복을 위해 그들을 하나씩 놓아주어야 한다. 그렇게 하지 않는 부모는 자녀들을 지속적으로 통제하게 되어 자녀의 자율성을 훼손시키고 부모에게 의존적인 사람이 될 수밖에 없다. 결과적으로 부모는 만족하고 행복할지 모르나, 자녀로서는 결코 건강하게 성장하지는 못할 것이다.

연합의 원리

창세기 2장 24절에 "이러므로 남자가 부모를 떠나 그의 아내와 합하여 둘이 한 몸을 이룰지로다"라고 했다. 연합이라는 것은 둘이 하나가 되는 것을 의미한다. 월터 트로비쉬는 그의 책 『나는 너와 결혼했다』[30]에서 남편과 아내 사이에 아무것도 끼어들어서는 안 된다고 말한다. 부부 사이에 다른 것이 끼어들면 부부가 연합하는 데 방해가 된다.

주일날, 한 권사님의 아들이 애인을 데리고 와서 주일 오전 예배에 참석했다. 그런데 설교 중에 그 가족이 앉아 있는 모습을 보고 깜짝 놀랐다. 아들은 아버지와 함께 앞줄에 앉아 있고, 며느리가 될 사람은 권사님과 뒷자리에 따로 앉아 있었다. 결혼할 연인끼리 함께 있는 것이 아니라, 부모가 각각 데리고 따로 앉아 예배를 드리는 모습이었다. 나

---

30. 월터 트로비쉬, 『나는 너와 결혼하였다』, 양은순 역 (서울: 생명의 말씀사, 2009).

는 그 광경을 보며 그 자녀의 가정이 걱정되었다.

부부가 될 사이에 부모가 자꾸 끼어들려고 하면 안 된다. 남편과 아내 사이에 자녀들이 끼어들어도 안 된다. 가정에서 가장 가까운 사이는 부부이고, 그다음이 자녀와 부모라는 사실을 모든 가족이 인식해야 한다. 이러한 질서나 경계선이 없는 경우 어떤 자녀들은 집에서 자신이 왕 노릇하려고 한다. 자녀를 최우선으로 생각하는 부모는 자녀를 우상으로 여긴 나머지 버릇없는 사람으로 키우게 된다. 어떤 아내들은 "나는 애들 키우는 맛에 산다"고 말하는데, 이는 부부간에 문제가 있다는 간접적인 표현이라고 할 수 있다. 행복한 부부일수록 자녀가 아니라 부부 관계를 우선시한다. 아내보다는 일이나 취미생활과 결혼한 남편들도 종종 있다. 행복한 가정을 이루기 위해서 부부 사이에 이런 것들이 과도하게 끼어들도록 해서는 안 된다.

서울대 이종묵 교수는 그의 저서 『부부』[31]에서 조선 시대 부부간 불화의 원인을 다루었는데, 그 내용이 오늘날과 크게 다르지 않다. 부부가 불화하게 되는 주요 원인은 자존심 싸움, 가난, 서로의 약점이나 잘못, 처가와 친가, 그리고 남편의 외도 등이었다. 그런데 이런 부부간 갈등의 책임은 주로 남편에게 있다는 점이 중요하다. 아내와 금슬이 좋지 않았던 이황은 자신의 경험을 들어 제자에게 다음과 같은 교훈을 남겼다. "성품이 악하여 교화하기 어려운 부인이 스스로 소박을 당하게 된 죄를 제외한다면, 그 나머지는 모든 남편에게 책임이 달려 있

---

31. 이종묵, 『부부』 (서울: 문학동네, 2011).

다고 하겠소"라며, 부부 불화의 책임이 기본적으로 남편에게 있다고 지적했다.

하나 됨의 원리

창세기 2장 24절에 "이러므로 사람이 부모를 떠나 그 아내와 합하여 그 둘이 한 육체가 될지니"라고 했다. 결혼이란 둘이 연합하여 하나가 되는 것이다. 결혼은 화성에서 온 남자와 금성에서 온 여자가 함께 살아가는 것이다. 이를 우리나라식으로 표현하자면, 결혼이란 "백두산에 있는 나무와 한라산에 있는 나무를 베어다가 집을 짓는 것"이라고 비유할 수 있다. 약 30년 동안 서로 다른 가정 환경과 교육적 배경에서 자란 두 남녀가 하나가 되어 아름다운 집을 짓는 일은 결코 쉬운 일이 아니다. 아름답고 행복한 가정을 이루기 위해서는 서로에게 상처를 주는 부분을 잘라내야 한다. 나무의 윗둥과 아랫둥을 쳐내고, 삐죽삐죽 튀어나온 가지를 다듬으며 결혼 생활에 방해가 되는 옛 모습을 버려야 한다. 또한 하나가 되려면 시간적으로나 공간적으로 함께 보내는 시간이 많아야 한다.

"둘이 한 육체가 된다"는 것은 부부간의 성적 친밀감, 즉 속궁합을 잘 맞추어야 한다는 의미도 포함한다. 고린도전서 7장 5절에는 "서로 분방하지 말라. 다만 기도할 틈을 얻기 위하여 합의상 얼마 동안은 하되 다시 합하라"고 했다. 우리나라에서만 볼 수 있는 기러기 아빠들의 애환은 이러한 맥락에서 시사하는 바가 크다. 행복하기 위해 결혼했지만, 자녀 교육 문제로 부부가 떨어져 살면서 외도를 하거나 결혼 생활에 회의를 느껴 결국 이혼에 이르는 경우도 있다. 결혼은 하나가 되는 것이지만, 부부가 하나 되지 못하는 이유는 무엇 때문일까? 주된 이유 중 하나는 한쪽이 일방적으로 너무 강하기 때문이다. 배우자 중 한 사람의 주장이 지나치게 강해서 상대를 이해하거나 수용하지 못하면, 그러한 가정은 오래 유지되지 못한다. 또한 의사소통 능력이 부족한 경우에도 하나 되기가 어렵다. 행복한 가정은 배우자를 향해 말하는 말투부터가 다르다. 지시와 비난의 어조로 말하기보다는, 상대를 존중하고 배려하는 마음으로 의견을 묻는다. 이러한 의사소통 과정을 통해 부부는 마음과 뜻이 하나가 될 수 있다.

친밀성의 원리

창세기 2장 25절에 "아담과 그의 아내 두 사람이 벌거벗었으나 부끄러워하지 아니하니라"고 했다. 이는 '친밀성'의 원리로, 부부간에 서로의 부족한 부분이 노출되어도 부끄러워하지 않는 상태를 의미한다. 부부간에 부족한 부분을 의도적으로 노출할 필요는 없지만, 그렇다고 일부러 감추려고 할 필요도 없다. 배우자를 사랑한다면 얼마든지 상대의 허물을 덮어 줄 수 있기 때문이다. 진정한 사랑이란 자신과 다른 부분도 수용해 줄 수 있는 넓은 마음을 갖는 것이다. 배우자의 약하고 부족한 면이나 허물을 덮어 주고 채워 주는 것이 사랑이라고 할 수 있다. 부부간에 방귀와 같은 생리적 현상에 대해 예의에 어긋난다며 비난하는 배우자도 있다. 실제로 그런 문제 때문에 배우자와 결혼 생활을 계속 유지해야 할지 고민했던 분으로부터 상담 요청을 받은 적도 있다. 생리적 현상도 서로 용납하지 못하는 부부에게 과연 친밀감이 있을까? 오히려 그런 상황을 유머러스하게 웃어넘길 수 있는 여유가 필요하다.

    들소 남편과 나비 부인이 있었다. 나비는 아주 민감한 곤충이기 때문에 사소한 변화에도 즉각적으로 반응하는 특성이 있다. 나비의 날개에 작은 돌멩이 하나만 테이프로 붙여도 치명적인 상처를 입는다. 하지만 들소는 우직하고 신경이 무뎌서, 등에 작은 돌을 테이프로 붙여도 크게 불편함을 느끼지 못한다. 그런데 이런 들소와 나비가 서로 결혼한다면 어떻게 될까? 나비 아내는 결혼 생활의 사소한 일에도 매우 민감하게 반응하는데, 들소 남편은 전혀 감각이 없다면 나비 아내는 답답할 것이다. 그런 들소 남편의 행동이 나비 아내의 마음에 상처가 될 것이다. 들소 남편이 나비 부인과 좋은 관계를 유지하려면 나비 아내의 연약함을 잘 이해해야 한다. 그리고 나비 아내는 들소 남편이 무감각하지만 자신이 지니지 못한 큰 힘을 발휘할 수 있다는 사실을 인정해 주어야 한다.

부부가 행복하려면 배우자를 내 뜻대로 통제하는 것이 아니라, 있는 그대로의 모습을 수용해야 한다. 또한 행복한 부부가 되려면 떠남의 원리, 연합의 원리, 하나 됨의 원리, 친밀성의 원리가 적용되어야 한다. 서로 다른 환경에서 성장한 남녀가 부부가 되어 서로 맞추어 가는 것이 쉽지는 않다. 그렇지만 서로를 수용하고 존중하는 마음으로 대할 때 아름답고 행복한 가정을 이룰 수 있을 것이다.

6. 좋은 부모의 역할(눅 23:28)

과거에 옛 어른들은 "자녀는 낳아 놓으면 저절로 자란다"는 생각을 했다. 그래서 5남매 6남매는 기본이었고, 자녀를 많이 낳는 것이 복이라고 생각하여 10명 이상을 낳기도 했다. 그러나 요즘에는 의식이 많이 바뀌었다. 많이 낳을 수 있는 여건도 안 되고, 낳더라도 교육시키기가 만만치 않다. 그래서 한 명을 낳더라도 잘 키워야겠다는 생각을 한다. 그러다 보면 어떤 일이 생기는가? 자녀가 우상이 되어 버린다. 아이들이 어릴 때부터 기가 죽어서는 안 된다는 생각 때문에 부모들은 자녀들에게 최대한으로 투자한다. 혹시 버릇없는 행동을 하더라도 부모들이 너무 관대하다. 때로는 지나친 과보호로 인하여 아이들이 의존적이 되어 버린다. 그래서 대학에 수강 신청을 하는 것도 부모님께 의존할 정도가 되기도 한다. 잘못된 행동에 대해 크게 야단을 치지 않다 보니 점점 예의가 없는 사람이 되기도 한다.

이러한 양육 태도에 대해서 잠언 29장 15절에 "채찍과 꾸지람이 지혜를 주거늘 임의로 행하게 버려 둔 자식은 어미를 욕되게 하느니라"고 했다. 자녀 양육의 중요한 원칙 중 하나는 너무 관대해서도 안 되고, 그렇다고 너무 엄격해서도 안 된다는 것이다. 이 두 가지가 잘 조화를 이루어야 한다. 만약에 잘못된 행동에 대해 "오냐 오냐" 하면서 책망을 하지 않으면 결국 부모님을 욕되게 하는 행동을 한다. 그렇다고 자녀들을 너무 쥐어짜듯이 엄격하게 대하면 자녀들은 자신감을 잃게 되고 위축되어 대인관계를 힘들어 하게 된다. 그렇기 때문에 부모는 자녀에 대해서 관대함과 엄격함을 적절하게 잘 조화시켜야 한다. 그런데 이것이 쉬운 일이 아니다. 그래서 이 세상에서 정말 어려운 일 중 하나가 자식 농사라고 말하기도 한다. 이처럼 자녀를 잘 양육하는 일이 생각보다 쉽지 않기 때문에 부모다운 부모가 되기 위한 교육을 받기도 한다. 자녀가 효도하는 것도 중요하지만, 자녀로부터 존경받는 부모가 되기 위해 노력하는 것도 중요하다. 이러한 두 가지 관계가 적절하게 조화를 이룰 때 부모와 자녀 관계는 매우 만족스러운 관계가 될 수 있다. 좋은 부모가 되려면 먼저 부모로서의 책임을 다할 수 있어야 한다.

부모의 책임

자녀 양육에 있어서 부모의 책임은 어느 정도일까? 시중에는 자녀 양육을 위한 많은 서적들이 있다. 『화내는 부모가 자녀를 망친다』[32]에서 언급하듯이, 화를 내는 부모 밑에서 자란 아이는 정서적으로 문제가 생긴다. 그러므로 부모는 감정 조절을 잘할 수 있어야 한다. 『부모의 습관이 아이를 망친다』[33]에서는 자녀들은 부모의 말하는 것, 남을 흉보

---

32. 매튜 맥케이외 공저, 『화내는 부모가 아이를 망친다』, 구승준 역 (서울: 한문화, 2006)
33. 정경옥, 『부모의 습관이 아이를 망친다』 (서울: 눈과마음, 2007)

는 것, 거짓말하는 것, 식습관, 심지어 걸어가는 것까지 본받게 되므로, 부모가 좋은 습관을 가져야 할 것을 강조한다. 『부모가 변해야 아이가 산다』[34]에서는 자녀를 잘 양육하기를 원하는 부모들에게 어떤 부분이 변해야 하는지를 강조한다. 예를 들어, 부모가 자신들은 TV 앞에서 오락프로그램을 보면서, 자녀들에게 공부를 강요하는 것은 바람직하지 않다. 자녀가 책을 좋아하는 아이로 자라길 원한다면, 부모도 함께 책상에 앉아 책을 볼 수 있는 분위기를 조성하는 것이 필요하다. 『부모가 항상 더 문제다』[35]에서는 자녀의 모든 문제는 결국 부모로부터 시작된다는 것을 이야기한다. 부모가 건강하면 자녀도 건강하지만, 부모가 건강하지 못하면 자녀도 영향을 받게 된다는 말이다.

이러한 책들의 공통점은 자녀 양육의 성패는 결국 부모에게 달려 있다는 점이다. 여기서 한 가지 중요한 점은 자녀가 건강하게 성장하는 데 하나님의 은혜가 매우 중요하다는 사실이다. 부모가 자녀에게 모든 것을 올인한다고 해서 그 자녀가 반드시 성공하는 것은 아니다. 반면에 부모가 크게 신경 쓰지 못하고 단지 기도만 했는데도 건강하게 성장하는 자녀들이 있다. 이러한 것을 우리는 하나님의 은혜로 해석하기도 한다. 자녀 교육을 위해 부모가 분명히 노력해야겠지만, 무엇보다도 하나님의 은혜를 구해야 한다. 그러면 부모 된 자가 구체적으로 해야 할 일은 무엇일까?

---

34. 마샬 듀크 & 사라 듀크, 『부모가 변해야 아이가 산다』, 김영미, 이경란, 한숙형 공역 (파주: 뜨란, 2008).
35. 찰린 앤 봄비치, 『부모가 항상 더 문제다!』, 조형숙 역 (파주: 아침나라, 2004).

기도하는 부모

모든 부모는 자녀가 잘되기를 바란다. 자녀들이 이 세상에서 성공적인 인생, 행복한 인생, 하나님을 잘 경외하는 삶을 살기 원한다. 그런데 그렇게 되도록 주님 앞에 무릎 꿇고 기도하는 부모는 많지 않다. 자녀가 잘되기를 마음속으로 바라는 것과 실제로 시간을 내어 자녀를 위해 기도하는 것은 다른 일이다. 누가복음 23장 28절에서 예수님은 "예루살렘의 딸들아 나를 위하여 울지 말고 너희와 너희 자녀를 위하여 울라"고 하셨다. 우리가 자녀를 위해 할 수 있는 것은 단순한 기도보다는 자녀를 위해 간절한 마음으로 애통하는 기도가 필요하다.

오늘날 주변에는 자녀들을 유혹하는 것들이 너무나 많다. 요즘은 초등학생들도 담배를 피우고, 온갖 음란물과 인터넷 게임에 노출된 지 오래되었다. 그들이 성장하여 십대가 되면 흉악한 범죄를 저지르는 경우도 있다. 언제 어느 순간에 우리 자녀들이 어둠의 세력에 미혹될지 모른다. 그들의 육체와 영혼을 병들게 하는 어둠의 세력이 만만치 않은 세상이다. 자녀들이 이러한 환경의 유혹을 극복하도록 부모가 기도해야 한다.

자녀들을 위해서 어떤 기도를 해야 할까? 자녀들이 건강하고 지혜롭게 성장할 수 있기를 기도해야 한다. 지혜는 하나님께서 주시기 때문이다. 자녀들이 거룩한 꿈과 비전을 가질 수 있기를 위해 기도해야 한다. 단지 의식주 문제만을 위해서가 아니라, 하나님께 쓰임 받는 그릇이 될 수 있기를 위해 부모들은 기도해야 한다. 좋은 만남을 위해서도 기도해야 한다. 좋은 친구, 좋은 교사, 좋은 배우자를 만날 수 있도록 기도해야 한다. 또한 혼자서도 믿음 생활을 잘할 수 있기를 위해 기도해야 한다. '품 안의 자식'이라는 말이 있다. 자녀들은 언젠가 부모를 떠나게 된다. 그리고 세상은 너무나 험악하다. 부모가 늙어 죽을 때까지 자녀의 보호자가 될 수는 없다. 그러므로 어떤 인생의 풍랑 속에서도 흔들림 없이 살아갈 수 있는 자가 되기를 기도해야 한다. 부모의 기도는 자녀들에게 있어서 응원 소리와 같다. 나를 위해 기도하고 있는 부모님이 계시다는 것을 느낄 때, 자녀는 결코 잘못된 길로 가지 않는다. 새벽 기도에 다녀와서 아직 잠에서 깨지 않은 자녀들을 위해 기도할 때, 자녀들은 부모의 사랑을 느낀다.

미국에서 암 전문의로 유명한 원종수 권사님은 대학 생활 중 방황하다가 학교 옥상에 올라가 스스로 목숨을 끊으려고 했다고 한다. 그런데 그 순간, 자기를 위해 기도하던 어머니가 떠올라 자살을 포기했다. 그 이후로 열심히 공부해 세계적으로 유명한 암 전문가가 되었다는 간증을 들은 적이 있다. 이처럼 자녀를 위한 부모의 기도에는 강력한 능력이 있다. 우리 자녀들이 인생의 경기를 뛰어갈 때 부모의 기도를 잊지 못한다. 그들이 지치고 힘들 때마다, 잘못된 길로 가려 할 때마다 그 기도는 마치 응원 소리처럼 들려온다. 그런 기도를 받고 자란 자녀들이 잘되고, 인정받고, 존귀히 여김을 받게 될 것이다.

사랑하는 부모

자녀를 사랑하지 않는 부모는 없다. 문제는 바르게 자녀를 사랑하는 방법을 모르는 부모들이 의외로 많다. 바르게 자녀를 사랑하는 법 가운데 한 가지를 에베소서 6장 4절에서 말씀한다. "또 아비들아 너희 자녀를 노엽게 하지 말라"고 했다. 부모의 큰 착각 중 하나는 자녀를 자신의 소유로 생각한 나머지 함부로 대하는 것이다. 그러나 자녀는 하나님이 부모에게 맡겨주신 선물이다. 그러므로 조심스럽게 하나님의 뜻대로 양육해야 한다. 지나치게 허용적이어도 문제가 될 수 있다. 허용을 넘어서 방임의 상태가 되면 자녀들은 부모가 나를 사랑하지 않는다고 생각하게 된다. 해서는 안 될 일에 대해서 단호해야 하지만, 그러한 말을 할 때 짜증스러운 태도가 아니라, 사랑이 묻어나는 온유함으로 훈계하는 것이 필요하다. 부모가 책망을 할 때는 조심스러우면서도 지혜롭게 자녀들이 부모의 사랑을 느낄 수 있도록 해야 한다.

오인숙 씨가 쓴 『너희 자녀를 위해 울라』[36]라는 책에 나온 내용이다. 초등학교 1학년 담임을 맡았을 때, 쉬는 시간마다 이렇게 묻는 아이가 있었다고 한다.

"선생님! 나 나쁜 아이지요?"

"아니야, 복이는 오늘 청소도 잘하던걸."

---

[36]. 오인숙, 『너희 자녀를 위해 울라』(서울: 규장문화사, 2009).

"선생님! 나 나쁜 아이지요?"

"아니야, 좋은 아이지. 하나님이 귀하다고 하신 아이지."

"선생님! 나 나쁜 아이지요?"

"아니, 아주 사랑스러운 아이야."

"치, 우리 엄마가 나는 말도 안 듣는 나쁜 아이라던데."

"아니야, 너는 선생님 말씀도 잘 듣잖아."

그 아이는 전날 나쁜 아이라는 소리를 들은 만큼 선생님에게 좋은 아이라는 말을 듣고 싶어 했던 것이다. 이러한 일이 있은 후, 그 아이는 앞장서서 좋은 일을 하려고 바뀌었다고 한다. 그 아이가 엄마로부터 얼마나 많이 "나쁜 아이"라는 말을 들었으면 선생님에게 그렇게 이야기했겠는가? 가장 가까이에 있는 사람, 가장 사랑을 받아야 할 사람에게 외면당하면, 그런 자녀는 갈 곳이 없다. 그러나 자녀들이 밖에서 어떤 취급을 받더라도 부모로부터 사랑받고 있다는 확신을 갖게 되면, 그런 자녀는 결코 잘못되지 않는다. 그러므로 부모 된 자는 수시로 격려의 말, 칭찬의 말, 사랑의 말을 해 주어야 한다. 그런데 때로 부모가 자녀에게 쓸데없는 말로 상처를 주기도 한다. 예를 들어 "손님이 집을 떠나면서 아이가 참 인사성이 밝네요"라고 하면 엄마가 나서서 "아휴! 그런데 공부를 못해서 탈이에요"라고 말한다. 그렇게 말할 필요가 어디 있는가? 이런 모습은 정말 잘못된 것이다. 부모의 사랑은 언어를 통해서 전달된다. 그러므로 무엇보다도 끊임없는 사랑의 고백을 해 주어야 한다.

축복하는 부모

창세기 27장 29절에서 이삭은 "만민이 너를 섬기고 열국이 네게 굴복하리니 네가 형제들의 주가 되고 네 어머니의 아들들이 네게 굴복하며... 너를 축복하는 자는 복을 받기를 원하노라"고 야곱을 축복했다. 아브라함은 이삭을 축복했고, 이삭은 그의 아들 야곱을 축복했으며, 야곱은 그의 열두 아들을 축복했다.

랄프 가복의 『하루에 한 번씩 자녀를 축복하라』[37]라는 책에는 축복이란 부모가 자녀에게 할 수 있는 최고의 선물이라고 했다. 부모의 축복을 받고 자란 아이와 그렇지 않은 아이의 차이는 시간이 지날수록 더욱 커진다. 부모가 자녀에게 해 줄 수 있는 최고의 선물은 주의 이름으로 자녀를 축복하는 것이다. 부모가 믿음으로 자녀를 축복하면, 그것이 씨앗이 되어 때가 되면 반드시 이루어진다.

메가스터디 김성호 사장은 그의 간증책 『육일약국 갑시다』[38]에서 4.5평이라는 가장 작은 공간에서 시작해 개업 12년 만에 연매출을 200배로 성장시켰다고 한다. 그는 어릴 때 가정예배를 드릴 때마다 반복되던 아버지 목사님의 축복기도를 잊을 수 없었다고 했다. 당시 가정 형편은 너무 가난해서 아버지는 기도할 때마다 "우리 사랑하는 자녀들이 꾸어 줄지언정 꾸러 다니는 자녀가 되지 않게 하옵소서. 많은 사람을

---

37. 랄프 가복, 『하루에 한 번 자녀를 축복하라』, 이기승 역 (서울: 두란노서원, 2004).
38. 김성오, 『육일약국 갑시다』 (서울: 21세기북스, 2007).

구제하며 베푸는 자가 되게 하옵소서"라고 기도했다. 그런 기도를 들을 때 어린 나이였던 김성오 사장은 아버지가 "참 현실성이 떨어지는 기도를 한다"고 생각했다. "지금 우리가 먹을 것도 없어서 끼니를 거를 판인데 어떻게 저런 기도를 하실까"라고 의문을 가졌다. 그러나 너무나도 가난했기 때문에 대학에 갈 학비조차 없었고, 등록금이 적은 학교로 가기 위해 죽을 각오로 공부해 서울대 약대에 진학하게 되었다. 결국 하나님의 축복으로 그는 주식 총액 수천억에 달하는 회사의 CEO가 되었다. 김성오 장로의 간증을 한마디로 요약하자면, "오늘의 나는 어릴 때 부모님의 축복기도 덕분이었다"는 것이다. 부모의 축복기도가 얼마나 중요한지를 단적으로 보여 주는 간증이 아닐 수 없다.

감사하는 부모

어느 모임에서 김 선생은 어려서부터 피아노를 배운 큰딸에게 반주를 부탁했지만, 중학생인 큰딸은 엄마에게 피아노를 치기 싫다고 했다. 그 말을 들은 엄마는 "네가 이제까지 큰 것도 다 아버지 덕분인데, 그까짓 피아노 좀 쳐주면 안 되겠냐?"고 꾸짖었다. 그 일로 인해 분위기가 어색해졌다. 그 후 김 선생은 딸에게 편지를 썼다.

"사랑아! 네가 지금까지 큰 것이 모두 아빠 덕분이라는 엄마의 표현이 조금 잘못된 것 같다. 엄마도 아빠와 이야기를 나눈 후에 그 말에 대해 후회하고 있단다. 솔직히 아빠는 너에게 빚을 진 게 너무 많은 것 같다. 네가 태어나던 날, 아빠는 너무 기뻐서 견딜 수가 없었다. 그리고 네가 갓 태어났을 때, 아빠는 집에 돌아갈 때마다 주차하고 걸어갈 수가 없어서 매일 뛰었지. 조금이라도 빨리 네 얼굴을 보고 싶고, 조금이라도 너와 오랜 시간을 보내고 싶어서 뛸 수밖에 없었단다. 그래서 아빠는 그런 가슴 벅찬 기쁨을 준 네가 정말 고맙다. 네가 아니었으면 아빠는 그런 감격을 누리지 못했을 거다. 아빠는 이 기쁨이 자녀를 통해 받는 행복이라고 생각한다. 그리고 아빠는 그런 너를 진심으로 사랑한다."

이처럼 부모가 자녀로 인해 얻는 기쁨을 자녀들에게 감사로 표현하는 것이 중요하다.

    부모가 자녀와 좋은 관계를 갖기 위해서 물질적인 선물을 주는 것으로 할 일을 다 했다고 생각해서는 안 된다. 부모는 자녀를 위해서 기도하고, 사랑하고, 축복하고, 감사해야 한다. 이러한 부모의 모습을 자녀들이 보고 들으면서 사랑을 느끼게 될 때 부모 자녀 관계는 훨씬 더 건강하고 친밀한 관계가 될 것이다.

7. 효도하는 자녀되기 (출 20:12)

과거에 어느 신문에 '슬픈 어버이날, 현대판 고려장'이라는 제목 아래 "시설에 버림당하는 노인들이 급증한다"는 기사가 났다. 경기도 안성시 S 요양원의 김모 원장은 "노인 9명을 모시고 생활하고 있는데, 가족과 연락이 되는 노인은 거의 없다"고 말했다. 자녀가 없는 것이 아니라 있음에도 불구하고 부모를 돌보지 않는 것이다. 그래서 김모 원장은 "평소엔 서로 의지하며 즐겁게 지내지만, 명절이나 어버이날 같은 날이 되면 많이 침울해한다"고 했다.

2010년 7월 8일 아시아경제신문에 60대 아버지가 아들에게 가르친 돈과 결혼시킨 돈을 내놓으라며 소송을 제기했다는 기사가 실렸다. 아버지는 "아내와 함께 궂은일을 마다하지 않고 열심히 일해 아들을 공부시켰으나, 아들은 수년간 연락이 두절되었고, 얼마 전에는 집을 찾은 아내를 문전박대했다"며 아들에게 유학 자금과 결혼 자금 7억 원을 내놓으라고 소송을 냈다. 그 결과 법원은 "아들은 부모가 묵시적으로 빌려준 유학 비용과 결혼 자금을 부모에게 변제해야 한다"고 판결했다. 이런 안타까운 일들이 종종 일어나고 있다.

동양 사람들은 대개 효도를 말하면 유교를 떠올린다. 이는 유교의 고전 효경[孝經]에 나오는 내용 때문일 것이다. 유교에서는 효도를 모든 덕의 근본이자 모든 행실의 으뜸이라고 가르친다. 효경 1장에는 "사람 몸의 터럭 하나도 부모로부터 물려받은 것이기 때문에 이것을 상하지 않게 잘 간수하는 것이 효의 시작이요, 몸을 세워 도를 행하고 이름을 날려 부모를 빛나게 하는 것이 효의 마침이다"라고 기록되어 있다. 또한 효의 중요성을 말할 때 양지, 봉양, 공대, 입신양명 등 네 가지를 강조해 왔다. 양지는 부모의 뜻을 헤아려 기쁘게 해드리는 것을 말한다. 봉양은 물질로 부모님께 공경하는 것을 뜻한다. 공대는 부모 앞에서 표정을 부드럽고 밝게 하는 것을 의미한다. 입신양명은 훌륭한 인격을 갖춰 이름을 내는 것을 가리킨다. 그렇다면 성경은 부모 공경에 대해 어떻게 말씀하고 있는지 알아본다.

하나님의 명령

어떤 이들은 조상에게 제사를 금하는 기독교를 불효의 종교라고 오해한다. 그러나 진정한 효도는 부모님이 돌아가신 다음에 기일을 기억하며 제사를 드리는 것보다 살아 계실 때 잘 해드리는 것이다. 그래서 성경은 살아 계신 부모님을 공경하는 것이 진정한 효라고 말씀하고 있다.

하나님은 시내산에서 모세에게 십계명을 주셨다. 그중 1계명에서 4계명까지는 하나님과의 관계 유지를 위한 계명이고, 나머지 5계명에서 10계명까지는 인간관계 유지를 위한 계명이다. 인간관계에 필요한 6가지 계명 중 가장 첫 번째 계명이 바로 제5계명인데, 그것은 "네 부모를 공경하라"(출 20:12)는 것이다.

하나님을 잘 섬기는 사람은 부모님도 잘 공경해야 한다고 성경은 강조하고 있다. 만약 하나님을 잘 섬긴다고 하면서도 부모님께 효도하지 못한다면, 그것은 하나님의 영광을 가리는 것이 된다. 눈에 보이는 부모님도 잘 섬기지 못하는데, 어떻게 눈에 보이지 않는 하나님을 잘 섬긴다고 할 수 있겠는가? 그렇기 때문에 믿음이 아무리 좋다고 해도 삶 속에서 부모님께 효도를 실천하지 못하고 있다면, 이는 올바른 신앙인의 모습이라고 할 수 없다.

디모데전서 5장 8절에서는 "누구든지 자기 친족, 특히 자기 가족을 돌보지 아니하면 믿음을 배반한 자요 불신자보다 더 악한 자니라"고 했다. 또한 출애굽기 21장 15절에서는 "자기 아버지나 어머니를 치는 자는 반드시 죽이라"고 했다. 이처럼 성경은 부모를 공경하지 않는 자에 대해 엄격한 심판을 강조하고 있다.

자신이 복을 받는 길

에베소서 6장 2-3절에는 "네 아버지와 어머니를 공경하라. 이것이 약속 있는 첫 계명이니 이로써 네가 잘되고 땅에서 장수하리라"고 했다. 부모님께 효도하는 것은 성경 말씀처럼 하늘의 복과 땅의 복을 받는 지름길이 된다.

룻기 1장 16-17절에 의하면 룻이라는 며느리는 이방 여인이었는데, 고향을 등지고 홀시어머니를 모시는 상황이 되었다. 남편을 잃은 며느리에게 시어머니는 고향으로 돌아가라고 권했으나, 룻은 끝까지 시어머니를 모시겠다고 결심했다. 뿐만 아니라 시어머니가 믿는 하나님도 자신이 믿겠다고 하는 지극한 효성을 보였다. 그 후 시어머니의 권고로 룻은 남편의 친척인 보아스와 재혼하게 되었다. 그렇게 낳은 아들이 오벳이었는데, 그는 다윗 왕의 조부가 되었다. 이처럼 오벳은 다윗 왕의 족보와 예수님의 족보에도 오르는 큰 축복을 받았다. 룻이 끝까지 부모님을 섬긴 결과, 하나님은 룻을 메시야의 조상이 되는 축복으로 인도하셨다. 그렇다면, 어떻게 효도하는 것이 성경적인 방법일까?

부모를 기쁘게 하기

2002년 5월 11일자 국민일보에 "딸을 키우는 엄마가 아들만 키우는 엄마보다 오래 산다"는 연구 결과가 기사로 보도된 적이 있다. 영국과 핀란드의 합동 연구팀이 핀란드 원주민인 사누족의 1640년부터 1870년까지의 가계도 기록을 분석한 결과, 아들을 둔 어머니는 아들 1명당 평균 수명이 34주 정도 단축된다고 했다. 반면, 딸을 둔 어머니는 딸 1명당 평균 수명이 23주 늘어난 것으로 조사되었다. 따라서 아들이 두 명이면 평균 수명이 68주 단축되고, 딸이 두 명이면 46주 늘어나므로, 딸이 두

명 있는 엄마가 아들이 두 명 있는 엄마보다 약 2년 정도 더 살게 된다는 계산이 나온다.

그렇다면 딸을 둔 엄마가 아들을 둔 엄마보다 더 오래 사는 이유는 무엇일까?

첫째 이유는 남자아이가 자궁 속에서 여아보다 빨리 자라고 대체로 체중도 많이 나가기 때문에 임신부나 산모에게 더 큰 부담을 주기 때문이다.

둘째 이유는 육아 과정에서 딸은 살림을 통해 어머니의 부담을 덜어 주고, 엄마가 정서적으로 힘들어할 때 엄마의 마음을 이해하며 기쁘게 하는 경우가 많기 때문이다. 반면, 아들들은 대체로 말이 없고 엄마를 도와주지 않는 경우가 많다. 이런 점을 보면 아들보다는 딸이 훨씬 효자인 것을 알 수 있다.

잠언 23장 25절은 "네 부모를 즐겁게 하며 너를 낳은 어미를 기쁘게 하라"고 권고하고 있다. 자녀들이 부모님께 진수성찬을 차려 드려도, 그것을 받는 부모님께서 즐겁고 기쁘지 않으시면 진정한 의미의 효도라고 할 수 없다. 부모님을 기쁘게 해 드리는 방법은 다양하다. 그러므로 자녀의 입장에서 효도를 하려면 부모님이 무엇을 기뻐하시는지, 또한 어떤 부분에서 근심하시는지를 잘 파악해 대처하는 지혜가 필요하다.

주 안에서 순종하기

과거에는 자녀들에게 무조건 부모의 권위에 순종하도록 강조했다. 그리고 자녀들도 별다른 반항 없이 그러한 부모의 권위에 순종했다. 그러나 요즘은 상황이 많이 달라졌다. "부모가 부모의 대접을 받으려면 부모다워야 한다"는 주장을 하기도 한다. 사실, 자녀에게 무조건적으로 부모의 권위에 순종하라는 것은 무리가 있다. 왜냐하면 부모의 강요로 자녀들이 혹사당하거나 억울하게 폭력을 당하는 경우도 있기 때문이다.

어느 목사님이 뉴질랜드 집회에 갔다가 그 교회 장로님으로부터 들은 이야기다. 그 장로님에게는 고집이 센 큰딸이 있었다. 어느 날, 장로님은 화가 나서 딸의 뺨을 때렸다. 그러자 딸은 눈을 똑바로 뜨고 말했다. "아버지는 장로님이라고 그러시지만, 저는 아버지에게서 전혀 예수님의 모습을 찾아볼 수 없어요. 저는 무조건 아버지에게 순종할 수는 없어요. 때리시려면 더 때려 보세요." 그 말에 큰 충격을 받은 장로님은 잠시 자기 방으로 들어가 생각했다. 그리고 잠시 후 딸에게 가서 딸의 말을 인정하며 정식으로 사과했다. 그는 앞으로는 정말 예수 믿는 사람답게 살아 보겠다고 다짐했다. 그러자 딸도 즉시 자신의 경솔한 태도를 진정하며 아버지를 부둥켜안고 울었다. 그 후로 부녀 사이는 좋아져서 아주 좋은 관계를 유지하게 되었다고 한다.

때로 부모의 일방적인 태도가 자녀들에게 상처를 주기도 한다. 그러므로 부모는 자녀들에게 무조건 순종과 복종을 강요하기 전에, 부모의 말에 권위가 설 수 있도록 자신의 처신을 돌아봐야 한다. 또한, 부모도 실수를 할 수 있음을 인정하는 태도가 필요하다.

하나님이 기뻐하지 않는 것을 육신의 부모가 자녀들에게 강요할 때도 있다. 그러나 우리는 주 안에서 순종해야 한다. 에베소서 6장 1절에서는 "자녀들아 주 안에서 너희 부모에게 순종하라 이것이 옳으니라"라고 했다. 예를 들어, 예수를 믿지 못하도록 하거나 교회에 가는 것을 반대하는 부모님의 말씀에 순종하는 것이 합당한 일일까? 이는 하늘에 계신 아버지가 원치 않는 일이다. 육신의 부모님을 기쁘게 해 드리는 순종도 중요하지만, 하나님의 뜻을 거스르며 순종하는 것은 하나님이 기뻐하시는 삶이 아니다.

부모의 영혼 구원하기

오늘 밤 부모님이 세상을 떠나신다면, 그 영혼은 어떻게 될까요? 아무리 훌륭한 부모님이라도 죄의 문제가 해결되지 않으면 하나님의 심판을 면할 수 없다. 대부분의 부모님은 평생토록 손과 발이 다 닳도록 자식을 위해 헌신한다. 자식을 위해서라면 어떤 고생도 마다하지 않는 분들이다. 그러나 그러한 부모님이 예수님을 영접하지 못했다는 단 한 가지 이유로 구원받지 못한다면, 너무나도 안타까운 일이다. 그러므로 자녀가 부모님께 할 수 있는 최대의 효도는, 예수님을 알지 못하는 부모님이 계시다면 그분들이 예수님을 믿고 영생을 얻도록 돕는 것이다.

내가 담임했던 군인교회에 나오던 박모 집사님은 어머니께 최고의 선물을 드렸다. 약 40년간 미신과 우상을 섬기던 어머니가 암으로 병원에 입원하셨는데, 그 어머니는 아들인 박 집사님이 교회에 나가는 것을 결사적으로 반대하시던 분이었다. 그러나 어머니의 영혼을 사랑하는 아들의 꾸준한 전도와 주변 지인들의 간절한 기도로 어머니는 마음의 문을 열었다. 얼마 후, 어머니는 우상을 섬기며 살아온 모든 일을 회개하고 병상에서 주님을 영접했다. 그뿐 아니라, 입원한 상태에서 세례를 받기를 원해서 내가 직접 병원에 방문하여 세례식을 베풀었다.

그런 일이 있은 지 2년이 지난 부활절 새벽예배 때는 아버님과 함께 교회에 나오셨다. 내가 "아버님, 그동안 교회에 나와 보신 적 있으세요?"라고 묻자, 아버님은 70년 만에 처음이라고 하셨다. 앞으로는 교회에 꾸준히 나오시겠다고 말씀하셨다. 이는 아들이 부모님의 영혼 구원을 위해 수십 년 동안 노력한 결실이 이루어진 순간이었고, 자녀로서 부모님께 가장 큰 효도를 실천한 일이었다. .

기독교 가정사역연구소에서 제시한 10가지 효도의 자세는 다음과 같다.

01. 사랑한다는 고백을 자주 해라.
02. 늙음을 이해해야 한다.
03. 웃음을 선물해라.

04.   용돈을 꼭 챙겨 드려라.

05.   부모님에게도 일거리를 드려라. 나이 들수록 설자리가 필요하다.

06.   이야기를 자주 해 드려라.

07.   밝은 표정은 부모님께 가장 큰 선물이다.

08.   작은 일도 상의하고 문안 인사를 잘 드려라.

09.   부모님의 인생을 잘 정리해 드려라.

10.   가장 큰 효는 부모님의 방식을 인정해 드리는 일이다.

살아계실 때 하는 효도

1995년 6월 30일, 반포 삼풍백화점이 붕괴되었을 때 어머니를 잃은 이신정 양의 사모곡이다.

"엄마! 엄마! 지금 어디 계셔요. 저녁 짓겠다고 나가시고 왜 안 오시는 거예요. 지금 엄마가 우리 곁을 떠났다는 사실이 정말 믿어지지 않아요. 엄마! 항상 엄마가 말했지? 나 대학 들어가면 나한테 다 맡겨 두고 놀러 다닐 거라고. 지금 생각하니까 엄마한테 난 그리 좋은 딸은 아니었나 봐. 엄마가 바라는 대로 다 해 주지도 못하고… 어제 아침에도 방 정리 꼭 하고 나가려고 했는데… 돌아와 보니 엄마가 내 방 다 정리해 놨더라. 미안해요… 엄마, 난 큰딸이니까 이제 엄마가 바라는 거 내가 다 맡아서 할께.

막내 상민이는 아직 어리지만 걱정하지 말아요. 상민이는 강하니까 알 아서 잘할 기야. 난 아빠가 이렇게 슬퍼하는 거 처음 봐요. 엄마! 항상 아 빠 잘 챙겨 드리라고 했지? 걱정하지 말아요. 이제 내가 엄마 대신 할게. 그리고 제일 마음에 걸리는 건 이번 아빠 엄마 결혼기념일에 선물을 미 리 못 해 준 거야… 20주년이었는데… 엄마! 정말 보고 싶어. 이제 앞으 로 엄마 보고 싶을 땐 어떻게 하지? 엄마! 다음 주에 가족사진 찍으러 가 기로 했잖아. 그런데 우리만 남겨 놓고 혼자 가시면 우린 어떻게 해요. 엄 마! 이젠 저승에서나마 편안하게 쉬세요. 나한테 다 맡기고. 엄마 소원이 었잖아. 엄마! 너무 사랑해요. 엄마를 너무너무 그리워하는 큰딸 올림."

이렇듯 세상에는 사랑하는 부모를 잃고 보고 싶어 몸부림치는 자식들이 있다. 혹시 지금 여러분의 부모님은 생존해 계십니까? 나의 부모님은 언제까지나 나와 함께 계시지 않는다. 효도하려고 철이 들었을 때는 이미 내 곁에 계시지 않을지도 모른다. 여러분 모두 부모님을 공경하라는 하나님의 명령에 주 안에서 기쁨으로 순종할 수 있기를 바란다. 부모님의 마음을 기쁘게 할 뿐 아니라, 부모님의 근심거리가 되지 않고, 더 나아가 부모님의 자랑거리가 된다면 그보다 더 큰 효도는 없을 것이다. 무엇보다 하나님을 알지 못하는 부모님의 영혼이 구원받도록 복음을 전하여 영생을 얻도록 돕는 것은 효도 중 가장 큰 효도일 것이다.

저자 박기영

학력

성균관대학교(이공대학) 1년 수료
성결대학교 신학과 편입 후 졸업
성결교 신학대학원(M.Div)
연세대학교 교육대학원(상담교육전공, Ed.M)
연세대학교 연합신학대학원(목회상담전공, Th.M)
성결대학교 신학전문대학원(기독교상담전공, D.C.C)

경력

육군 군목 중령(예편)
육군종합행정학교 초대 상담학과장(전)
성결대학교 파이데이아칼리지 학장(전)
성결대학교회 협동목사(현)
어울림상담코칭센터 대표(현)
상담심리전문가(한국상담심리학회1급, 한국상담학회1급)

저서 및 논문

강하고 담대하라
신국판 | 236면 | 값 5,000원

기독교상담학자
신국판 | 453면 | 값 15,000원

52주 마음다스리기
신국판 | 288면 | 값 12,000원

52주 마음다스리기
전자책 | 값 3,000원

4주만에 관계 재구성하기
전자책 | 값 10,000원

관계, 어떻게 할까?
- 성경과 심리로 보는 관계 이야기

초판발행　2025년 2월 24일

지은이　박기영
펴낸이　박상민
꾸민이　박소린

펴낸곳　토브북스
출판등록　제 2018-000007호(2018. 1. 15)

주소　경기도 안산시 단원구 선부광장북로67 235동 301호
문의　tovbooks2018@naver.com

ISBN　979-11-983431-6-1 (93230)
값　17,000원